U0077604

時兆文化

豐盛盛人生

My Life Today

366篇
喜樂與能力
的信息

每一個順從耶穌的行為，每一回為耶穌所做的克己，
每一種遭遇試煉的忍受，每一次戰勝試探的勝利，
都在最後得勝的榮耀行進中，更往前邁進了一步。
——《山邊寶訓》

前言

　　本書所選錄屬靈的讀物，配合每日適宜的經文（採用《新標點合和本聖經》），悉自懷愛倫夫人豐富之作品中取擷而來。她為周圍之人的靈性需要，服務歷七十年之久。基督徒生活的原理，在她並不僅是寫作或演講的題材而已，乃是在她自己作少女，作少婦，作母親，作樂於助人的鄰舍，作享譽社會的名人，以及作環遊世界的旅行家時，——躬行實踐於生活之中。本書蒙讀者喜愛之一大特點，係其中所蒐集的材料，尚有許多為過去懷氏著作選集猶未刊入者。蓋本書選材，泰半擇錄自懷氏發表於本會出版之《青年導報》、《評論與通訊》、《時兆》等月刊或週刊中之作品，及其庋藏的原著數千文稿之中。

　　因為一日一頁為篇幅所限，故有關各個題旨中許多優美的材料，亦不得不加以刪減，甚至在一段之間亦時有節略。惟所有刪節部分，循例標明刪節號。每日的題材，乃為數段極有價值之著作，自不同的原作彙錄成文者。

　　本書中的勉言，有部分原係寫給整個家庭，或一般父母、兒童和青年的。許多教訓確實是原則性的，而這些信息多能清楚明澈地對讀者的心靈談話，不拘其年齡、地位，或所從事職業的差異。

　　《豐盛人生》一書，係由懷氏著作託管委員會選錄出版，完全與懷夫人所授予此委員會印行其著作之指示相符。

　　惟願每一天這簡短的，關乎我們靈命的信息，堪為你良師益友，鼓勵你走在基督徒的正道上。此即本委員會所至誠盼禱者。

懷愛倫著作託管委員會　謹識

出版序

「主每早晨提醒，提醒我的耳朵，使我能聽，像受教者一樣。」（以賽亞書50：4）如果我們每天一開始就能與上帝同在，從上帝的話語中得到幫助、安慰、引導和祝福，那麼，就更能面對我們一天所當的難處，並且進而在言語、行為、愛心、信心、清潔上，都作他人的榜樣。

作者為主服事七十多年，著作無數，本書（原書名《今日的生活》）是作者專為基督徒的生命所打造的一本每日靈修書。基督徒生命的原則，在她看來並不僅是寫作或演講的題材而已，更是她一生親躬實踐於其生命的標準。書中內容有些是寫給整個家庭，有些是寫給一般父母、青年人或甚至兒童，其最大的特色在於信息生活化，並將每月主題細分為幾個單元，採循序漸進方式，以便讀者能每日操練，身體力行。

願我們「領受祂口中的教訓，將祂的言語存在心裏。」（約伯記22：22）當我們每天開卷研讀此書，體驗到與主同在的喜樂時，就可感受到我們的生命與基督的生命相稱合一。那麼，等到耶穌復臨時，我們也能與祂一同顯現在榮耀裏。盼上帝豐豐盛盛地祝福這本書和各位讀者。

時兆文化編輯部　謹誌

目錄

人若賺得全世界，賠上自己的生命，有什麼益處呢？
人還能拿什麼換生命呢？
我來了，是要叫人得生命，並且得的更豐盛。
——馬太福音16：26；約翰福音10：10

1月
JANUARY

奉獻的生命

My Life
Today

公義的道路就是生命

在公義的道上有生命；其路之中並無死亡。
箴 12：28

今日
操練

我生命中的獻身

　　新的一年再度降臨，那嶄新、未曾著墨的一頁此刻在你面前展開。天上掌管記錄的天使也已預備好，你的行為將決定天使所記述的內容。你可以決定你將來的人生為善或為惡；你也可以此決定，這即將開始的一年是不是一個快樂的新年。你有能力可以為自己和周圍的人，使這一年成為快樂的新年。

　　當使忍耐、寬容、恩惠和慈愛成為你人生的要素，因此，凡是清潔的，可愛的、有美名的事，就必在你的經驗中得以完成。

　　上帝的天使等候著要將生命之道指示你。……在新的一年肇始之時，你當決心為自己選擇公義的道路，當誠信忠實，使你的人生不致有所錯誤。往前走，有天上的使者引導你，要勇敢，也要努力，當使你的光照耀出來，惟願聖靈所啟示的話語在你身上實現──「少年人哪，我曾寫信給你們，因為你們剛強，……你們也勝了那惡者。」

　　你若已將自己獻給基督，你便成為上帝家裏的人了，天父家中所有的一切也都屬於你。上帝的一切寶藏，包括今生和來世，盡都敞現在你面前。天使的服役、聖靈的恩賜、祂僕人的勞力──這一切盡都是為你。世界和其中所有的，只要是於你有益的，都是你的。連惡人的反對，也要成為一項福氣，磨練你得進天國。倘若「你們是基督的」，則「萬有全是你們的」。

我將一切全獻上

所以，弟兄們，我以上帝的慈悲勸你們，將身體獻上，當作活祭，
是聖潔的，是上帝所喜悅的；你們如此事奉乃是理所當然的。

羅馬書 12：1

上帝要人將自己全然獻上，順服祂的道路。我們最高的能力要予以細心的培養。上帝將才幹賦予我們，要我們善加運用，不可敗壞或妄用。當使之更趨向美善，可以成全上帝的工作。

我們要將自己獻上為上帝服務，並且盡可能地使所獻的近於完全。若所獻的並非是我們所獻上最為美善的，則上帝不會喜悅。凡是全心全意愛祂的人，都願付上生命作最好的服務，並時常力求每一分能力，都與那能增進他們才幹以成就祂旨意的律法相符。

個人的獻身是必須的，若非培養並珍愛心中的聖潔，則不能達到此境界。

我們的禱告應該是，「主啊！求你收納我，使我全然屬你。我將一切的計劃都放在你腳前。求你今天用我為你服務。求主與我同在，使我一切所作的，盡都是出於你。這也是每日所當作的事。」

當我們將一切的才幹都獻給上帝之時，我們人生全部的難題就會大大簡化了，如此行就削弱並減輕了無數與自己情欲相關的掙扎。信仰乃是一條金鏈，老年人、少年人的心靈都藉此得與基督相連。一切甘心順從之人，蒙引領經過幽暗難行的道路，必安然抵達上帝的聖城。

上帝深奧的事已屢次在我們面前展現，我們也當珍視這樣寶貴的特權。……天上榮耀的光輝，正照在你所行的路上。……你當接受並重視每一道自天而來的光，這樣，你所行的路就愈照愈明，直到日午。

豐美盛人生

今日操練

我生命中的獻身

我將我的心獻上

我兒，要將你的心歸我；你的眼目要喜悅我的道路。
箴言 23：26

豐盛人生

今日
操練

我生命中的獻身

主對你們每一位說：「我兒，要將你的心歸我。」祂看出你的疾病。祂知道你的心靈染上了罪病，並且祂殷切地望著你說：「你的罪已經赦免了。」那位偉大的醫師有醫治各種疾病的良藥。祂洞悉你的病情，無論你患了什麼病，祂都知道如何醫治你。你願不願意將自己交託給祂呢？

上帝的福惠，要沛降於每位完全獻身給祂的人。我們全心尋求上帝，就必能尋見。上帝懇摯地與我們相處，祂希望我們為永恆之事作徹底的努力。祂在那一次賜予中，已經將全天庭所有的都賜給我們了，因此，我們不該質疑祂的仁慈。你且看髑髏地!

上帝邀請你將你的心獻給祂。你的能力、才幹、愛心，都應當獻給祂，使祂可以在你的身上成全祂的美意，並預備你承受永生。

當基督居住在你心內，你的心靈必為祂的愛所充滿，因著與祂交往而生的喜樂，便使你更加順從於祂，且因瞻仰祂而忘卻了自我。對於基督的愛就變成行為的源頭。凡自覺為上帝之愛所激勵的人，必不問獻上多少方能合乎上帝的要求，他們不求那低落的標準，只力求完全遵循其救贖主的旨意去行。他們存誠懇之心，獻上一切所有的，並表現出與他們所尋求之目標價值相等的關切。

上帝所求於我們的，乃是謙遜、受教的精神。那使禱告優美且垂聽的，乃是發自一顆親切、順服的心。

憑著信心求

只要憑著信心求，一點不疑惑；
因為那疑惑的人，就像海中的波浪，被風吹動翻騰。
雅各書1：6

接受自天而來的亮光，乃是我們的權利與義務，那樣方能分辨出撒但的詭計，並獲得足以抗拒他權勢的能力。我們已有與基督親密的聯繫，得著上帝使者隨時的保佑。我們的信心必須通過幔子，就是耶穌為我們進去的地方。我們必須更堅定地握住上帝永不落空的應許。務使我們的信心永不改變。要憑著信心去握住我們眼睛無法見到的，並且要堅定不移。這樣的信心要為我們的心靈取得天上的福惠。那照在基督臉上的上帝榮耀光輝，也同樣要照在我們身上，再映照四周，因此我們可以實實在在的說：「我們是『世上的光』。」

而且惟有藉著心靈與基督的聯合，才有光輝照耀人間。倘若無此聯合，則世界仍舊被棄於全然的黑暗之中。……環境的幽暗愈深，基督徒的信心和榜樣之亮光，更應輝煌地照耀出來。

在我們四周，即使不信之風猖獗，不法之事增多，也不應使我們的信心黯淡，勇氣衰微。……只要我們一心尋求上帝，以堅定的熱忱去工作，存著百折不撓的信心，天上的亮光必照耀我們，猶如往日照在忠心的以諾身上一般。

惟願我們能使人人都明白，那應當時時刻刻運用信心的重要性！我們要度一種有信心的人生，因為「人非有信，就不能得上帝的喜悅。」我們靈性的能力，全在乎我們的信心。

豐盛人生

今日
操練

我生命中的信心

9

凡事都能作

在信的人，凡事都能。
馬可福音 9：23

豐盛人生

今日
操練

我生命中的信心

信心使我們得與上天聯絡，並給我們帶來抗拒黑暗權勢的力量。在基督裏，上帝已為我們預備了克服諸般罪惡之傾向，以及抵制各種試探的方法，不論它們是如何的強烈。

自古以來，義人都是從天上得到幫助。上帝的仇敵往往集結了他們的力量和智慧，要敗壞那少數單純信靠上帝之人的品格和感化力。但因為上帝幫助他們，沒有誰可以抵擋他們。……只要他們離棄偶像和世界，這世界便無法使他們與上帝隔絕。基督是我們個人全備的救主。一切的豐盛都在祂裏面。基督徒有權利可以確知有基督住在他們裏面。「使我們勝了世界的，就是我們的信心。」在信的人，凡事都能，而且我們所求的，只要有信心，就必得著。這樣的信心可以穿透最幽暗的雲層，為心靈憂傷，意氣消沉的人帶來光明和希望。缺少這樣的信心和倚靠，必使人心中憂懼，充滿了恐怖和種種禍事臨頭的猜測。只要祂的子民全然信靠，祂必為祂們行大事。

靠著他們的信心，上帝的兒女既已「制服了敵國，行了公義，得了應許，堵了獅子的口，滅了烈火的猛勢，脫了刀劍的鋒刃，軟弱變為剛強，爭戰顯出勇敢，打退了外邦的全軍。」那麼今日我們靠著信心，也會達到上帝為我們所定的崇高宗旨。

要信靠上帝

你們當倚靠耶和華直到永遠，因為耶和華是永久的磐石。
以賽亞書 26：4

　　威嚴、權能、榮耀、勝利和尊榮都是屬祂的。我們不要限制了以色列的聖者。

　　當我們面臨一切患難之時，那能使我們的心靈毫無憂懼的，乃是何等的源頭啊！人們是錯誤、剛愎、悖逆的，甚至大膽地反對上帝，但主仍是仁慈、忍耐，並有諸般恩慈的。天地都聽祂的支配，在我們尚未將我們的心願和需求陳明在祂面前時，祂早已經知道了。

　　我們所見的僅是眼前的事，但是「萬物在那與我們相連的主眼前，都是顯露且敞開的。」祂永遠不會有什麼困惑。祂的存在超乎這世上一切混亂與紛擾之上，萬物都在祂的慧眼之前表露無遺，並且因著祂自亙古以來的偉大與寧靜，使一切能按照祂的美意安排完善。

　　倘若任由我們自己去計劃，必然要導致錯誤。我們的偏見、軟弱、自欺與無知之處，都要顯露出來。這工作是主所作的，祂絕不撇下祂的工人而不予以神聖的引導。

　　不論我們有什麼樣的重擔壓身，都可以將它卸給主，保護以色列的主既也不打盹、也不睡覺。要信靠上帝。那將心意繼續投靠上帝的，祂必保守他們在完全的平安裏。有時候你彷彿不能往前再跨一步了，那麼，你暫且等候，就知道「我是上帝」。「你當剛強壯膽，不要懼怕，也不要驚惶，因為你無論往哪裏去，耶和華你的上帝必與你同在。」……我們務要培養信心。

　　你必須學習如何單純地信靠上帝的話，如此你便能安然地穩固腳步了。

因著信與上帝合而為一

使他們都合而為一，正如你父在我裏面，
我在你裏面，使他們也在我們裏面。
約翰福音 17：21

豐盛盛人生

今日
操練

我生命中的信心

「我是葡萄樹，你們是枝子，」我們與基督之間的關係，還能有比這更親密的嗎？枝子的纖維和葡萄樹的纖維相同。從樹幹到枝子，運輸生命力量與結果的能量通路是暢流無阻的。樹根將養分輸送到枝子裏，真信徒與基督的關係也是如此。他住在基督裏面，並從祂那裏吸收了養分。

這種屬靈的關係，只有藉著運用個人的信心，才得以建立。在這一方面，我們信心的表現必須是出自至高的選擇，且完全的信賴和純然的奉獻，我們的意志必須完全順服於神聖的旨意；我們的感情、願望、利益、榮譽，也必須與基督之國度的興旺，和祂聖工的聲譽視為一體，我們常從祂那裏領受恩典，而基督也悅納我們的感謝。

當這樣親密的關係和交往建立之時，我們的罪孽便歸到基督的身上，而祂的公義就歸於我們了。祂為我們成為罪身，要使我們在祂裏面並得稱為上帝的義。我們靠著祂得以進到上帝面前，並因「愛子」得蒙悅納了。無論誰在言語或行為上傷害了一個信徒，就是傷害了耶穌。無論是誰，因著祂門徒的名分，將一杯涼水給上帝的一個兒女喝，基督就視他為施惠於祂身上了。

基督與祂的門徒分離的時候，提出這個在祂與信徒之間的美妙象徵。……藉著活潑的信心與基督所建立的聯合是持久的，而其他的聯合終必消散。……真信徒，在一切事上要以基督為首、為末、為至高。

毫無疑惑

你這小信的人哪，為什麼疑惑呢？
馬太福音 14：31

人生並非全是可愛的草場和清涼的溪流。試煉與失望襲擊我們；貧乏臨到，使我們陷入困境。良心發現時，我們自忖遠離了上帝，倘若我們與祂同行，斷不致如此受苦。於是，疑惑與沮喪充滿了我們的心，我們就說，上帝已經撇棄了我們，我們受苦太重了；祂為什麼要使我們遭受這樣的痛苦呢？祂不愛我們。否則，祂必會將這些艱難從我們的路上挪開了。

祂不會總是帶我們到安樂之所。要是祂那樣作的話，我們就會因過於自負而忘記了祂是我們的幫助者。祂極欲將祂自己向我們顯現，為了要顯明祂為我們所預備那取用不盡的資源，祂才准許試煉和失望臨到我們，好讓我們察覺出自己的軟弱，並學習如何向祂求救。祂能使清泉自堅石中湧流出來。

直等到我們與上帝面對面的時候，我們就會看見並明白一切，如同主看到並知道我們一樣，那時才曉得祂已經為我們背負了多少的重擔，倘若我們存著赤子般的信心，將一切重負卸給祂，就曉得祂真是樂意替我們承擔的。

上帝的愛在祂對待祂子民的一切事上顯示出來，我們處於不幸、疾病、失望、試煉之中，因此，我們當以清朗無垢的雙眼，仰望祂在基督臉上所顯的榮耀光輝，並信靠祂聖手的領導。可惜在太多的時候，我們因不信而使祂的心傷痛。

上帝愛祂的兒女，極度渴望看到他們能夠勝過撒但，消除灰心頹喪之念。切莫屈從不信的心意，切莫誇大你的困難。當記念上帝往日所顯示的慈愛和權能。

信心的觸摸

因為她心裏說：「我只摸祂的衣裳，就必痊癒。」
耶穌轉過來，看見她，就說：「女兒，放心！你的信救了你。」
從那時候，女人就痊癒了。
馬太福音 9：21 － 22

JAN 1月
09 日

豐盛人生

今日操練

我生命中的信心

　　以漠然的態度談論信仰的事，沒有一種心靈的饑渴和活潑的信心，卻欲祈求屬靈的福惠，是沒有多少效用的。那些好奇的群眾擁擠著基督，卻沒有從接觸之中感受到祂生命的活力。但那位可憐受苦的婦人，當她處於最大的渴求之中，伸出她的手去摸耶穌衣裳上的綴子時，立刻感覺到醫治之能。這是她出於信心的撫摸。基督察覺到那樣的觸摸，就決定給祂的信徒一個能流傳到末時的教訓。祂知道有能力從祂身上出去了，便在擁擠的群眾中轉身問道：「誰摸我的衣裳？」祂的門徒們對祂這樣的發問很感驚奇，就回答說：「眾人擁擁擠擠地緊靠著你，你還問摸我的是誰？」

　　耶穌定睛注視著作這事的婦人。她十分驚恐。她本是大有喜樂的，但不知在這事上是否逾越了本分？她既知道那在她裏面所成就的事，因此就戰戰兢兢地仆倒在祂的腳前，將全部實情對祂陳訴。基督並未責備她。只是溫和地說道：「平平安安的回去吧！你的病痊癒了。」

　　在此就可以分辨平凡的接觸與信心的撫摸有何不同。禱告和講道，若非運用對於上帝活潑的信心，就必歸於徒然。而出於信心的觸摸，必為我們敞開了能力和智慧的神聖寶庫，因而，上帝藉著瓦器也能成全祂恩典的奇妙作為。

　　這活潑的信心是我們今日最大的需要。我們必須知道耶穌確實是屬於我們的；蒙祂的聖靈洗清並煉淨我們的心。倘若基督的門徒們有真正的信心、溫柔、愛心，那麼，他們將成就何等的大工！將有何等樣成果歸榮耀給上帝啊！

上帝必使我一切所需用的都充足

我的上帝必照祂榮耀的豐富，在基督耶穌裏，
使你們一切所需用的都充足。
腓立比書 4：19

當我們落入黑暗與沮喪之中，要運用活潑的信心，實在是很艱難的。然而這正是比其他任何時候，都更應該運用信心。或者有人說：「在那樣的時候，我並不覺得要憑著信心來禱告啊！」那是因為你不想抗拒撒但，難道你竟要讓他得勝嗎？當他知道你最需要上帝的力量相助之時，便會盡其所能地打擊你，使你離開上帝。

撒但再清楚不過了，倘若祂能使你遠離那能力的源頭，你就必在黑暗中徘徊。再沒有比不信的罪更大的了。而且內心懷藏著不信，就顯露其不信的危險。我們應該謹守口唇，猶如使用馬鞍和轡頭一般，免得這樣不信的表現，不僅對他人造成一種有害的影響，亦自陷於敵陣之中了。

我們若信靠上帝，以基督公義為武器；我們就已經握住祂的能力了。……應與我們救主交談，如同祂就在我們的身邊一般。

隨身佩帶著我們信仰的證件——仁愛、喜樂、平安，這乃是我們的特權。我們如此行，必能發揮基督十字架大有能力的論據。當我們學會只憑信心而不憑情感作事時，就能在最需要的時候，從上帝那裏得著幫助。而且祂的平安必進入我們的心內。以諾所過的也是這樣順從和信賴的純樸人生，我們若學得這單純信靠的功課，我們便可以得到像以諾一樣蒙上帝喜悅的明證。

我們若憑著活潑的信心，將自己的心靈交託上帝。祂的應許絕不會落空的，因為這些應許除了我們信心大小之外，再沒有任何的限制。

豐盛人生

今日操練

我生命中的信心

晨禱

耶和華啊，早晨你必聽我的聲音；
早晨我必向你陳明我的心意，並要警醒！
詩篇 5：3

豐盛人生

今日
操練

我生命中的禱告

早晨我們心中先祈求的，就是要有耶穌同在。祂曾說：「離了我，你們就不能作什麼」。我們所需要的就是耶穌；祂的光、祂的生命、祂的靈，必須常與我們同在。我們時時需要祂。太陽如何光耀地球、普照大地，照樣我們在晨禱之中也應當求那公義的日頭光照我們心靈的內室，使我們在主裏面全然光明。我們不可與祂分離片刻。仇敵知道當我們企圖要離開我們的主，他就出現在那兒預備用他的惡謀充塞我們的心，使我們從堅定的立場上跌落；主甚願我們時刻住在祂裏面，在祂裏面得以完全。

上帝希望我們每個人在祂裏面得以完全，好向世人彰顯祂品格的完美。祂要我們脫離罪惡，不令天庭失望，也不使我們神聖的救主哀傷。祂不願我們徒具基督徒之名，卻遲遲未善用那使我得以完全一無所缺的恩典。

祈禱和信心，可以作成世上任何權力所不能成全的。從各方面說來，我們不太可能處於兩次完全相同的情形之中。我們經常要應付新的環境，經歷新的試煉，以往的經驗並不能作為我們全備的嚮導。我們必須繼續得著上帝的光照。基督常將信息送給那些傾聽祂聲音的人。

上帝原本就計畫要賜福予我們，以回應我們出於信心的禱告，否則祂就不會聽我們的祈求了。

禱告不分時間或地點

你們要恆切禱告，在此警醒感恩。
歌羅西書 4：2

　　我們隨時隨地都可以向上帝祈求，沒有什麼時間或地方是不適當的。只要我們高舉己心，懇切禱告，絕無一物可以攔阻我們的。無論是在街上人多的地方，或在買賣的商場，我們都可以禱告，祈求神聖的引導。

　　我們可以在行路之時與耶穌交談，祂也說：「我在你右邊。」我們可以在心裏與上帝交往，也可以在心裏與基督作伴同行。在每日勞碌之時，我們可以向祂傾訴心願，人的耳朵雖聽不見，但所說的話卻不會消音，也不致於落空。沒有什麼能將這心願淹沒。它超過市井的喧囂聲，也高於機器的吵雜聲。我們既是向上帝說話，祈求，就必聽見。

　　每次誠懇地祈求恩典和力量，都必蒙垂聽。……凡是你自己無法成就的事，就要求上帝替你作。將每件事都告訴耶穌。將你心中的隱祕在主前敞開，因為祂的慧眼能看透你心靈的最深處，祂也洞悉你的一切思想，猶如敞開的書卷一般。當你祈求一切與你心靈有益之事，並相信自己已經得著，就必得著了。你要全心誠懇接受祂的恩賜。因為耶穌的死，是要使你獲得天上的珍寶為己有，並且最後使你覓得一個家鄉，與天庭的使者同在上帝的國度裏。

　　你若有時間揚聲祈禱，上帝也必有時間揚聲應允你。

豐盛人生

今日操練　我生命中的禱告

要常常祈求

你們要時時警醒，常常祈求，
使你們能逃避這一切要來的事，得以站立在人子面前。
路加福音 21：36

豐美盛人生

今日
操練

我生命中的禱告

務要記得，祂（耶穌）的生活常在禱告之中，是倚賴聖靈清新的靈糧所維持的。務要保守你的思想和你內心的生活，在上帝的審判日到來之時不致羞愧。

對於義人誠摯的祈禱，天庭之門並未閉而不接納。以利亞和我們是同樣性情的人，上帝卻垂聽他的禱告，並明確地應允了他的祈求。我們缺乏能力與上帝同在，這其中的原因可以從自身探究而得知。倘若那名義上自稱為相信真理的人，上帝將其內在的生活，呈現於他們眼前，他們便不會再自稱是基督徒了。他們沒有在恩典中得長進，偶而獻上了一次匆促的禱告，卻沒有與上帝取得真實的來往。

我們若希望在屬靈的生活上有長進，就必須多用時間禱告。當真理的信息初次傳開時，我們的祈禱是多麼的殷切。在室內、農場、果園或叢林中，都常常聽到祈求的聲音。三三兩兩聚在一起，提述上帝的應許，用幾小時的光陰誠摯祈禱；往往先聽見哭泣的聲音，繼而是感謝和讚美的歌聲。如今上帝的審判之日較我們初信之時更近了，我們應該比起初的時期更加誠懇、熱心。現代的危機比當年還要多。人的心腸比當時更為剛硬。我們現在需要蒙基督的靈所充滿，並且直到我們領受之前絕不停息。

要養成與救主傾心交談的習慣。……我們的心要繼續昂揚於靜默之中，祈求幫助、亮光、力量、知識。使每一次呼吸都成為一個祈禱。

禱告的力量

你們奉我的名無論求什麼，我必成就。
約翰福音 14：13

謙卑痛悔的心靈所獻上的祈求，祂必不輕看。將我們的心向我們的天父敞開，承認我們必須全心仰賴祂，傾訴我們的需要，出於感恩之念的崇敬——這便是真實的祈禱。

每一次懇切誠摯的禱告，天使都記錄下來。我們寧可廢除自私的心意，也比疏於與上帝交往來得更好。只要有祂的讚許，即使是遇到最貧困的境況、需要最大的克己，也比那空有財富、尊榮和友情，卻沒有祂的讚許要好得多了。我們必須用時間禱告，若我們容許心靈為世俗的利益所占奪，主可能藉著挪開我們的金銀、房屋或田產之類的偶像，來給我們時間學習。

青年人若拒絕踏入那不蒙上帝賜福的道路，就不會受引誘而陷入罪中了。倘若在傳揚給這世界最後嚴肅警告的信徒們，能夠在祈求上帝賜福一事上，不是以冷淡、無精打彩、懶散的態度，而是以熱誠、有信心如雅各一般的態度，就必發現有許多時候可以高聲地說：「我面對面見了上帝，我的性命仍得保全。」在上天看來，他們乃是王子，是與神與人較力都得了勝的。

真誠的禱告，若是憑著信心獻上的，對於祈求者乃是一種能力。禱告，無論在公眾聚會之地、在家庭的祭壇旁、或在密室裏，都是人置身於上帝之前。藉著恆切不住的禱告，青年人可以堅守原則，甚至最強烈的試探，也不能引誘他們背離對上帝的忠誠順服。

最大的勝利臨到基督的教會或基督徒個人……乃是在於內室中謁見上帝，以誠懇、堅定的信心握住了禱告大能的手臂之時。

藉著禱告尋見上帝

你們要呼求我、禱告我，我就應允你們。
你們尋求我，若專心尋求我，就必尋見。
耶利米書 29：12 － 13

豐盛人生

今日
操練

我生命中的禱告

　　禱告有兩種——一種乃是出於形式，另一種則本乎信心。僅僅是口中重複著慣例的冗詞而心中沒有感覺需要上帝，這便是拘於形式的禱告。……在我們一切的禱告中，應該十分謹慎地傾吐心中的願望，所說的話要由衷而發。一切優美動人的言詞，遠不如心中聖潔的願望有價值呢！即使最流利的禱詞，若不能表達心中的真情，充其量不過是一套虛浮重複之詞而已。但那出乎至誠的禱告，將心靈中簡明的要求陳述出來，猶如求教於一位世上的朋友，期望獲其所求——這乃是本乎信心的禱告。上聖殿去禱告的稅吏，便是一個虔誠崇拜者的美好例證。他自覺是個罪人，出於迫切的需要，他發出熱切的願望說：「上帝啊！開恩可憐我這個罪人。」

　　當我們獻上了我們的祈求之後，就應克盡一己所能，使所求的得以成全，不要等待上帝為我們做我們自己能力所及的事。上帝的幫助之所以存留在那裏，是為了那些祈求之人而預備的。神聖的幫助要與人類的努力、希望、奮鬥相輔相成。但是我們自己若不奮力攀登，只想望達到天國的城牆，是不可能的。我們也不能自己疏於祈求，只仰賴他人的代禱而蒙拔擢，因為上帝並未為我們作如此的安排。……我們品格上不完美之處，不會讓自己毫不盡力就即被抹除，另以純潔可愛的特性代替。

　　當我們力求效法我們主所留下的楷模時，必會幾經曲折。但萬萬不可停止我們的努力。……如若遭遇失敗，我們應該更加依靠基督。

禱告生活的模範

你們若常在我裏面，我的話也常在你們裏面，
凡你們所願意的，祈求，就給你們成就。
約翰福音 15：7

JAN 1月
16 日

先祖們都是習於禱告的人，上帝就為他們行了許多大事。當雅各離開父家要往異鄉去的時候，他以謙卑痛悔之念祈禱，上帝就在夜間的異象中垂聽應允了他。……主以極寶貴的應許安慰這位孤獨無依的流浪者，並告訴他在他所行的道路兩旁，都安置了天使保護他。

約瑟因著禱告，因而在那足可引誘他離開上帝的環境中，得蒙保守不致犯罪。當他受試探要偏離純潔正直的道路時，他能夠毅然拒絕了引誘，說道：「我怎能作這大惡，得罪上帝呢？」

摩西是勤於禱告的人，他亦被稱為全世界上最謙和的人。當他引領以色列人經過曠野之時，屢屢因他們的怨言和悖逆，而幾乎遭致滅亡。但摩西卻轉向那真實能力的源頭，將全案呈送於主前。……耶穌就對上帝說：「我照著你的話，赦免了他們。」

但以理亦是一位禱告的人，上帝賜他智慧，使他堅決地拒絕了每一種可能陷他於不節制網羅的影響。在他的青年時期，就學會靠著全能者的力量，作了道德上的偉人。

被囚在腓立比牢獄中的保羅和西拉，雖因所受的鞭撻而痛苦，腳上甚至還套著木狗，但他們依然禱告、唱詩、讚美上帝；天使從天上奉差遣來拯救他們。地在這些來自天庭的使者腳下震動了，牢獄的門豁然敞開，使被囚的得了自由。

我們的禱告能握住那位無窮供應者，為我們獲得了勝利。

豐盛人生

今日操練

我生命中的禱告

母親的祈禱

與你相爭的，我必與他相爭；
我要拯救你的兒女。
以賽亞書 49：25

遵守上帝誡命的人對於自己的兒女，其複雜的心情是希望和恐懼兼俱。他們會思考，自己的兒女在將臨的大爭戰當中當如何行。焦慮的母親所問的是：「他們該採取什麼立場呢？我應當做什麼，方能預備他們善盡其事，使他們將來得承受永遠的榮耀呢？」

母親們，你們有一個重大的責任。……你應幫助他們培養堅定不移的品格，就是不致為惡所勝，反能感化他人擁有正當行為的品格。藉著你們誠懇忠信的祈禱，你們可以挪動那震撼世界的臂膀。

基督徒母親們所作的禱告，並不為萬有之父所忽視。……祂斷不致拒絕你們的祈求，撇下你們和你們所愛的人，在最後爭戰的大日遭受撒但的毆打。只要你們以純樸的誠信去作所作的一切，上帝就必堅立你們手裏的工作。

在地上一生的辛勞，必在天庭裏被稱許為最優良的成就。父母們將以無法言喻的快樂看著他們的子女們領受冠冕、禮服、金琴。……在眼淚和祈禱中所撒下的種子，看來似乎全都歸於徒然，但他們終究歡歡喜喜地去收割。他們的兒女得救了。

當最大的審判長宣告說：「好！」接著，將那永不朽壞的榮耀冠冕加在得勝者的額上時，有許多當著全宇宙聚集的眾生，就要舉起冠冕，指著他們的母親說道：「仰賴上帝的恩典，她使我有今日的成就。她的教導、她的祈禱，使我得此永遠救恩之福。」

要查考《聖經》

深哉，上帝豐富的智慧和知識！
祂的判斷何其難測！祂的蹤跡何其難尋！
羅馬書 11：33

《聖經》中有無數真理的珠寶，對那僅在表面探求的人們是隱藏未現的。真理之源其豐富是無窮盡的。你愈是存著謙遜之心來查考《聖經》，你的興趣就愈大，愈能與保羅同感而讚歎道：「深哉！上帝豐富的智慧和知識！……」

你應該每天從《聖經》裏學習新的知識。你要查考《聖經》如尋求隱藏的珍寶，因為其中有永生之道，你當祈求智慧和知識，藉以明白這神聖的著作。你若如此行，就必從上帝的話裏發現新的榮美，也必感覺已經領受了那又新又寶貴的真理亮光。《聖經》在你的心目中必不斷地有新的價值產生。

那與救贖有關、博大精深的真理，必明朗如日頭照耀。……一句簡單的經文，如同一種活的香氣使許多生靈得以存活，在以往證明是如此，在將來亦必如此。當人們勤勉地尋索之時，《聖經》必敞現出新的真理珍藏，作思想中明亮的寶石。

你若想發現豐富的珍寶，必須往真理礦源之深處去挖掘。若將經句與經句對照研究，便能明白每節經文正確的意義；但你若不以上帝聖言的純潔教訓為人生準則和嚮導，那麼真理的價值對你而言就等於零了。……若上帝聖言中某一部分譴責了你藏匿、不願戒除的習慣，或你所放縱的情感和表現的精神，切勿掉離你的腳步，不聽從祂的聖言，反要離開你罪惡的行為，讓耶穌洗淨你的心，聖化你的心。

豐盛人生

今日操練

我生命中的《聖經》

《聖經》為書中之書

你求告我，我就應允你，
並將你所不知道，又大又難的事指示你。
耶利米書 33：3

豐盛人生

今日
操練

我生命中的《聖經》

　　沒有什麼其他的研究能像研究《聖經》那樣，使人的每一思想、感覺和希望都趨於高尚的境地。沒有其他的著作能滿足人心思意念之中的疑問和渴望。透過《聖經》獲得有關上帝聖言的知識，並照著這知識去行的人，便能從無知和敗壞的最深處，蒙拔擢作上帝的兒女及無罪天使的同伴。

　　就教育的功能而言，《聖經》是無可匹敵的。沒有什麼努力，能如追求領會偉大的啟示真理之努力般，賦予人一切才智活力了。人的思想會日漸適應於他所關注的主題，若所思想的都是一些平凡的事物，智力亦必變得弱小而衰弱。

　　在《聖經》文體與主題的廣博範圍中，它能引起每個人的興趣，打動每個人的心。……在它簡明陳述的真理中所包含的——乃是高超於天並關乎永恆的原則。

　　人生每一個階段，人類每一項經歷，無不廣納於《聖經》寶貴的教訓之中。統治者和庶民，為主的和作僕人的，買主和賣主，貸款的和放債的，父母和子女，教師和學生——盡都可以在此書裏面發現極其貴重的教訓。

　　在這一切之外，上帝的聖言彰顯了救贖的計劃：指示出有罪的人該如何與上帝和好，奠定那管理我們生活的真理與義務的偉大原則，並且應許賜我們神聖的助力以履行。它超乎我們這稍縱即逝的生命，以及人類短暫紛擾的歷史。它在我們眼前展開了永恆歲月的綿延景象——就是那沒有罪孽的黑暗，沒有憂傷的昏昧歲月。

《聖經》賜予新生命

你們蒙了重生，……是藉著上帝活潑常存的道。
彼得前書 1：23

　　《聖經》啟示了上帝的旨意。《聖經》的真理乃是至高者所發的言語，凡使這真理成為祂生命一部分的，就必在各方面都變成一個新造的人了，他雖未蒙賜予新的智力，但那因無知和罪孽蒙蔽智力的黑暗，卻已消除了。所以祂說：「我也要賜給你們一個新心」，意思便是「我要賜給你們新的思想」。心志的改變往往也給人帶來清楚的基督徒責任感，和一種對於真理的瞭解。凡願以祈求之心仔細查考《聖經》的人，就必獲得清楚的理解力和健全的判斷力，如同他若轉向上帝，必能達到一個更高超的智能水準。

　　《聖經》所包含是一切真正偉大、興盛的根本原理，無論為個人或是為國家皆然。凡允許《聖經》自由流傳的國家，便敞開了培養和發展國民心智的門路。誦讀《聖經》乃是使光照亮在黑暗中。查考上帝的道，必尋得生命的真理。在順從它教訓的人們生活之中，必有一股快樂的洪流，惠及他們所交往的眾人。

　　千萬人已從這生命的井裏取得水來，至今水的供應仍不虞匱乏。曾有無數的人常將主擺在他們面前，因瞻仰祂就在形像上變成與祂相似。當他們談論祂的品德，述說基督與他們彼此之間的關係時，他們心裏就火熱了。……將來，也必有更多人要尋求救恩的奧祕。……每一次重新查考《聖經》，也必顯出一些較以前所發現的興趣更深的事。

豐盛人生

今日
操練

我生命中的《聖經》

我的顧問和嚮導

你要以你的訓言引導我，以後必接我到榮耀裏。
詩篇 73：24

豐盛人生

今日
操練

我生命中的《聖經》

我們所需要關於基督教的證據，乃存在於我們的《聖經》之中，而不是從人的經驗裏可以求得的。上帝的聖言是我們的忠告者；因它世世代代都為真理永恆不變的特性作見證。自古以來，沒有某一特別的時期，因為替上帝聖言作辯護就喪失了效能。《聖經》中也沒有哪一部分由於年代久遠而被湮沒。上帝子民過去的全部歷史，我們今日都應該研究，並藉著所記載的經歷得著益處。

人們食言背信，即證明了自己沒有可信賴的價值，但上帝是永不改變的。祂的話永遠始終如一。

要使《聖經》在家中的地位尊為指導者。讓它在每個困難之中作顧問，作一切行動的標準，……家中的任何一個人皆無法得享真正的興盛，除非有上帝的真理、公義的智慧在家中作主。

我們人人都需要一位嚮導，指引我們度過人生許多艱難的地方，猶如水手需要倚賴一位領航人，通過有急灘或礁石的大小河流一般。

水手若有航海圖和指南針卻棄而不用，他必為船上遇險之人的生命負責，或者因為他的疏忽才遭到覆亡的厄運。我們有一本旅行指南，就是《聖經》。倘若有了這指南，卻仍然錯失了往天國去的路，那我們實在是無可推諉的，因為早已有明確的指導賜予我們了。

《聖經》已顯示了品格方面完美的標準；無論在任何環境中，都是絕無錯誤的嚮導，就是到生命旅程的終點亦是如此。

靈命的糧食

我得著你的言語，就當食物吃了；
你的言語是我心中的歡喜快樂。
耶利米書 15：16

欲以人的智慧完全領會《聖經》的一項真理或應許，乃是不可能的。這人從這一個觀點中看見了榮耀，另一個人則從另一個角度觀看；然而我們所看見的都不過是一線微光而已，那充足輝煌的榮耀是我們的視野所不及的。在我們默想上帝聖言中的大事時，我們所見的乃是愈來愈廣闊深邃的根源。其廣闊與深邃是超乎我們智識以外的。我們在注視時眼界逐漸寬闊了，在我們眼前顯現出一片無邊無際的海洋。這樣的研究有復甦之力，能使心靈與意志都獲得新的能力與新的生命。

這樣的經驗便是強有力的證據，證明《聖經》的神聖來源。我們接受上帝的話為靈性的糧食，與食物之於身體同一原理。食物滿足了我們本性的需要，根據經驗我們知道食物能製造滋養血液，骨骼和腦力。請以此同樣方式來試驗《聖經》；當它的原理實際成為品格的要素時，結果將如何呢？生活中起了什麼改變呢？──「舊事已過，都變成新的了。」（哥林多後書5：17）在它的能力之中，男女掙脫了惡習的鎖鏈。他們也棄絕了私心。褻慢變為敬虔，濫用變為節制，放蕩變為純潔。原來像撒但的人，也改變成為有上帝形像的人，這樣的改變乃是神蹟中的神蹟。這藉著聖言而改變的，乃是真道最不可解的奧祕。我們不能體會出來，只能照著《聖經》自己所見證的，相信它是「基督在你們裏面成了有榮耀的盼望。」瞭解這個奧祕，便是瞭解一切奧祕之鑰。它為我們的心靈開啟全宇宙的寶庫，展開無限發展的可能性。

我的亮光

你的言語一解開就發出亮光，使愚人通達。
詩篇 119：130

豐盛人生

今日
操練

我生命中的
《聖經》

　　《聖經》是照在黑暗之處的光。我們查詢其內容時，便有亮光透入心中，啟發我們思想。透過這光我們可看清自己應當作什麼樣的人。

　　在《聖經》中，我們看到了警告及應許，並有上帝作這一切的後盾，邀請我們在遇見困難之時要查考《聖經》，求得隨時的幫助。倘若我們不求教於這本指南，每回舉步向前行時，都不問：「這是主的道路嗎？」那麼，我們的言行將被我們的自私所浸染。我們必忘記了上帝，選擇踏入祂沒有為我們預備的道路上。

　　上帝的聖言充滿了寶貴的應許和有助益的忠告。它是無誤的，因上帝不會有誤。在人生各種境況之中它都能提供幫助，當上帝看到祂的兒女轉離《聖經》求援於人之時，心中便憂傷了。

　　凡藉著《聖經》與上帝保持交往的人，必蒙拔擢而成聖。當他讀到受聖靈感化所記錄的救主之愛時，他的心必在柔順與懺悔之中軟化了。他必充滿了一種要效法他救主的願望，去過一種充滿愛的服務人生。……藉著祂大能的神蹟，在歷代中保全了祂所寫的聖言。

　　這本書乃是上帝賜給我們的偉大指導者。……它的光照耀在前，使我們可以看清我們所行的路；同時它的光也照在往後的歷史上，使那些在黑暗中的人，他們所視為錯誤和混亂的，卻顯為十分完美而和諧。在屬世的人看來認為是不可解的奧祕，在上帝兒女的眼中卻看出亮光和華美來。

　　快樂的人能看出《聖經》是他腳前的燈、路上的光——它是照耀在黑暗之處的亮光，它是上天賜與人類的指南。

我心中的珍寶

你當領受祂口中的教訓,將祂的言語存在心裏。
約伯記 22:22

你繼續查考《聖經》,將上帝的真理存記在你心中,這是非常重要的。也許有一天你會與基督徒之間的團契分離,置身於不能與上帝兒女相聚的地方,但你能將上帝言語的珍寶懷藏在心。

在啟示的園地上遍處散布著如精金般的穀粒——上帝智慧的言語。你若是聰明人,就當收聚這些寶貴真理的穀粒。要使上帝的應許成為己有。如此當患難和試煉來臨之時,這些應許必作為天庭安慰你的歡喜之源。

試探若常常顯得不可抗拒,那就是因為疏於讀經和禱告,以致受試探的人不能隨時想起上帝的應許來,並利用《聖經》所供給我們的武器去與撒但對抗。但有天使環繞著那些願意對神聖之事求教的人,並且當他們最需要的時候,天使會叫他們想起所需要的真理。這樣當「仇敵好像急流的河水沖來,是耶和華之氣所驅逐的。」

凡將《聖經》寶貴真理藏在心中的人,必有抵禦撒但試探的保障,除去一切不清潔的思想和不聖潔的行為。

要常常親近《聖經》。你愈常查考並多求瞭解《聖經》的話,你的心靈就因有福的勉勵和應許得以穩固。

願我們將它寶貴的應許存記在心,因此當《聖經》從我們手中被剝奪的時候,我們仍可享有上帝的聖言。

豐盛人生

今日操練

我生命中的《聖經》

早晚敬拜

來啊！我們要屈身敬拜，
在造我們的耶和華面前跪下。
詩篇 95：6

豐盛人生

今日
操練

我生活中的家庭禮拜

主對於祂在地上眾子民的家庭特別關心。有天使為那些祈禱的聖徒獻上馨香之氣，惟願每個家庭，在每日清晨和微風輕拂的日落之時，皆使祈禱之聲上達於天庭，在上帝面前我們呈獻救主的功勞。每日早晚全天庭都注視著每個祈禱的家庭。

謙遜的心中還要充滿恩慈，以及你和你的兒女此刻正面臨試探與危險的一種自覺；藉著信心將他們獻在祭壇上，求主眷顧他們。服役的天使必保佑那獻身給上帝的人。

家庭禮拜不應受環境所支配。你不是偶爾禱告一次，然後在你繁忙之日便忽略了禱告。你這樣作就會使你的兒女視禱告為不重要的事。禱告對於上帝的兒女而言意義甚為重大，早晨和晚間應將感恩的祭呈獻於上帝面前。作詩的人說：「來啊，我們要向耶和華歌唱，向拯救我們的磐石歡呼。」（詩篇95：1）

敬拜上帝應該是一件愉快的事。……祂希望凡來敬拜祂的人，歸途中也帶著祂關切與慈愛的寶貴思念，在日常作息中仍保有愉快的心情，並領受恩典，在一切事上忠誠而信實地去行。

家庭之中可以設立一個尊榮並榮耀救主之名的小小教會。

我們家庭之中若有良好的宗教氣氛，在公共聚會中亦必有優美的宗教氣氛。

殷勤教導

我今日所吩咐你的話都要記在心上，
也要殷勤教訓你的兒女。
申命記 6：6 − 7

　　約瑟在童年時期就受教要敬愛上帝。他常在他父親的帳棚裏，在迦南地的星空下，多次聽過伯特利夜間的異象，就是那頂天立地的梯子，上下往返的天使，以及那從寶座上向雅各顯示自己的主。他曾聽講過雅博渡口較力的故事。當時雅各放下了他曾經不肯丟棄的罪而獲得勝利，並領受與神較力都得了勝（即以色列）的稱號。

　　約瑟作牧童，牧養他父親的羊群，他這清純簡樸的生活，頗有助於他體力和智力的發展。藉著大自然與上帝交往，並學習自父及子流傳下來的、神聖委託的偉大真理。他已經獲得堅強的智力和穩定的原則。

　　摩西童年離開他家庭的庇護時；較約瑟或但以理更為年輕，但那時候陶鑄其人生之種種影響力對他已有效果。他和希伯來本族之人相處僅十二年之久；但那些年已奠下他作偉人的根基，然而這卻全出於一位不見知於世的人所成就的。

　　除了拿撒勒的馬利亞之外，再沒有別的婦女能像她那樣賜福於世人了。她既知道她的兒子不久就必脫離其照顧，……就設法將敬愛上帝的種子撒在祂的心中。她忠貞地達成了這項使命。

　　若要激勵並增強愛好研究《聖經》之心，必須有效地運用家庭禮拜的時間。早晚的禮拜應成為　天之中最甘美、最有益的時間。要明瞭，這些時間是不容任何惱人、不善良的意念來侵害的，因為此時兒女和父母都聚集與耶穌相會，並邀請聖潔的天使也住在他們家中。

在上帝面前下拜

務要在主面前自卑，主就必叫你們升高。
雅各書 4：10

豐盛人生

今日
操練

我生活中的家庭禮拜

若有任何一個時機點，可以令每一個家庭都成為禱告的家庭，那就是現在了。不信和懷疑日益增多，不義之事猖獗。腐敗的潮流四處氾濫，背叛上帝的行為在生活中顯露。因受罪惡的奴役，道德能力被暴君撒但所壓制。心靈成了他試探的玩物，若沒有全能的膀臂伸出來拯救，人將走上那叛逆之罪魁所引領的路上去。

然而在這可怕的危急存亡之秋，竟有許多自稱為基督徒的人們沒有家庭禮拜。以為禱告是不必要的。這種論調是撒但敗壞人心最有效的詭計。禱告是與上帝之間的交通，是智慧的根本，是能力、平安、幸福的泉源。耶穌曾向祂的父「大聲哀哭，流淚禱告」。使徒雅各說：「你們要……互相代求，……義人禱告所發的力量，是大有功效的。」

父母們藉著誠摯熱切的祈禱，為他們的兒女築了一道藩籬。他們須以全備的信心禱告，相信上帝必與他們同在，並相信聖潔的天使要保守他們和他們的兒女，脫離撒但他那殘酷的權勢。

父母們如果能在早餐以前，召集他們的兒女，向他們指出這位照祂的豐盛厚賜百物的天父，那該是何等美好之事！在此時刻更適合感謝祂在昨夜的保佑，求祂惠賜恩典和幫助，求祂的天使在白日庇護。到了晚上，也當再次聚集，為當日祂所賜與恩慈和福惠而讚美祂，這該是多麼適宜之舉！

要彼此認罪

所以你們要彼此認罪，互相代求，使你們可以得醫治。
義人祈禱所發的力量是大有功效的。

雅各書 5：16

我蒙指示要力勸我們的信徒，必須更加熱心於家庭信仰的需要。家庭中每個成員之間，應當該慈愛相顧。每天早晚在虔誠的禮拜中同心合意。晚禱之時，家中每一成員都當省察己心。務使每一樁錯誤改正過來，這一天之中，倘若有誰得罪了另一個人，或者是出言不遜，那麼這有錯誤的人，就當向受害者祈求寬恕。家中其餘的人往往能因此得到安慰。

「你們要彼此認罪，互相代求」，可以使你們靈性上的各種疾病得以痊癒，而那慣於犯罪的習性亦得以改良。要為永恆的事殷勤努力。要懇切祈求主並堅守著你的信仰。不要倚靠血肉的臂膀，應全然信靠主的引導。現在每一個人應當說：「至於我，我必出來，與世俗隔離。我要全心全意的事奉上帝。」

上帝必向那遵守祂誡命之人彰顯祂的恩寵。因接受並順從這道，即是這活潑常存的道，就必成為活的香氣叫人活。接受真理就能更新並潔淨罪惡的心。

這個潔淨品格的工作，不可能延誤而無危險。……你要藉著認罪禱告來決定你的立場，自今而後直到永遠地完全歸於上帝。……我們絕不可耽延這悔改認罪與心靈謙卑的工作。我們所獻上的祭物可以蒙上帝的悅納。人若完全歸服上帝，就必獲得滿足的喜樂。

豐盛人生

今日
操練

我生活中的家庭禮拜

敬拜上帝得享平安

你的兒女都要受耶和華的教訓；
你的兒女必大享平安。
以賽亞書 54：13

豐盛人生

今日
操練

我生活中的家庭禮拜

你的家庭就是一個小天地。……那能夠決定，叫你的兒女將來選擇事奉上帝或瑪門（金錢），要得永生或遭滅亡的，就是你。

要像古時先祖一般，凡是自承愛上帝的人，應該在他們搭建帳棚的地方，為主設立祭壇。……父親要作家庭的祭司，每天早晚在上帝的祭壇獻上祭禮，此時妻子、兒女要同心禱告讚美。像這樣的家庭，耶穌必樂於居住其中。

聖潔的光輝要從每一個基督徒家庭中照射出來。家庭中的一切行為都當彰顯出愛來。愛應該遍佈於整個家庭的互動當中，以關懷、慈愛的言行表現出來，亦顯示於溫厚而不自私的禮儀之間。有一些家庭已照著這樣原則去行——就是那些敬拜上帝，且以真實的仁愛作主的家庭。從這些家庭中，早晚有祈禱如馨香上達於上帝之前，而祂的恩慈與福氣亦如朝露一般沛降於祈求之人。

讓我們舉目仰望敞開著的天上聖所之門，在那兒有上帝的榮光照在基督的臉上，而且「凡靠著祂進到上帝面前的人，祂都能拯救到底。」

以讚美為羽翼，心靈便可提升而近於高天。在天庭中都以歌頌和音樂敬拜上帝，當我們陳述感恩之意時，也就趨近天上眾生的敬拜了。「凡以感謝獻上為祭的，便是榮耀」上帝。但願我們都能存著虔敬喜樂之心，到我們的創造主面前，「感謝祂，用詩歌向祂歡呼。」

提摩太的人生是家庭信仰的果子

你所學習的,所確信的,要存在心裏;
因為你知道是跟誰學的,並且知道你是從小明白《聖經》,
這《聖經》能使你因信基督耶穌,有得救的智慧。
提摩太後書 3:14 — 15

JAN 1月 30 日

凡承認基督之名的人,絕不可忽略家庭祭壇的設立。在那裏他們天天懇切地尋求上帝,猶如在聚會中尋求祂一樣。

我們從提摩太的生平,可以學到許多有關這方面的寶貴教訓。提摩太是從小就明白《聖經》的。他的家中充滿了宗教氣氛,他在家庭生活中所表現的虔敬是……純潔、明智,不因虛偽的觀念而腐化的。……上帝的道是指引提摩太的準則。他所受的教育乃是律上加律,例上加例,這裏一點,那裏一點。這些教訓在屬靈上的能力,是足以保守他的言語清潔,脫離一切腐敗的觀念。他的家庭教師與上帝合力來教導這些青年人,使他能勝任青年時期所要承擔的責任。

《聖經》的教訓交織於實際生活中,就在品格上產生一種道德和信仰的影響力。提摩太學習並實踐了這樣的教訓。他並不是身負奇才異稟的人,但因為他善用上帝賜予他的才幹,並將其才幹獻為事奉上帝而用,所以他的工作是可貴的。他在真理知識上的聰慧,和富於實驗精神的作風,使他卓越而富有感化力。聖靈在提摩太的心中找到了駐足之地,經過陶冶和鑄造,而他的心成為聖靈居住的殿。

青年人應自置於《聖經》教導之下,並將《聖經》交織於他們平日的思想和實際生活之中。於是他們便獲得在天庭所視為最高貴的資格。他們要將自己藏在上帝裏面,而他們的人生亦必能榮耀祂。

豐盛盛人生 今日操練 我生活中的家庭禮拜

亞伯拉罕在所到之處都設立祭壇

耶和華向亞伯蘭顯現，說：「我要把這地賜給你的後裔。」
亞伯蘭就在那裏為向他顯現的耶和華築了一座壇。
從那裏他又遷到伯特利東邊的山，支搭帳棚；
……他在那裏又為耶和華築了一座壇，求告耶和華的名。
創世記 12：7 － 8

豐盛人生

今日
操練

我生活中的家庭禮拜

上帝的朋友亞伯拉罕的一生，是禱告的人生。他在哪裏搭了帳棚，就在那裏附近築一座壇，以便早晚獻祭。當他的帳棚遷移了以後，那祭壇仍然存留原地。四處飄泊的迦南人每到一個有祭壇之處，就知道誰曾到過那裏，於是他支搭帳棚以後，就修築那座祭壇，也敬拜永活的上帝。

因此基督徒的家庭，應當作世上的光。……作父母的每天早晚當和你們的子女團聚在一塊兒，存謙卑的心向上帝求助。你所愛的人會遭受試探和試煉，無論長幼，每天都會遇到苦惱和困惑。因此，凡願意過那忍耐、仁愛、愉快生活的人必須禱告。惟有藉著堅忍不移的意志，時常警醒，不住地禱告，從上帝那裏求得幫助，才能獲勝。

作父母的，每天早晨都應當將自己和家人這一天的時間獻給上帝。不要為了未來的幾個月、幾年盤算，因為這些時間不是屬你的。只有這短暫一天是賜予你的。就如同你在世上只有這最後一天似的，你要用這時間為主工作。將你的全部計劃擺在上帝面前，或實施或放棄，悉聽祂的美意所示。要接納祂的計劃來代替你的。這樣作，雖不免要放棄自己所珍視的計劃，但你的人生卻愈活愈像那神聖的模範。

惟有永生，方能顯明這樣的敬拜時辰所產生的果效。

2月
FEBRUARY

屬靈
的生命

My Life
Today

上帝所賜的聖靈

我要求父，父就另外賜給你們一位保惠師，叫祂永遠與你們同在，
就是真理的聖靈；乃世人不能接受的；因為不見祂，也不認識祂。
你們卻認識祂，因祂常與你們同在，也要在你們裏面。
約翰福音 14：16 － 17

豐盛人生

今日
操練

聖靈
的恩
賜

在猶太人的制度之下，上帝聖靈的感化力曾經有顯著的表現，然而還未達到完全的地步。歷代以來曾經有人祈求上帝實現祂賜下聖靈的應許，而這樣誠懇的祈求沒有一次會被上帝遺忘的。

基督決意在祂離世升天之時，要將一種恩賜賦予一切信祂的人，以及將來一切要信祂的人。有哪一種恩賜能成為紀念祂升天，坐在中保寶座上的標誌呢？這恩賜和祂的偉大與王權必須是相配的。祂決定要賜下祂的代表，就是三位一體中的第三位，再沒有比這更為優越的恩賜了。祂要將諸般的恩賜一同賜下，所以神聖之靈，就是那使人悔改、啟迪人心、叫人成聖的能力，便作為祂的恩賜。……與聖靈同在的是一種豐盛和能力，似乎顯明這是抑制已久的恩賜，現在要充盈滿溢地賜予教會。

信徒重新悔改了，罪人和基督徒同去尋找那重價的珍珠。每位基督徒在他弟兄的身上就看出那善良和慈愛的神聖形像。所有人被同一件事物吸引，其影響力遠超過其餘的事物，每個人的脈動都完全地趨於一致。信徒唯一的大志，便是要看誰最能完全地彰顯基督的品格，成為楷模；誰最能為擴展祂的國盡最大的努力。

聖靈的沛降，乃是人所能領受的珍寶中最貴重無比的。

各人都蒙主賜恩賜

我們各人蒙恩，都是照基督所量給各人的恩賜。
以弗所書 4：7

　　基督所託付祂教會的才能，乃是代表聖靈所賦予的恩賜和福氣。「這人蒙聖靈賜他智慧的言語；那人也蒙這位聖靈賜他知識的言語，又有一人蒙這位聖靈賜他信心，還有一人蒙這位聖靈賜他醫病的恩賜；又叫一人能行異能；又叫一人能作先知；又叫一人能辨別諸靈；又叫一人能說方言；又叫一人能譯方言；這一切都是這位聖靈所運行，隨己意分給各人的。」不是所有的人都能領受同樣的恩賜，而是主的僕人都有從聖靈領受一種恩賜的應許。

　　當基督與祂門徒分離之前，祂「就向他們吹一口氣，說，你們受聖靈。」祂又說：「我要將我父所應許的降在你們身上。」……「我們各人蒙恩，都是照基督所量給各人的恩賜」，聖靈是「隨己意分給各人」。原來在基督裏這些恩賜都是屬於我們的，但是要實際得著就在乎我們領受上帝的聖靈。

　　上帝並不要我們恃一己之能去完成當前的工作。祂已準備了神聖的援助，應付我們人類的力量所無法解除的危機。祂賜下聖靈來幫助我們度過每一次困境，加強我們的盼望和信念，啟迪我們的思想，並潔淨我們的心。……凡將自我觀念克服，在他心裏留下讓聖靈可運行之餘地，並度一種全然獻身給上帝之人生的人，其效率是無可限量的。……基督宣稱聖靈的神聖感化力要與祂的信徒同在，直到世界的末了。

豐盛人生

今日
操練

聖靈的恩賜

為要成全聖徒

袖所賜的，有使徒，有先知，有傳福音的，
有牧師和教師，為要成全聖徒，
各盡其職，建立基督的身體，直等到我們眾人在真道上同歸於一，
認識上帝的兒子，得以長大成人，滿有基督長成的身量。
以弗所書 4：11 — 13

FEB 2月
03日

豐盛人生

今日
操練

聖靈的恩賜

　　這一切的恩賜都必須予以運用。每一位忠心的工人必為成全聖徒而勞碌。……各人有各人當作的工。每一位相信真理的人要站在所指定的崗位上說：「我在這裏，請差遣我。」……要分給每一個人一些為他人而作的工。要幫助眾人知道，既領受了基督的恩典就有為袖勞力的義務。同時也要教導眾人知道怎樣去工作。尤其是剛信道的人應該受教與上帝同工。若我們能著手工作，則沮喪者能迅即忘其沮喪；軟弱者變為剛強；愚拙者變為聰明，而大家都可預備好，可以將那在耶穌裏的真理表揚出來。他們必在那位曾應許要拯救到袖面前來的人之處，尋得永遠可靠的幫手。

　　我們極需聖靈的感化力使得工作可以均衡地發展，各方面都能穩健地推進。

　　現代真理包含全部的福音。若能宣傳得當，它必在人心間產生感化的作用，證明出上帝恩典的能力。它必成就一種完備的工作，助長人可以成為完全。

　　袖（上帝）吩咐我們要完全，像袖完全一樣——處處與袖相似。在我們小小的範圍中，我們要作為亮光和福氣的中心，正如袖在宇宙中間一樣。我們自己是一無所有，但有袖慈愛的光輝照在我們身上，我們就當返照袖的光亮。……我們要在自己的範圍內臻於完全，一如上帝在袖的範圍內是完全的。

使聖徒合而為一

我……勸你們，既然蒙召，行事為人就當與蒙召的恩相稱。
凡事謙虛，溫柔，忍耐，用愛心互相寬容，用和平彼此聯絡，
竭力保守聖靈所賜合而為一的心。
以弗所書 4：1 － 3

天上的眾星都服於定律之下，彼此感應遵行上帝的旨意，一同順從主引導它們運行的規律。照樣，為要使上帝的工作健全而穩定的前進，祂的子民亦須團結互助。

只憑一時的狂熱或作或停，或間歇而發的，那些自承是基督徒的人，無疑像一群強壯而未受過訓練的馬。當一匹馬往前拉的時候，另一匹馬卻往後拖，而它們主人出聲喝斥時，有一匹馬就直往前闖，而另一匹馬卻站著不動。若我們在現今從事的偉大工作上不採取和諧一致的行動，勢必演變成混亂的現象。……若是人負上了基督的軛，就不能彼此悖離分開；應當與基督一同往前邁進。

在先知看來，那輪中套輪，有活物與輪子同時出現的異象，似乎是複雜而不易解釋的。但在輪子中間那無窮智慧的手出現了，其工作的果效是完全和諧的。每一個輪子，蒙上帝的手指引，與其他的輪子相互和諧地工作。

藉著聖靈的感化，那最不協調的可以變為和諧的。不自私的心要以堅韌而柔軟的繩索將上帝的子民集結起來。當信徒們的精力都受了聖靈的支配，從各處聚集一切的良善，來教育，訓練及引導自己，教會就會產生一種非常的能力。於是就有一個強大的組織可以獻給上帝，供祂差遣用來使罪人悔改。這樣天與地就有了聯繫，一切屬上帝的神聖代理者，也會與人力相合作了。

豐盛人生

今日
操練

聖靈的恩賜

藉上帝的先知啟示真理

主耶和華若不將奧祕指示祂的僕人——眾先知，就一無所行。
阿摩司書3：7

豐盛人生

今日
操練

聖靈的恩賜

在罪惡還沒有侵入之先，亞當享有與祂的創造者公開自由交往的權利；但是因犯罪與上帝隔絕之後，人類便損失了這高尚的權利。然而，藉著救贖的計劃，上帝已經開闢了一條通路，使世人仍能與上天交通。上帝曾藉祂的聖靈與人交往，並藉啟示與祂所揀選的僕人們將神聖的光亮賜於世人。「人被聖靈感動說出上帝的話來。」（彼得後書1：21）

那位無窮者藉著祂的聖靈將真光照入祂僕人們的心意中。祂賜下夢兆、異象、表號和象徵；而那些得蒙如此將真理啟示與他們的人，他們就用人的言語將這些思想表達出來。

「主耶和華若不將奧祕指示祂的僕人眾先知，就一無所行。」（阿摩司書3：7）

上帝本著祂自己的美意，利用種種方法來教導和警戒祂的子民。藉著直接的命令，神聖的著作和預言之靈，祂將自己的旨意啟示給他們。

從前上帝藉著先知和使徒的口，向世人說話。現今祂欲藉著預言之靈的證言向他們說話。從來沒有一個時代像今日這般，上帝懇切地將祂的旨意和祂要祂子民所行的道路教導他們。

先知所賜予的指導和勸勉的信息，顯明了祂對人類永恆的旨意，對於今日在地上上帝的教會，就是看守祂葡萄園的人，具有特殊的價值。祂怎樣眷愛墮落的人類，以及如何計劃拯救他們，都在先知的教訓中清清楚楚的顯示出來了。

預言之靈——給我的恩賜

因為預言中的靈意乃是為耶穌作見證。
啟示錄 19：10

上帝歡喜以人為媒介將祂的真理傳達於世人，而且藉著祂的聖靈賜予人有資格及能力從事這項工作。祂引導他們的思想，選擇所要說的話以及要寫的文章。這寶貝雖然放在瓦器裏，但它仍是從天而來的。這見證雖然是藉著人間不完美的言語所發揮的，但仍是上帝的見證；並且那順從而有信心的上帝的兒女，在這見證裏發現神聖能力的榮耀，充滿了恩典和真理。

上帝在祂的聖言裏已將一切得救必備的知識交付與人類。人當接受《聖經》，並承認它具有上帝的權威且毫無錯誤，是上帝旨意的啟示。

藉著不同的講解，真理的各方面都被表達出來。這位作者對於這主題的某一方面有深刻的感覺，他就把握住那些與他經驗、或理解力與辨識力相符之點，而另一個人就著重於不同的一面，並且二者在聖靈引導之下，各人就詮釋自己心中所有的強烈影響——雖然各具真理的不同面，但其整體卻是完全和諧的。如此一來，所表現的真理便聯合成為一完美的整體，得以適應人們生活中任何環境、任何情況下的各種需要。

上帝藉著《聖經》將祂的旨意顯示於人的事實，並不能抵消了聖靈長遠的同在及其不斷引導的必要。相反的，我們的救主曾應許賜聖靈給祂的僕人，以便啟迪其聖言，光照並實踐其教訓。既然上帝的聖靈默示了《聖經》，聖靈的教訓絕不可能與聖言有相悖之處。

豐盛人生

今日
操練

聖靈的恩賜

相信就必亨通

信耶和華——你們的上帝就必立穩；
信祂的先知就必亨通。
歷代志下 20：20

豐美盛人生

今日操練

聖靈的恩賜

　　迄今預言之光仍為引導生靈而照耀說：「這是正路，要行在其間。」這光照在義人的路上，乃是嘉許他；但它也同樣照在不義之人的路上，為了要引領他悔改歸正。藉著祂的工作，罪惡必被譴責，不義之事必然揭露。它繼續履行其義務光照過去、現在和將來。

　　若是那些蒙光照的人能感受、服從並尊重上帝賜給他們的證言。他們對於宗教生活必有新的眼光。他們必定要悔改，並發現那啟開他們原來不明白之奧祕的鑰匙。他們也要把握著上帝所賜予他們有益的寶物，而從黑暗的權勢中蒙救援，進入祂奇妙的光明中。

　　凡藐視警告的，必被棄於盲昧中成為自欺之人。但那領受警告的人，便熱衷於遠離罪惡為要獲得所需要之恩典的，就要敞開心門，請親愛的救主進來與他們同住。

　　祂（上帝）安排使凡願意的都可以享受聖潔喜樂的人生。這個時代有足夠的亮光賜給我們，使我們曉得什麼是我們的義務和權利，欣賞那寶貴、嚴肅之真理的純一和能力。

　　我們只需為照在我們身上的亮光負責。上帝的誡命和耶穌的真道，現在正在試煉我們。我們若忠心順從，上帝必悅納我們，賜福與我們，認我們為祂特選的子民。當他們有全備的信心，完全的愛心，以及順從的心，他們就能有一種強大的影響力。

使我知罪

祂既來了，就要叫世人為罪、為義、為審判，自己責備自己。
為罪，是因他們不信我。
約翰福音 16：8 － 9

聖靈的使命，在基督的聖言裏已闡明。「祂既來了，就要叫人為罪、為義、為審判，自己責備自己。……」是聖靈叫人知道自己有罪。罪人若感應到聖靈甦醒的能力，他就悔改，並體會到順從神聖要求的重要性。

當掃羅將自己完全順服在聖靈令他知罪的能力下，他便看出他一生的錯誤，承認了上帝律法廣泛的要求。這位原來驕傲的法利賽人，自信仗著自己的好行為必得稱義，現在卻以赤子般的謙遜和純樸跪在上帝的面前，承認自己的不配，並且要靠著這位被釘復活救主的功勞。掃羅懇切盼望與天父和祂的兒子有完全和諧的交通，並在他懇切盼望赦免和悅納之際，於施恩的寶座前獻上他熱誠的祈禱。

這位悔改的法利賽人之禱告並非徒然。他內心的思想和動機因神聖的恩典而起了變化，同時他高貴的天賦乃得與上帝永恆的旨意相符。在掃羅看來，基督和祂的義比整個世界貴重得多了。掃羅的悔改是一個顯著的憑據，證明聖靈使人知罪的神奇能力。

要藉著聖靈的大能大力征服撒但的政權。使人知罪的乃是聖靈，既獲得人的同意，聖靈就將罪惡從人的心中驅逐。……靠著基督的功勞，人可以運用他最高貴的天賦將罪孽從自己的心靈中驅除潔淨。

豐盛人生

今日
操練

聖
靈
的
工
作

啟迪我的悟性

求我們主耶穌基督的上帝，榮耀的父，
將那賜人智慧和啟示的靈賞給你們，使你們真知道祂，
並且照明你們心中的眼睛，使你們知道祂的恩召有何等指望，
祂在聖徒中得的基業有何等豐盛的榮耀。
以弗所書 1：17 - 18

那心意蒙聖靈更新的人，自有神聖的美麗和屬天的光輝，從《聖經》的書頁上照耀出來。那屬世之人思想所視為荒涼的曠野，在有屬靈思想的人看來，便是活水江河流通之地。

只有聖靈能使我們體會《聖經》中一些容易明白的教訓是何等重要，並阻止我們不致曲解《聖經》中深奧難懂的真理。聖天使的職務乃是要預備我們的心去領會上帝的話，好讓我們能欣賞其中的警告，並因其中的應許而得到鼓舞和力量。我們應當像詩人一樣祈禱說：「求你開我的眼睛，使我看出你律法中的奇妙。」

上帝至聖的、教導的靈，乃是在祂的聖言之中。有一種亮光，是新奇而寶貴的光，從它（《聖經》）每一頁照射出來，真理就在那裏被啟明，其中一字一句都被光照，而且適應當時的需要，彷彿親聆上帝的聲音對他們說話。

我們必須認聖靈為我們的教導者。這聖靈是最愛向兒童們說話的，為他們闡明《聖經》中的珍寶和優美。我們的大教師所賜的應許，必以一種屬靈的神聖能力引導兒童的意識，鼓舞他們的靈性。這樣他們易受感化的心就漸漸熟悉屬靈的事物，作為抵擋仇敵試探的堡壘。……這自天而來愛的火花要落在兒童們的心裏，激勵他們。

豐盛美人生

今日操練

聖靈的工作

叫我想起主所說的一切話

但保惠師，就是父因我的名所要差來的聖靈，
祂要將一切的事，指教你們，
並且要叫你們想起我對你們所說的一切話。
約翰福音 14：26

　　基督從死裏復活，在裂開的墳墓上宣告說，「復活在我，生命也在我。」祂也差遣祂的靈來到這個世界上，要叫我們回憶一切的事。祂藉其全能施行神蹟，歷代以來保全了那寫成書卷的聖言。既是如此，我們應該時常研究祂的聖言，從其中得知上帝對我們的旨意如何。

　　基督的僕人不必預備一套受審時備用的訴狀。他們的準備在乎天天儲藏上帝聖言中寶貴的真理，並藉著禱告來堅固自己的信仰，及至當他們受審時，聖靈就必使他們想起所需要的真理。

　　人若天天殷勤追求認識上帝，和上帝所差來的耶穌基督，他就能得著力量和能力了。由於殷勤查考《聖經》而得的知識，必在適當的時機忽然湧現心頭。但人若疏忽或不熟悉基督的話，沒有在考驗中親身經歷祂恩典的力量；就不能期盼聖靈幫助他們，想起祂的話來。

　　基督為了使我們剛強壯膽，已經作了各種準備。祂已將祂的聖靈賜予我們，而聖靈的工作乃是要使我們想起基督所賜給我們的一切應許，使我們得享平安及罪蒙赦免的甘美感受。只要我們定睛注視救主，信靠祂的能力，就必充分感覺到一種平安穩妥，而基督的義也必成為我們的義。

豐盛人生

今日操練

聖靈的工作

改造我的品格

我們眾人既然敞著臉得以看見主的榮光，好像從鏡子裏返照，
就變成主的形狀，榮上加榮，如同從主的靈變成的。

哥林多後書 3：18

　　使人心潔淨的乃是聖靈。藉著聖靈，那有信心的人得與上帝
的性情有分。基督已賜下祂的聖靈作為一種神聖的能力，要把人
類一切遺傳的和自己所養成的犯罪傾向予以克制，並將祂自己的
品格銘刻於祂的教會之上。

　　當上帝的靈充滿他的心後，他的生命就會更新而變化。邪惡
的思想革除了，罪惡的行為也放棄了；愛心、謙卑和平安代替了
恨惡、嫉妒和爭戰。喜樂代替了憂愁，臉上也返照出天上的歡
悅。沒有人看見那挪開重擔的手，也沒有人看見從天庭照下來的
亮光。但是，當人藉著信心歸服於上帝之時，這些福氣即隨之而
來。於是那為人的肉眼所看不見的能力，就照著上帝的形像再造
了一個新人。

　　聖靈是人靈性的呼吸，領受聖靈便是領受了基督的生命。祂
賦予領受者以基督的特質。

　　惟有從上帝那裏來的信仰，方能引導人歸向上帝。我們必須
從聖靈而生，方能正確地事奉祂。如此心靈潔淨，心志更新，使
我們得以更清楚地認識祂，並且愛祂。這樣我們就樂意順服祂一
切的要求。這才是真正的敬拜。這是聖靈運行的結果。每次誠心
的祈禱都出於聖靈的感動，這樣的祈禱是上帝所悅納的。在何處
人的心靈切慕上帝，在那裏就顯出聖靈的運行來，上帝也必彰顯
自己給這個人看。祂正在尋求這樣的敬拜者，等待著接納他們，
使他們作祂的兒女。

豐盛人生

今日
操練

聖靈的工作

賜我天上來的能力

但聖靈降臨在你們身上，你們就必得著能力，
並要在耶路撒冷、猶太全地，和撒瑪利亞，直到地極，作我的見證。
使徒行傳1：8

聖靈要降在那些愛基督之人的身上，藉此他們就有資格因元首所賜的榮耀，領受並完成他們使命所需要的種種才能。賜生命的主不單拿著死亡的鑰匙，還有整個天國豐富的福氣在祂手裏。天上地下所有的權柄都賜給祂，祂既然坐在天庭裏的位子上，就可以將這些福氣賜給凡接待祂的人。教會受了聖靈能力的洗禮。門徒有資格出去宣講基督，先在耶路撒冷，就是公義之君蒙受恥辱的地方，然後傳遍到地極。這是當基督登上祂作中保的王位時就得著憑據的了。

上帝要一切領受祂恩典的人，為恩典的能力作見證。那些曾在行為上得罪了祂的人，祂卻大方接納他們；在他們悔改之後，祂就把聖靈賜給他們，把最大的委託交給他們，並差遣他們到不信的人中間去宣揚祂無窮的慈愛。

上帝親自安排好，使每一個歸順祂的人能立刻得著與祂直接的合作。聖靈已成了他的能力了。

我們所需要的是聖靈的能力。這種能力能為我們成就的事，遠比我們自己講話所能成就的還多呢！

只有那些謙卑等候上帝，尋求祂的引導和恩典的人，才有聖靈賜給他們。上帝的能力等待他們的祈求和領受。這所應許之福若憑著信心求，其他的各種福氣也就與之俱來了。

FEB 2月
12日

豐美盛人生

今日操練

聖靈的工作

驅逐仇敵

因為仇敵好像急流的河水沖來，是耶和華之氣所驅逐的。
以賽亞書 59：19

FEB 2月
13日

豐盛人生

今日
操練

聖靈的工作

　　為要應付極大的危機，幫助我們的軟弱，及賜給我們有力的安慰，耶穌賜下聖靈，沛降於我們身上。

　　凡繼續不斷在基督門下受教的人，就能坦然的前進。撒但想要動搖他們的努力必顯著失敗。試探並非犯罪。耶穌本是聖善清潔的，但祂在各方面同我們一樣受了試探，只是祂所受的強烈試探是世人無法忍受的。但祂成功的抗拒了，給我們留下了光明的榜樣，叫我們跟隨祂的腳蹤行。假如我們存著自恃或自以為義的態度，就必被棄於試探的權柄之下，但我們若仰望耶穌，信靠祂，就必獲得那在戰場上已戰勝敵人權勢的幫助，而每次受試探，祂總要給我們開一條出路。當撒但如洪水般攻擊我們，我們須拿著聖靈的寶劍抵禦他的試探，耶穌必作我們的幫助者，以耶和華之氣驅逐仇敵。

　　祂曾應許要賜聖靈給凡為勝利而奮鬥的人，要彰顯祂的全能賦予人非常的能力，教導愚昧人關於上帝國的奧祕。聖靈要作為偉大的幫助者，是一個佳美的應許。……所賜予的聖靈已使祂的門徒，就是使徒們，堅定地抵抗各種拜偶像之風，單單高舉主。

　　藉著祂的聖靈，祂是無所不在的。祂要以祂的聖靈和天使為媒介來服事人類。

在我的身上榮耀基督

他要榮耀我；因為他要將受於我的告訴你們。
約翰福音 16：14

在這裏，基督述說聖靈最優越的工作。聖靈因以基督為至上的敬愛對象而榮耀祂，於是救主便成為內心變化之人的歡喜快樂。向上帝悔改，對耶穌基督有信心，這就是聖靈使人更新的恩典和能力所結的果子。悔改是表明人盡力向世人返照基督形像的一個過程。

基督要把屬於祂的聖靈之氣息，和生命的活力賜給我們。聖靈要用祂最大的力量在我們心中運行。上帝的恩典要使我們的才能博大而且增多，上帝本性各樣完善的美德也必來幫助我們作救靈的工作。藉著與基督同工，我們就必在祂裏面得以完全。我們的肉體雖然軟弱，卻能成就全能者的事業。

基督徒一生工作乃是要披戴基督，並使自己更加完全，學像基督的樣式。上帝的兒女要繼續前進，愈久愈像我們的模範——基督。我們要天天瞻仰祂的榮耀，時時思念祂無比的良善。

惟願聖靈的洗禮能夠沛降你身，使你可以充滿上帝的靈！這樣日復一日，你就更能變成基督的樣式，而當前你生活中一舉一動所當問的便是，「這事能否榮耀我的主？」藉著恆心行善，你就能尋求到榮耀尊貴，而最後得著永遠的生命為賞賜。

豐盛人生

今日
操練

聖靈的工作

仁愛

聖靈所結的果子，就是仁愛、喜樂、和平、忍耐、恩慈、
良善、信實、溫柔、節制。這樣的事沒有律法禁止。

加拉太書 5：22 － 23

今日
操練

聖靈所結的果子

　　對一切有信心的人，祂就如同上帝樂園中的生命樹。祂的枝條垂到這世上，成為我們所吸取的福氣，落在我們的掌中。……祂賜給我們一位保惠師，就是聖靈，祂要將生命樹寶貴的果子給我們。從這棵樹上我們可以摘果子來吃，而且我們也能引導別人來，使他們也可以吃。

　　愛上帝的人要晝夜思想祂的律法。無論得時不得時，總是如此。他的果子乃是因為枝子與葡萄樹有了活潑的聯絡而結出來的。他一有機會就行善事，並且隨時隨地都尋求機會為上帝工作。他是主的一棵常綠樹，所到之處皆帶著馨香之氣。有一種善良的氣氛環繞著他的心靈。他生活規律之優美和行為的虔誠，在別人的心中激發出信心、盼望、勇氣來，這就是實際的基督徒。你要追求作一棵常綠樹，要披戴溫柔安靜的靈為裝飾，這在上帝看來是大有價值的。要培養仁愛、喜樂、和平、忍耐、恩慈，這些都是基督徒所當結的果子。若被栽在溪水旁邊，就必按時結果子。

　　若是我們心中有基督的愛，自然會具有其他的恩賜，如喜樂、和平、忍耐、恩慈、良善、信實、溫柔、節制。

　　若有基督的愛銘記在心，……對祂的臨格必然有所感悟。

喜樂與和平

但願使人有盼望的上帝，
因信將諸般的喜樂、平安充滿你們的心，
使你們藉著聖靈的能力大有盼望！
羅馬書 15：13

　　上帝的旨意要使每位順服祂聖言的人，享受祂的喜樂、平安和祂時常保守的能力。這樣的兒女常常靠近祂，不僅是跪在祂面前祈禱，就是在克盡其日常義務之時也是如此。祂已為他們預備了一個與自己同在的住處，他們在那裏的生活要消除一切粗劣與不完美。藉著這恆久不斷地與祂交往，他們終生都與祂同工。

　　信靠上帝聖言的人所享受的平安喜樂是言語無法形容的。試探不能攪擾他，即使被人輕視，也不會使他煩惱，因他自己已經向著罪死了。雖然他的義務可能與日俱增，所遇的試探更強，而所受的試煉也愈重，但他仍不致蹣跚躊躇，因他所領受的力量與他的需要相稱。

　　那些在基督腳前受教的人，必藉著他們的言行為例，來見證基督的品格。……他們經驗的特徵，很少顯出匆忙騷亂，所表現的多是安靜聖潔的喜樂。他們愛基督的心是一種安穩和平，貫通一切控制的能力。那內在救主的光輝和慈愛在他們的一切言行上都彰顯出來了。

　　當應允祈禱所賜的祝福降下時，若有人從外邊進屋裏來，他們一跨進門就會驚呼道：「主在這裏！」雖沒有人說話，但上帝聖潔的臨格所賜的福惠是可以感覺得到的。既然耶穌基督所賜的喜樂在那裏，也就是說，主就必定在那屋子裏，猶如昔日祂行過耶路撒冷的街道，或在那樓上向門徒顯現，說「願你們平安」一樣。

忍耐

照祂榮耀的權能，得以在各樣的力上加力，
好叫你們凡事歡歡喜喜地忍耐寬容。
歌羅西書 1：11

豐美盛人生

今日
操練

聖靈所結的果子

　　基督國度的律法就是愛。主號召人人都要達到一個崇高的標準。祂子民的生活中要表現出仁愛、溫柔、忍耐。忍耐是要忍受一切的橫逆，而不在言語行為上求報復。

　　「忍耐」是容忍侮慢的行為，是長久的寬恕。你若是忍耐，就不會向別人提及你自以為知道、有關你弟兄的錯誤和過失。你反要設法幫助、挽救他，因為他是基督的血所買來的。「你就去趁著只有他和你在一處的時候，指出他的錯來，他若聽你，你便得了你的弟兄。」「弟兄們，若有人偶然為過犯所勝，你們屬靈的人，就當用溫柔的心把他挽回過來，又當自己小心，恐怕也被引誘。」要忍耐，其本意並非是要你作一個憂鬱、傷心、陰沉、剛硬的人，乃是要與此完全相反的。

　　當竭盡所能的與眾人和睦相處，使包圍你心靈的氣氛有甘美馨香的特質。主聽得見每句不智的話語。你若肯和人類與生俱來的自私癖性作戰，你就在制勝本性，和後天養成的錯誤傾向上，繼續不斷地向前邁進。藉著寬容、忍耐、自制，你就能有極大的成就。要記著，別人所發洩的、不聰明的言論不會使你羞愧，但在你作不聰明的回答時，你便損失了原來能夠獲得的勝利，要非常慎重你的言語。

　　寬容和不自私，是一切重生且在基督裏度新生活之人言語行為的特點。

恩慈

你把你的救恩給我作盾牌；你的溫和使我為大。
撒母耳記下 22：36

　　須記得你是要在基督的柔和、謙卑、慈愛中代表祂。

　　真正的恩慈在上帝看來是一顆重價的寶石。

　　我們需要恩慈的精神，離了它我們在家中就不能好好地生活。為要善於管理我們的兒女，我們必須表現出溫柔、謙卑、寬容的精神。我們絕不要有什麼批評、易怒、責罵的作風。假使我們想教訓他們培養溫柔的態度，我們自己必須先有溫柔的態度；……若我們希望他們要對我們表現愛的精神，我們必須先對於他們表現溫柔慈愛的精神。同時父母不可用軟弱、不聰明的態度縱容兒女。為母親的必須堅定果決，穩如磐石，不偏離正義。不論有什麼意外發生，她的規律和準則必須維持不變，但在這樣行的時候，她仍須以溫柔慈悲為懷。她的兒女長大必是敬畏上帝的男女。

　　家庭裏任何一分子不可單單為自己而生活，以致家庭中其他的人無法受他的影響，也不為他的精神所感染。就是面容的表現也有它為善或為惡的影響。他的精神、他的言語、他的行為和他對別人的態度，都是確實而不招人誤解的。……若是他充滿了基督的愛，就必表現出禮貌、仁慈和親切關懷別人的意念，並且藉著他仁慈的行為使他的同事們也有親切、快樂和感謝之意。他明顯的是為耶穌而生活。……於是他可以向主說：「你的溫和使我為大。」

良善

善人必蒙耶和華的恩惠。
箴言 12：2

按上天看來，真實的良善乃是真實的偉大。一個人道德情感
的狀況決定其價值。……一個人可能擁有財產與智力，然而，若
良善的火焰從未在他的心壇上點燃，他仍是毫無價值的。

良善乃是神聖的能力改造了人性的結果。藉著相信基督，祂
所救贖墮落的人類仍可以獲得那發自仁愛，能潔淨心靈諸般瑕疵
的信心，於是，像基督樣式的品德出現了；因為人仰望基督，就
會變成祂的形像，榮上加榮，品格得以完全。好果子結出來了。
這樣，人的品格就照著神聖的樣式塑造，正直、端莊和真實的良
善都彰顯在犯罪的人類之前了。

主令每一個人都受考驗和試煉。祂願證實並考驗我們，看我
們在此生能不能作一個良善的人，有好的行為，配得永恆的財
寶，使我們得為王室的一分子，作天上君王的兒女。

你所有行的善事是沒有限度的。如果你以上帝的話為你一生
的準則，並以其中的律例來管理你的行動，使你所有的目標和履
行本分的努力皆是為人造福，而不為人惹禍，那麼你的努力就必
能成功。如此你就使自己與上帝聯合，並成為傳揚亮光與人的媒
介。你既與耶穌同工，就有了光榮，而且你所能得的光榮；沒有
比出自救主口中所說的「好，你這又良善、又忠心的僕人」，這
有福的稱讚更為可貴的了。

豐盛人生

今日
操練

聖靈所結的果子

信實

惟義人因信得生。
哈巴谷書 2：4

　　有一次，他（哈巴谷）默念著將來時，說：「我要站在守望所，立在望樓上觀看，看耶和華對我說什麼話。」上帝仁慈地答覆他說：「將這默示明明地寫在版上，使讀的人容易讀，……惟義人因信得生。」

　　那昔日使哈巴谷得力，並增添其他受嚴重試煉之聖潔公義者力量的信心，今日依舊照樣支持著上帝的子民。在最幽暗的時辰、、在景況最艱困的當下，基督徒仍能將他的心靈寄託於眾光和能力的根源。日復一日，藉著信靠上帝，他的盼望和勇氣遂可與日更新。「惟義人因信得生」，在服事上帝的事工上，不該有什麼灰心、動搖或疑惑。上帝對信靠祂的人，必能滿足他們最大的期望而有餘。祂要照著他們不同的需要加給他們聰明、智慧。

　　我們必須珍重並培養先知和使徒們所見證的信心——這信心就是緊握著上帝的應許，等候祂所安排的時候和方法來拯救我們。先知更確知的預言要在我們的救主耶穌基督榮耀降臨時，得到最後的應驗。祂是萬王之王，萬主之主。等待的時間似乎過長，心靈或許因不利的情形而沮喪，許多向來為大家所信任的人或許半途跌倒，但我們要像古時候的先知一樣，當猶太陷入極端叛教之時，仍勉勵自己，斷然地說：「惟耶和華在祂的聖殿中，全地的人，都當在祂的面前肅敬靜默。」我們須常常記著那鼓舞人的信息，「因為這默示有一定的日期，……雖然遲延，還要等候；因為必然臨到，不再遲延。……惟義人因信得生。」

今日操練　聖靈所結的果子

溫柔

祂必按公平引領謙卑人，將祂的道教訓他們。
詩篇 25：9

豐美盛人生
今日
操練
聖靈所結的果子

耶穌愛青年人。……祂吩咐他們向祂學習柔和謙卑。這寶貴的恩賜在現代青年身上已甚罕見，就是自稱為基督徒的也是如此。在他們自己看來，他們的行為是無誤的。他們雖領受了祂的名，卻沒有領受祂的品格，也沒有負祂的軛。故此，對於事奉祂所能尋得的喜樂平安，他們也是毫無所知的。

溫柔是一種寶貴的恩賜，甘願默默的忍受痛苦，忍受試煉。溫柔的可貴在於能容忍而勤勞，在各種環境之中都很快樂。溫柔是常存感謝之念，自作快樂之歌，心中頌讚上帝。溫柔能忍受沮喪和損害而不求報復。

溫柔安靜的人不常為自己求幸福，乃要設法忘記自我，在使別人幸福的事上得著甜蜜的滿足和真正的成就。

你雖努力向上攀至最高地位，仍不會使上帝視你為大，惟有你謙卑良善的生活和你的忠誠，才能使你成為天使所保護的特別對象。那位模範者……幾近三十年的生活，是在隱身於山中，一個無名的加利利小城度過的。所有的天軍都要聽祂的命令，但祂沒有一點耀武揚威的態度。……祂是一個木匠，勞碌得工價，作祂所服役之人的僕人，證明上天能親近我們這般生活簡樸的人，也證明自天庭而來的使者要引導，凡照著上帝的命令與祂往來之人的腳步。

信實、溫柔、仁愛所結的完美成果，往往是在風暴和烏雲中長成的。

賜能力的應許

約翰是用水施洗，但……你們要受聖靈的洗。
使徒行傳 1：5

　　上帝豐盛的恩典沒有像洪流一般臨到世人，這並非是因為在上帝那裏有什麼限制。祂的恩賜真是廣大無邊的，然而祂慷慨的賜予，世人竟不重視，因為他們不歡喜領受。若眾人都願意領受，就必為聖靈所充滿。……我們只看見表面上的波動就太輕易地引以為滿足，殊不知我們尚有權利指望看到上帝聖靈大有能力的表現呢！

　　當我們接受了這恩賜，其他的恩賜就都屬於我們了；因為我們領受了這恩賜是照著在基督裏豐盛的恩典，祂也準備照各人的容量將這恩賜給他們。因此，我們不要得了少量的福氣就心滿意足，這少量的恩典只能保守我們不致沉溺於死亡的睡眠中，但願我們殷勤的尋求上帝更豐盛的恩典。

　　有應許不斷地賜給我們，保證上帝有無限的全能，然而我們信心是那麼的微弱，以致我們不能握住這能力。啊！我們對於上帝聖言的信靠是多麼的需要活潑、懇切的信心啊！上帝子民這最大的需要常在我們面前。……我們還有什麼可作的，能使我們警覺我們現在是處於這世界歷史的日落時期呢？……我們務須尋得一種能握著耶和華膀臂的信心。

　　惟有那些謙卑等候上帝，並等候祂的領導和恩典的人才能得到聖靈。上帝的能力正在等著他們請求和接受。人若憑著信心領受所應許的福，這福就必帶來一連串的其他恩惠。上帝的能力是照著基督豐盛的恩典賜給人的，而基督也是隨時照著各人的容量賜給各人。

豐盛人生

今日
操練

聖靈的沛降

預備接受能力

所以，你們當悔改歸正，使你們的罪得以塗抹，
這樣，那安舒的日子就必從主面前來到。
使徒行傳 3：19 — 20

豐盛人生

今日
操練

聖靈的沛降

即便是參加上帝嚴肅聖工的人當中，也有許多不但沒有為聖靈所支配，反而正阻攔祂聖潔、賜生命的影響力。他們隨意批評論斷他們的弟兄，一點也不感覺自己需要認真地看看那神聖的鏡子，以發現自己所顯露的精神是如何。他們品格上的缺點，他們倒視為德行而固執不悟，不願悔改。

惟願在我們中間有一番改革、悔悟的工作；惟願大家都祈求聖靈的沛降，如同門徒在耶穌升天之後的情形一樣，或者需要幾天誠懇的尋求上帝和承認離棄罪孽方可。

當上帝的子民為聖靈所運用時，他們必顯出與知識相配的熱心。……他們必返照上帝多年來所賜的光亮。批評的精神必除淨，因居心謙卑，他們必是共同懷抱著一個心志，與基督和同道彼此之間都有聯合。

人若充滿了聖靈，他所受的考驗和試煉就會愈嚴重，也愈清楚的證明他是基督的代表。心靈內在的平安就從臉上顯露出來了，所有的言行都述說救主的愛，沒有爭奪高位的事。自我竟被拋棄了。一切所作所為，都確信有耶穌的名字寫在上面。

當各處有人實踐純潔之真理時，上帝必如同五旬節的時候一樣，藉著祂的天使作工，人心必有顯著的改變，甚至要彰顯出真實的真理感化力，如同聖靈沛降之時所表現的一樣。

等候接受

你們要在城裏等候，直到你們領受從上頭來的能力。
路加福音 24：49

　　每一個真實悔改的人，必熱切地希望引領人離開謬論的黑暗，進入耶穌基督公義的奇妙光明中。由於上帝聖靈的沛降而使全地因祂的榮耀發光，這事一直要等到信徒們受了光照，從經驗中體會到與上帝同工的意義才會實現。當我們全心全意的獻身為基督服務時，上帝必將聖靈無限量的降下以證明這事；但大多數的信徒不與上帝同工之時，這事就無所遁形。自私和任意放縱變得如此猖獗之時，上帝便不能使祂的聖靈降下，若用言語表達那樣的心態，他們便會以該隱當年的回答來回覆：「我豈是看守我兄弟的嗎？」

　　當信徒們有愛上帝火熱之心，他們必不斷地為耶穌工作。他們必表現基督的溫柔和一種不灰心、不喪膽的意志。上帝要用一群謙卑的人為祂工作，因有一個廣大的葡萄園現在正呼召人們來工作。

　　上帝賜聖靈的應許沒有限制任何一個世代或任何一個種族。基督宣稱祂聖靈的神聖感化力，要與祂的門徒同在，直到世界的末了。自從五旬節起一直到現在，保惠師為了那一切完全將自己獻給主，為祂服務的人奉差遣而來。……信徒們愈與上帝親近的同行，就愈清楚有力地證明他們救主的愛，及其救贖的恩典。歷代以來長期受逼迫、受試煉的男女們，曾大量的享受了聖靈同在的福氣，而在世人面前顯為神蹟奇事。

豐盛人生

今日操練

聖靈的沛降

領受能力

忽然，從天上有響聲下來，好像一陣大風吹過，
充滿了他們所坐的屋子。……他們就都被聖靈充滿。
使徒行傳2：2－4

聖靈豐盛地降在祈禱等待的門徒身上，令每一個人都受感動。那無窮者在大權能裏將自己彰顯予祂的教會。好像歷代以來這種感化力受到遏阻已久，而現在上天乃樂意將聖靈豐富的恩賜傾降在教會的身上。

使徒時代聖靈的下降稱之為「春雨」，而其結果是何等的榮耀；而秋雨將更加豐富。

一直到世界的末了，聖靈要與真教會同在。

世界收割將要終結的時候，有應許要特別賜下屬靈的恩典，預備教會應付人子的來臨。這次聖靈的沛降，就如秋雨一般，而為要得著這更豐富的能力，基督徒要在「秋雨的時候」向莊稼的主祈求。結果，「祂必為眾人降下甘霖」。

只有那些不斷領受新恩典的人，才能獲得每日需要相稱的能力，也就是他們所能夠運用的能力。他們並非仰望將來，想藉著什麼特別賜予的屬靈之能，以神奇的預備作救靈的工作，反而每日將自己獻給上帝，以便祂可以使他們作為合乎主用的器皿。他們天天利用眼前所有服務的機會，他們天天於他們的所在地為主作見證，不論從事是家庭範圍內卑微的勞作，或是為大眾作較大範圍的服務。

豐盛人生

今日
操練

聖靈
的
沛
降

以能力作見證

使徒大有能力，見證主耶穌復活；眾人也都蒙大恩。
使徒行傳 4：33

聖靈沛降的結果是什麼呢？一天有幾千人悔改。聖靈的寶劍，其新刃以鋒銳之能浸沐在自天而來的閃電中，斬斷了不信，戰勝了撒但的爪牙，並尊主有至上的權能。

福音到處傳開。傳福音的人沒有發出什麼悲痛的怨言。使徒們的心中被如此豐盛遠大的仁慈所充滿，催促他們往地極去作見證說：「我們斷不以別的誇口，只誇我們主耶穌基督的十字架。」當他們傳揚福音為上帝救人之大能時，人心就歸服於聖靈的能力之下，教會每天進入新的區域。到處有悔改的人承認基督。原先反對真理最厲害的人，也轉過來為真理辯護了。」

使徒們……擔負了救靈的重擔。福音是要傳到地極的，所以他們就要求基督曾應許要賦予他們的能力。於是聖靈沛降，在一天之內有幾千人悔改。

今日亦當如此，要傳講上帝的話來代替人的理論。惟願基督徒放棄他們的爭論，將自己全然獻給上帝以拯救淪亡的人。惟願他們憑著信心祈求，則所應許之福分就必然來臨。

為上帝而發的熱心催促門徒以大能力見證真理。這同樣的熱心豈不應該鼓舞我們的志願，去宣揚救贖之愛、基督和基督被釘十字架的信息嗎？

豐盛人生

今日操練
聖靈的沛降

我願意得著這樣的能力

以後，我要將我的靈澆灌凡有血氣的。
你們的兒女要說預言；你們的老年人要作異夢，少年人要見異象。
約珥書 2：28

豐盛人生

今日
操練

聖
靈
的
沛
降

　　我們現在處於末日，正是可以向主有大指望的時期。這幾句話應該指引我們來到施恩寶座前，向祂祈求大事。這裏有應許說，聖靈要降在我們這般婦女和我們兒女身上，而且「凡求告主名的，就必得救」。這就顯出有一種奇妙的工作極待成全，而為完成這工作，我們必須天天有上帝使人悔改的能力。我們有權利享受這樣的經驗。天庭充滿著福氣，而且我們有特權為自己要求上帝實現其豐富的應許。我們要晝夜祈求上帝，以便知道該採取什麼行動，該作些什麼事情。

　　上帝有一種特別的工作給我們每一個人去作。當我們在法庭裏和報章雜誌上看清了世上所有的罪惡狀況，就當親近上帝，以活潑的信心握著祂的應許，使基督的恩典彰顯在我們的身上。我們在世上能發揮一種強大的感化力。若是在我們裏面有上帝折服人心的能力，我們就能引領那陷在罪惡中的生靈來悔改了。

　　在這世界快要終結之時，許多……受過基督化教育的兒童和青年，因他們為真理所作的見證，要使人們驚奇。他們的見證雖然簡單，但同時也顯出勇氣和能力。他們已受教要敬畏上帝，而且細心研究《聖經》和祈禱，他們的心地已經軟化了。在最近的將來必有很多的兒童們被上帝的聖靈所充滿，並要出來將真理傳遍於世界。……他們在世上所要作的工，是一切罪惡的權勢所無法抵擋得住的。

全世界都要發光

此後，我看見另有一位有大權柄的天使從天降下，
地就因他的榮耀發光。
啟示錄 18：1

萬物的結局近了，上帝正在激勵每位心頭能接受祂聖靈感化的人。祂差遣了祂的使者到處去宣揚警告。上帝試驗祂各地教會的忠誠，看看是否願意順從聖靈的引導。知識必會增長。天上的使者們各地來往奔走，以諸般方法將即將來臨的刑罰警告世人，並傳揚那藉著我們的主耶穌基督而蒙救贖的喜信。公義的標準被高舉起來了。上帝的聖靈激動人的心，而那些受感動的人要成為世上的光。如五旬節聖靈沛降之後一樣，他們出去將自己所接受的光傳揚給別人。當他們這樣發光的時候，他們領受聖靈的能力就與日俱增，於是全世界都被上帝的榮耀所普照了。

這信息在末世所顯現的權柄、能力，要遠超過半夜呼聲時的情形。上帝的僕人們因被賦予從上頭來的能力，臉上發光，顯出他們神聖的獻身，出去宣揚自天而來的信息。

有許多人讚美上帝。有病的人得了醫治，也有其他的神蹟出現。代求的精神表現出來了，像五旬節的大日之前一樣。成千的人挨家挨戶拜訪，向他們解明上帝的話。聖靈的能力制服了人心，使人顯出真正悔改的精神。到處傳揚真理的門戶豁然大開，於是全世界為這屬天的感化力所光照了。

今日
操練

聖靈的沛降

聖靈要榮耀基督

祂（真理的聖靈）要榮耀我。
約翰福音 16：14

豐盛人生

今日
操練

聖靈的沛降

　　基督為高舉自己的子民，祂所能向父祈求的一切福分中，最大的恩賜乃是聖靈。上帝賜下聖靈來作使人重生的能力；若沒有聖靈，則基督的犧牲便歸於徒然了。……有了聖靈，世界的救贖主所成就的大工才有實效。由於聖靈，人的心才能變為純潔。藉著聖靈，信徒才能與上帝的性情有分。基督賜下聖靈作為神聖的能力來戰勝人類的一切遺傳和環境所造成的種種惡習，並把祂自己的品格印證在祂的教會上。

　　耶穌論到聖靈說：「祂要榮耀我。」救主來彰顯天父的愛而榮耀天父；照樣，聖靈向世人顯明基督的恩典而榮耀基督。上帝的形像必重現在人類身上。上帝的榮耀和基督的榮耀，是與祂子民品格完全互相關聯的。

　　惟有祂——真理的聖靈是最具成效的、神聖真理的導師。惟有聖靈和真理一同進入人心，才能喚醒人的良知，改變人的生活。人無論受多麼高深的教育，有多麼大的才能，若沒有聖靈的合作，就不能成為傳播真光的媒介。福音的種子，若沒有天上的雨露降下使其中的生命甦醒，撒種的工作就不會有什麼收成。《新約聖經》還沒有寫成，福音的信息還沒有宣講之前，聖靈就已經降在那些正在禱告的使徒身上。

　　惟有那些謙卑等侯上帝，並注意祂的領導和恩典的人，才能得到聖靈。上帝的能力正在等著他們請求和接受，人若憑著信心領受所應許的福，這福就必帶來一連串其他的恩惠。上帝的能力是照著基督豐盛的恩典賜給人的，而基督也是隨時照著各人的容量，賜給各人。

3月
MARCH

奮鬥
的生命

My Life
Today

以斯帖

焉知你得了王后的位分，不是為現今的機會嗎？
以斯帖記 4：14

要滅絕猶太人的日子已經定下了，在那日連同他們的所有財物都要充公。國王尚未察覺到這個法令若予以執行，將來會招致什麼深遠的結果。撒但乃是此一陰謀的幕後煽動者，意圖藉此將那些保守真神上帝知識的人，從世上除滅。

但是，仇敵的陰謀竟被人間掌權者擊敗了。照著神的安排，以斯帖這個敬畏至高者的猶太婦女，被冊立為瑪代波斯國的王后。而末底改乃是她的一位近親。他們面臨如此危急的局勢之際，就決心為他們的同胞向亞哈隨魯王求救。而以斯帖必須冒死覲見王面，為他們代求。末底改向她說：「焉知你得了王后的位分，不是為現今的機會嗎？」

以斯帖面臨的危機，必須以迅速而誠懇的態度來解決；但她與末底改都曉得，除非上帝的大能介入並掌管其事，否則他們的努力終必歸於徒然。於是以斯帖就用時間與她得力之源的上帝交談。她又吩咐末底改說：「你當去招聚書珊城所有的猶太人，為我禁食三晝三夜，不吃、不喝，我和我的宮女，也要這樣禁食，然後我要違例進去見王；我若死就死吧。」

在這關鍵的時刻，我們也應向每一個家庭，每一所學校，每一個曾受福音光照的父母、教師和兒童，發出了那在以色列歷史上最危急關頭中，向王后以斯帖所發的同樣問題：「焉知你得了王后的位分，不是為現今的機會嗎？」

保羅

我初次申訴，沒有人前來幫助，竟都離棄我……
惟有主站在我旁邊，加給我力量，
使福音被我盡都傳明，叫外邦人都聽見。
提摩太後書 4：16 － 17

保羅站在羅馬皇帝尼祿的面前——這是何等驚人的對照啊！……就權勢和名位而論，尼祿是無人能與之比擬的。……沒有金錢、沒有朋友，也沒有一個辯護者，保羅就這樣從土牢之中被提了上來，接受與他性命攸關的審判。

君王尼祿的面容顯露出他內在情欲可恥的過去，而囚徒保羅的面貌卻說明他的內心是完全與人與神都和好了。兩種不同的教育系統，在那一天成了迥然不同的對比——一邊是放縱無度的人生，另一邊則是全然自我犧牲的人生。這裏有兩種人生觀的表現——前者是一種無限度的自私，為滿足一時的歡愉，不惜付上任何的代價；後者是恆久的自我犧牲，若屬必要甘願為別人的幸福捨生亦可。

百姓和審判者……都曾經歷過為數不少的審判，見過許多不同的囚犯，卻從未見過任何一位能有如此神聖而泰然自若的面容。……他的言詞也打動了他們當中剛硬之人的心弦。明確、具有服人之力的真理駁斥了謬論。真光亦照入許多人的心中，而這些人從此以後便欣然信從了這光。……他也向聽眾指出那為墮落的人類已經獻上的祭牲。

真理的辯護者作如此辯述；在不誠信之人當中有信心，在不忠實的人當中顯忠誠，他挺身作上帝的代表，他的聲音宛如自天而來。在言語態度上他都毫無畏懼、憂傷或沮喪。……他的言語好像戰場上勝利的凱歌之聲。

且讓這位信心的英雄為自己發言吧！「我為基督的緣故，就以軟弱、凌辱、急難、逼迫、困苦為可喜樂的。」（哥林多後書2：10）

約瑟

法老對臣僕說：「像這樣的人，有上帝的靈在他裏頭，
我們豈能找得著呢？」法老對約瑟說：「上帝既將這事都指示你，
可見沒有人像你這樣有聰明有智慧。你可以掌管我的家；
我的民都必聽從你的話，惟獨在寶座上我比你大。」
創世記 41：38 － 40

MAR 3 月
03 日

今日
操練

上帝的英雄

　　約瑟從監裏一出來就升任全埃及的宰相。這地位固然崇高，
也有不少的困難和危險。身居高位的人是不可能沒有危險的。正
如暴風呼嘯而過時，山谷中的小花、小草平安無事，山上的大樹
卻連根拔起；照樣，那些在平凡的生活中能保持正直的人，或許
會因為屬世的成功和尊榮的試探被拖下深淵。但是約瑟的品格無
論是在順境或逆境之中，都是一樣經得起考驗的。無論是在法老
的朝廷之上，或是被下在囚犯的監獄裏，他都一貫地顯出了對
上帝的忠誠，這時他依然是在異鄉作客，遠離他敬拜上帝的本
族；但他確信神聖的手一直在引領著他的腳步，他就時常倚靠上
帝，忠心盡到自己的本分。約瑟曾引領法老和埃及的偉人注意真
神；……他們卻尊敬這個敬拜耶和華的人在生活和品格上所表現
的信仰。

　　約瑟如何能造就如此堅定的品格，表現這樣的正直和智慧
呢？——因為他自幼就知道克盡本分。不以滿足一己的愛好為
重；青年時的正直、純潔的信心，和高尚的品質，就在成年時期
的行為上結出果子來。……盡忠職守，自最卑微到最崇高的地
位，如此訓練了他各方面的能力，去發揮其最高的效用。那依著
創造主的旨意而生活的人，確能造就最高尚的品格。

第一位殉道者──司提反

他們正用石頭打的時候，
司提反呼籲主說：「求主耶穌接收我的靈魂！」
又跪下大聲喊著說：「主啊，不要將這罪歸於他們！」
說了這話，就睡了。
使徒行傳 7：59 － 60

司提反是上帝所愛的人，也是一位殷勤不懈地拯救生命歸向基督的人，他為了替那位被釘十字架而又復活的救主作得勝的見證而喪失了性命。……真理的敵人將那對上帝的兒子所顯露的仇恨，同樣也加諸於祂的門徒們。他們無法忍受再次聽見有關他們所釘那一位的任何隻字片語，而司提反卻勇敢地作證，遂令他們怒氣填胸。

他們見到司提反臉上發出來的光，乃是使這般有權勢的人，得到一分從上帝而來的憑據，但他們竟蔑視這憑據；啊，但願他們能夠覺悟！但願他們能夠悔改！可是他們不肯。

當司提反蒙選召，為基督受苦之時，他毫不動搖。他在那些逼迫他的人們兇惡的表情中，就看出了自己的命運。他毫不遲疑地要將他所擔負、傳給世人的最後信息傳給他們。他舉目定睛望天說：「我看見天開了，人子站在上帝的右邊。」全天庭都關注這件事。耶穌，從祂父的寶座上站起來，俯身注視著祂忠僕的臉，使他臉上也顯現出祂榮耀的光輝來，那時人們看見司提反臉上發光，彷彿天使的臉，便驚愕不已。上帝的榮耀照在他身上，而正當他仰望他救主之聖面時，基督的仇敵就用石頭將他打死了。我們是否認為這樣的死亡太殘酷了呢？但是他沒有絲毫畏死之念，當時就用最後一口氣向上帝祈求，饒恕那些迫害他的人。

耶穌已盡其所能地為祂的兒女們安排了一切，祂也希望我們跟從祂的腳蹤而行；因為我們若這樣作，就與基督並祂的榮耀有分了。

MAR 3月
04日

豐盛人生

今日
操練

上帝的英雄

三位希伯來的青年俊傑

即便如此，我們所事奉的上帝能將我們從烈火的窯中救出來。
王啊，祂也必救我們脫離你的手；即或不然，
王啊，你當知道我們決不事奉你的神，也不敬拜你所立的金像。
但以理書 3：17 － 18

豐盛人生

今日操練

上帝的英雄

一項嚴重的考驗臨到這些……青年人身上。尼布甲尼撒王下令，招聚國內所有官員參加大金像的奉獻崇拜大典，要他們一聽到樂聲就得跪拜。倘有人膽敢違命不拜，他們就會立刻被扔進燒著烈火的窯中。要拜這金像的禮儀，原是巴比倫的謀士們所籌劃的，為的就是要讓這些希伯來青年去參加跪拜偶像的儀式。他們原是善於歌唱的，所以那些迦勒底人希望他們忘記他們的上帝，轉而崇拜巴比倫的偶像。

預定的日子已到，當樂聲大作之時，那奉王命而聚集的廣大群眾「都俯伏敬拜尼布甲尼撒王所立的金像」。但這些忠貞的青年人卻沒有跪拜。

於是王就吩咐人把火窯燒熱，比尋常高七倍；隨即將這三個希伯來青年扔了進去。因為窯火過於猛烈，那扔希伯來人進火窯的人也燒死了。

忽然王的臉色因心中的懼怕變成灰白。……這位帝王以顫抖的聲音喊著說：「看哪，我見有四個人，並沒有捆綁，在火中遊行，也沒有受傷；那第四個的相貌，好像神子。」

歷代以來，凡是大有信心的英雄莫不以忠於上帝為其特徵。並且他們往往明白地站在世人的面前，要使他們的光，照耀那在黑暗裏的人。但以理和他三位夥伴都是基督徒英雄中光榮的模範。……從他們在巴比倫宮庭中的經歷，我們可以明白上帝是如何行事來維持一切全心全意事奉祂的人。

今日青年

你們務要警醒，在真道上站立得穩，要作大丈夫，要剛強。
哥林多前書 16：13

基督告訴祂的門徒，在世上他們有苦難。他們要因祂的緣故，被送到君王和官吏面前；人要捏造各樣的壞話誹謗他們，毀滅他們性命的人以為這樣乃是替上帝服務。歷代以來凡敬虔度日的人，皆遭逢許許多多的逼迫。……他們已經忍受了撒但唆使人所能想得出來的種種迫害、侮辱與兇殘之事。

世上反對真宗教信仰的情形，在今天和往昔並改變。

逼迫之風即將興起，以敵對一切忠信之人，就是不屈從世俗、不因世人的意見、讚許或反對而動搖的人。一支為聖潔人生作見證、斥責驕傲、自私、貪心、和當時橫行的種種罪惡的教派，將被世人和虛有其名的基督徒所憎惡。所以我年輕的基督徒朋友們，倘若世界要恨你們，不要以為驚愕，因為它原先就恨你們的夫子。當你們忍受辱罵和逼迫之時，你們有位良好的同伴，因為耶穌曾經忍受了這一切還有餘。你們若真是上帝忠心的守望者，這些事對於你們都是一種稱讚。那具有英雄特徵、獨持真正見解的人，將獲得永不衰殘的冠冕。

通往永生的路是又窄又直的。你也必須經過許多的困難；藉著恆切的努力終必獲得永生——就是將來永不朽壞的基業。而且在旅程的終點，你所要享受的安息、平安和榮耀，乃以千倍的賞賜來酬答你的一切努力和犧牲。

豐盛人生

今日操練　上帝的英雄

現代英雄

不輕易發怒的，勝過勇士；治服己心的，強如取城。
箴言 16：32

豐
盛
人
生

今日
操練

上
帝
的
英
雄

戰勝自己，就是戰勝了人所能遭逢最強大的敵人。一個基督徒高尚人格的最大憑據就是自制之力。誰能在受辱的風暴中屹立不搖，他就是上帝的一位英雄。

凡學過克服己心的，必能勝過每日所遭遇的輕慢、挫折和煩惱，這一切再也無法使他的心靈為幽暗所遮蔽。

上帝的目的乃是要使聖潔的理性如君王般的力量，受制於神聖的恩惠，以支配人生。凡能克服己心的都獲得了這樣的能力。

無論男女，若受試探去放縱一己私慾之時，還能保持其堅定的意志者，在上帝並眾天使看來，他們的地位比有史以來率領大軍打了勝仗的將帥們還要高貴得多。

青年男女們所需要的乃是基督徒的英雄氣概。上帝聖言強調，能克制自己心思意念的，比能攻城掠地之人更強。克制己心的意思，就是要在紀律之下保守自己。……他們必須誠摯地努力，使自己的生活之中，也能擁有救主在祂生活中所顯示的完美。到基督復臨之時，他們已經預備好，可以從門進入上帝的聖城。上帝無窮的愛，以及祂在他們心中的臨格，必賜給他們克服己心所需要的能力，鍛鍊他們的意志和品格，只要有基督的恩惠在他們的生活之中，必能指導他們的心思意念和智慧，運用在一切增加他們道德和屬靈能力的事上──這種能力他們不必遺留於今世，乃是要繼續長存到永恆的。

不要愛世界

不要愛世界和世界上的事。人若愛世界，愛父的心就不在他裏面了。
因為，凡世界上的事，就像肉體的情慾、眼目的情慾，
並今生的驕傲，都不是從父來的，乃是從世界來的。
約翰一書 2：15 — 16

生活在這個時代的青年，若以正當原則作他們行事的規律，就勢必要面對一場嚴厲的戰爭。社會上大多數人皆以最大的努力爭相仿效別人所作的，務使之與世人的標準相符。他們所行正如虛空的氣泡或無用的腐草，一昧地隨波逐流。他們毫無個性，毫無道德上獨立自重之心。對他們而言，世界的讚許遠比上帝、或上帝所重視之人的讚許還有價值得多。他們唯一的動機或行為準則就是權謀。他們既不重視真理，亦不依原則行事，就成了全然不可信靠的人。他們是撒但試探的對象。他們既不能真正自重，也就沒有真實的人生幸福。這等人因他們的怯懦和愚昧至堪悲憫，凡自願為人所重視的都當遠避他們的榜樣。可是偏偏社會人士常去和他們交往，彷彿他們能施行一種無法擺脫的惑人之力。

在形成你的信念、和選擇你所要交往的人時，務要以理性和敬畏上帝之心為你的指導原則。不論別人對你的意見如何，在這方面務要堅定你的意志。當上帝要求你朝著與你同伴所行相反的方向前進時，不要問同行人數的多寡，而是要毅然的往前走。凡上帝聖言所視為不宜之事，雖然全世界的人都接納維護，你仍要斷然拒絕。

那些隨世俗浮沉、貪愛歡愉、恣情縱欲、擇易行之途，但求滿足一己之私而置正義於不顧的人，永不能與得勝者一同站立在那白色的大寶座前。

豐盛人生

今日
操練

依原則不依喜好生活

在敗壞世代中保持純潔

誰能登耶和華的山？誰能站在祂的聖所？
就是手潔心清，不向虛妄，起誓不懷詭詐的人。
詩篇 24：3 ─ 4

MAR 3 月
09 日

豐盛人生

今日
操練

依原則不依喜好生活

我們人格純潔之保障，必定是警醒和禱告。

我們正處於撒但巫術氛圍中。仇敵將編織一道淫亂的符咒，來纏繞著每一個沒有基督恩典作保障的人。試探是難免的；但是我們若警醒防禦仇敵，固守著自制與純潔之均衡，則誘惑人的邪靈在我們身上就毫無影響了。凡自己不去助長試探之人，在試探臨頭的時候，就有能力可以抵擋了。

假使他們（青年）不故意冒險將自己陷入試探之中；假使他們能遠避不良的影響和邪惡的社交，就算偶然被迫與危險之人作伴，他們仍必有品格方面的能力，必有為正義而維護正直的原則，且靠著上帝的大能不致在道德上有絲毫玷污。受過良好教育的青年人，若以上帝為他所倚靠的，他們的道德能力就可以經得起最嚴苛的考驗。

上帝的選民必須在這世界上敗壞最甚的末時，毫無玷污地站立得住。上帝的聖靈要完全控制他們，左右他們的每一行動。

凡能依循堅定的原則去參與積極人生之人，就是準備好在這敗壞的世代中，毫無玷污屹立不變。

「主耶和華啊，當你顯現的時候，誰能站立得住呢？」（詩篇130：3）當祂降臨之時，惟有手潔心清的人才站立得住。……你既盼望最後能升上高天與無罪的天使交往，在一個毫無罪惡氣氛的環境中生活，就當力求聖潔；因為惟有如此，到上帝的大日要受那嚴重考驗之時，方能得蒙悅納進入聖潔的天國。

選擇真理之道

我揀選了忠信的道，將你的典章擺在我面前。
我持守你的法度；耶和華啊，求你不要叫我羞愧！
詩篇 119：30 － 31

　　世上只有兩大原則，其一是忠實，另一是不忠實。我們都需要以基督徒之大勇，來高舉那寫著上帝誡命和耶穌真道的旗幟。……順從與不順從之間的界線必須劃得清楚明白，我們必須有堅決的意志，隨時隨地遵行上帝的旨意。

　　基督徒的力量是從忠心事奉上帝而獲得的。青年男女應該感覺到與基督合而為一，乃是他們所能企及的最大尊榮。藉著實踐完全的忠信，以追求道德上的自立；並要維持這樣的自立，以敵擋凡要使他們背離公義原則的影響。或有人智力較強，乃斷然執著於一些在真理上毫無基礎的言論，此時你們就當用天國的眼藥擦抹在心眼上，才能辨識真理和異端。要查考《聖經》，當你發現「耶和華如此說」，就要站穩你的立場。

　　在《天路歷程》中有一位被稱為優柔先生的。青年人，你當遠離這位先生。那些以它為代表的人都是非常溫順的，但他們也和被風吹動的蘆葦一樣，他們毫無意志力。每一位青年人都當培養判斷力。心懷二意就是一個羅網，也必敗壞許多青年人。要堅定，否則你的房屋或是你品格的根基，就如同建立在沙土上一樣。

　　主的哲理應作為每個基督徒生活的準則。全部人生應為天上賜生命之原則所充滿。多少人為無關緊要的事庸庸碌碌，虛耗了大部分的光陰；若按著《聖經》所示，度那健全、成聖的《聖經》原則生活，那麼這些不重要的事，就退居於它所應得的地位了。

豐盛人生

今日操練

依原則不依喜好生活

基督對於原則的遵守

我的事在經卷上已經記載了。
我的上帝啊，我樂意照你的旨意行；你的律法在我心裏。
詩篇 40：7 － 8

豐美盛人生

今日操練

依原則不依喜好生活

基督童年的生活與一般兒童有別。祂品德能力的強健與堅定，使祂忠於所負的職責，持守正義的原理，而且任何動機，無論其力量是多麼強大，皆不足以動搖祂。金錢、娛樂、讚頌或是譴責，都不能對祂賄買或威脅利誘，也不能使祂犯任何錯誤的行為。祂具有抗拒試探的力量和洞察邪惡的見識，祂能堅決地持守祂所確信的。

邪惡、無廉恥的人會誇張描述罪惡的縱欲之樂，但祂健全的意志力能抗拒撒但的蠱惑。祂培養了深刻的洞察力，足以辨識那試探者的聲音。祂凡事盡忠職守，不悖離正途以迎合任何人。祂也不會為了爭取世人的讚賞，或為了避免那公義良善的仇敵心生嫉妒、仇恨和譴責而出賣正義。

祂樂意忠於對雙親與社會應盡的本分，同時不違背祂所持守的原理，也不因拿撒勒城的敗壞環繞著祂，被其影響而有所污染。

基督始終不曾偏離忠於上帝律法之原則。從未作過任何與祂父親旨意相悖的事。

耶穌並非僅僅指出道路的大概方向，便撇下我們在歧路和隘口上遲疑摸索。祂要引導我們走一條直路，並且在跟從祂的時候，我們絕不致於失足。

每一個人都當時時刻刻與基督交往；因祂曾說道：「離了我，你們就不能作什麼。」祂的原則必須作為我們的原則，因為這些原則乃是永恆的真理，是憑著公義、良善、憐憫和慈愛所頒布的。

祂的原則，就是我們這個世界所知道的惟一穩固不變的真理。

但以理依循原則而生活

那時，總長和總督尋找但以理誤國的把柄，為要參他；
只是找不著他的錯誤過失，因他忠心辦事，毫無錯誤過失。
但以理書 6：4

但以理忍受了那針對今日青年所能攻擊的、最嚴重的試探，然而他仍忠於青年時期所受的宗教教育。那些足以敗壞躊躇不決之人，使之在原則與現實之間搖擺不定的影響包圍著但以理，而《聖經》卻仍舉他為無過之人。但以理不敢依恃自己的道德力。祈禱對於他是必須的。他以上帝作他的力量，並且在他畢生一切所行的事上，都存著敬畏上帝的心。……他深願與眾人和睦同處；但若與原則有相悖之處，他卻像香柏樹一般不肯折衷遷就。在一切無礙於他對上帝忠順的事上，他對那在上的人總是敬重服從的。

在但以理和他同伴的經歷中，有戰勝縱欲試探之先例。這就足以證明靠著信仰的原理，青年可以制勝肉體的情欲而仍忠於上帝的要求。假設但以理和他的同伴和那些異教的官吏妥協，屈從當時的命令，隨著巴比倫人的風俗吃喝，其結果將如何？僅需一次偏離了原則，就足以削弱他們辨別是非的見解力和憎惡罪惡的觀念。他們若放縱食欲，就累及身體的精力，犧牲了敏銳的理解力和屬靈的能力。一步失足，就必引發持續的錯誤，甚至他們與上天的聯繫也因此中斷，他們就必被試探所沖毀了。

豐盛人生

今日
操練

依原則不依喜好生活

謹守原則的約瑟

我怎能作這大惡，得罪上帝呢？
創世記 39：9

豐盛人生

今日操練

依原則不依喜好生活

約瑟的溫和與正直贏得了波提乏護衛長的心，他待約瑟如同兒子一般，而不像是一個奴僕。……但是約瑟的信心和正直必須再受一番火煉的試驗。他主人的妻子想要勾引這個青年違背上帝的誡命。以前約瑟一直能保守自己，不因充斥於這外邦之地的腐化風氣影響而敗壞；但是這一次的試探是那麼突然，那麼強勁有力，他將怎樣應付呢？約瑟明知嚴峻抗拒必然招致的後果。一方面是掩護、寵愛和酬贈；而另一方面則是羞辱、監禁，甚至死亡。他一生的前途完全有待於這一刻的決定。這時義行能得勝嗎？約瑟仍能忠於上帝嗎？眾天使以說不出來的焦慮注視著這幕景象。

約瑟的回答顯明了信仰真神的力量。他不願意辜負他地上主人的信任；而且不論後果如何，他也決心要忠於他天上的主宰。

約瑟終於因著他的正直而受了苦；那勾引他的人反而控告他犯了可恥的罪，藉以向他洩憤，於是約瑟被下在監裏。如果波提乏真相信他妻子控告約瑟的話，這個希伯來青年肯定會被處死的；可是他那一貫謹慎和正直的行為，足以證明他是無罪的；但波提乏為了顧全自己的名譽，竟把約瑟棄於恥辱和牢獄之中。

但是約瑟的真品格也顯揚出來了，他堅持了他的信心和忍耐；他多年忠心的服務雖然得到了殘忍的回報，但這並沒有使他憂鬱或失去信心。他處之泰然，謹守原則，並將他蒙冤的案件交託上帝。

不可為向世人求平安而犧牲原則

我留下平安給你們；我將我的平安賜給你們。
我所賜的，不像世人所賜的。
你們心裏不要憂愁，也不要膽怯。
約翰福音 14：27

從人類歷史開端直到末日這世上就有兩種人——就是信耶穌的人和拒絕祂的人。罪人不論是怎樣的邪惡、可憎和敗壞，若是信祂，就必因聽從祂的話得以潔淨無污了。……那些拒絕耶穌，不肯聽從真理的人，要對於凡接受耶穌為他們個人救主的人心懷惡毒。但凡接受基督的人卻要因祂所表現的愛，和祂為他們所蒙受的羞辱、痛苦和死亡、心腸軟化而馴服。

基督賜予門徒的平安，和我們所祈求的平安應該一致，就是由真理而生的平安，這平安絕不因紛爭而泯滅。在外面或有打仗、紛爭、嫉妒、猜疑、仇恨和鬥毆，但是基督裏的平安絕非世人所能賜予，亦非世人所能奪取的。祂的平安雖受奸惡的人窺伺搜尋，受到祂仇敵最猛烈的攻擊，仍然還是存在的。……基督從未想過以違背神聖的委託來換取世上的平安。祂的平安絕不是犧牲原則而獲得。……上帝的兒女們若是企圖以犧牲原則或損及真理為橋樑，來通過那隔開光明之子和黑暗之子的鴻溝，乃是一樁嚴重的錯誤。這就等於背棄基督的平安來向世人求平安、求親睦。上帝的兒女若背棄真理的原則僅是為了與世人和好，這樣的代價未免太大了。……所以基督的門徒當決意永不背棄真理，絕不要為了一心獲得世人的恩寵而拋棄他們所信的原則。他們要持守基督的平安。

今日
操練

依原則不依喜好生活

攻克己身叫身服我

我是攻克己身，叫身服我，
恐怕我傳福音給別人，自己反被棄絕了。
哥林多前書 9：27

身體不過是一個媒介，藉以培養心意和性靈而建立品格。為此之故，人類的仇敵運用他的試探來削弱並降低人的體力。他若在這方面成功了，就無異說這等人已全然投降罪惡了。我們肉體的傾向，若非為更高尚的勢力所管轄，就必造成敗壞和死亡。

身體是必須受控制的。那更高尚的權威要作主。情欲應為意志所轄，而意志當受制於上帝。

人們的良心必須覺悟，承認上帝的要求。男女都須警醒認識控制己身的義務，瞭解清潔的必要，脫離一切敗德的私欲和污穢人的習慣。他們須受感化，知道智力和體力都是上帝所賜的，並且知道若要妥善保養這些能力，須為祂服務。

人自己所修築的堡壘要抗拒自然而生的情欲，就如同沙堆抵禦洪流一般。直等到基督的生命在我們裏頭成了活潑的能力，我們才能抗拒內外所攻擊我們的試探。……藉著與基督合而為一，人才得以自由，服從基督的旨意，人才得以恢復他完整的人格。

服從上帝便是脫離罪惡的捆綁，得蒙拯救、勝過情欲的衝動。人可以戰勝自己，戰勝自己的傾向，戰勝執政的、掌權的、「管轄這幽暗世界的」和「天空屬靈氣的惡魔」。

我願照著上帝的原則而生活

求你叫我遵行你的命令，因為這是我所喜樂的。
求你使我的心趨向你的法度，不趨向非義之財。
詩篇 119：35 － 36

在青年時期你當儲備終身所能實用的知識。在青年時期你該養成良好的習慣，修正不良的惡習，固持堅守自制的能力，使自己慣於照著上帝的旨意，和所人類所擁有的福惠，安排你人生的一切細節。在年輕時期所撒的種子，要決定今生和來世的收穫，在兒童和青年時所養成的習慣，所有的癖好，以及所獲得的能力，差不多就決定了一生的命運。

只放縱一點自私的意念，只忽略一次當盡的本分，就預備在第二次時重蹈覆轍。我們頭一次敢做的事，大概以後還會去做。端莊、節儉、自制、勤勉、正當而聰明的談吐、忍耐和真誠的禮貌等美德，必先謹慎自惕方可養成。德性敗壞、品格墮落，較比戰勝瑕疵，控制自己，培養真實的品德要容易得多了。假若基督徒的美德要在我們身上顯得完全的話，我們就必須先有一番恆切的努力才行。

要使他們趁早養成自制的習慣。當使青年人立志作主人，不作奴僕。上帝既已立他們為自身的統治者，所以他們當運用上天所賦予他們的王權。在忠實地提示了這一類教訓之後，其效果必及於青年自身之外。其影響遠播，藉使千萬瀕於滅亡的男女獲得拯救。

豐盛人生

今日操練

實行自制

我願以基督的愛去愛人

你們若有彼此相愛的心，
眾人因此就認出你們是我的門徒了。
約翰福音 13：35

豐盛人生

今日
操練

實行自制

　　我們若想在世上發揚真光，就必須彰顯出基督慈愛憐憫的精神。若願以基督之愛去愛人，就必須力行自制。意思就是說我們要隨時顯出不自私的態度。這意思也是要我們對四圍的人，發揚慈愛的言語、表現和悅的面容。這樣的施予無需以什麼金錢作代價，卻能留下一種寶貴的馨香之氣。這種為善的感化力是無從估計的。不單是受惠者，連施惠之人也都從而得福，因為這種行為對於行善的人也有一種美善的反映。真誠的愛心是自天而生的品性，以這樣的愛心分賜於別人愈多，他的馨香之氣也就愈發增添。

　　上帝希望祂的兒女要記著，他們若願榮耀祂，就必須將他們的善意分賜給那些最需要的人。凡我們所接觸的人一個也不可以輕忽。我們在言語、行為和面容的表現上，都不可向別人顯出自私的態度，不以他們地位的尊卑，境況的貧富，都當一視同仁。那只向少數的人講慈愛的話，而對他人卻顯出漠不關懷態度的，就不是愛心，乃是自私之心。這樣的愛心絕不會造福他人或榮耀上帝。我們不要使我們愛心的對象只限於一兩個人而已。

　　凡聚斂基督公義的日光，卻不肯讓這光照耀在別人身上，反以私心保留耗費在少數人身上的人，不久必失去這自天而來的光耀恩惠。……不可任其私意只聯絡少數優秀的人，而毫不去顧念那些最需要幫助的人。我們的善意不可封藏專為幾個特別的人物保留，而是要將瓶子打碎，使香膏的芬芳充滿整間房屋。

我要謹守自己的嘴唇

耶和華啊，求你禁止我的口，把守我的嘴！
詩篇 141：3

言語之失似不為過，無論老少都很容易原諒自己，尤其是急躁而毫無耐心的言語。他們以為只須推諉說：「我是無心的，我所講的話並非出於我的本意」，這也就罷了。但《聖經》並沒有輕看這樣的事。

人生大多數的煩擾、悲痛和刺激都是由於未受約束的脾氣而來。在剎那間，因急躁、憤怒、不留心而出口的話語，就可能惹起極大的禍患，就是後悔終生也無法挽回。啊！有多少人心碎，因朋友離間，生活敗壞，都是來自那本應帶來醫治和幫助的人，所說嚴厲急躁的話語！……靠著自己的力量，人不能控制自己的性情。但靠著基督，他可以獲得自制的能力。

要維持一個家庭的紀律，少不了一種始終不變的堅毅和出於理性而非感性的管理。要冷靜地表達你要說的話，好好地考慮所要採取的行動，並毫不偏差地實行你所說的一切。你萬不可顯出不悅之色，或多說一句暴躁的話。因為這些話上帝都將寫在祂的記錄冊上。

人因操勞過度有時或許會失去了自制。但主從不強迫人，令人倉惶失措舉止錯亂。許多人為自己過度扛負了一些慈愛的天父上帝原本沒有加在他們身上的重擔。很多祂沒有打算要他們負的責任，他們卻慌慌張張手足無措。上帝希望我們知道，若是我們肩負了那麼多的重擔，勞碌過度以至身心俱疲，而生出了激怒、煩惱、辱罵，這並不能榮耀祂的名。我們只要擔負主所給我們的責任，信賴祂，如此保守我們的心性清潔、溫和並且富於同情。

我要在飲食上自制

邦國啊，⋯⋯你的群臣按時吃喝，為要補力，
不為酒醉，你就有福了！
傳道書 10：17

豐盛人生

今日
操練

實行
自制

　　凡事有節制、有規律便能生出奇妙的能力；比環境或天賦更足以助長人溫和寧靜的性情，這種性情在使人生獲得安穩的路途上極有價值。同時，也必發現這樣得來的自制力，正是每個人在與艱苦的世事及現實作有效奮鬥時，一種最有價值的工具。

　　我們力勸在家庭生活的各方面要提倡節制；教導兒童克己自制，並且要從孩提時期就得儘量做到這一點。

　　應該教導兒童知道不可任憑自己的主意，但凡事都當聽從父母的意志。在這方面有一個最重要的課題，乃是學習控制食欲。他們該學習飲食有定時，在規定的飲食時間以外什麼都不可沾口。

　　這樣教養下的兒童，比那隨時可以任己意吃喝的兒童，更為容易管教些。他們常常是愉快的、知足的，而且是健康的。就連那些最剛愎、易怒、頑強的兒童，若父母堅定地持續訓練其規律的飲食習慣，並在其他方面也以堅定而溫和的方法管理他們，他們必會變為順從、忍耐、有自制之能的兒童。

　　但願我們的每位青年，就是那可能達到比君王地位更高的青年，要熟思那位充滿智慧者的話：「邦國啊，⋯⋯你的群臣按時吃喝，為要補力，不為酒醉，你就有福了！」

我要控制自己的心志

所以要約束你們的心，謹慎自守，
專心盼望耶穌基督顯現的時候所帶來給你們的恩。
彼得前書 1：13

MAR 3月
20日

　　我們每人各有一番當作之工，要約束自己的心，警醒祈禱。心志必須受堅定的控制，使之常常思考那能增強道德能力的主題。……思想必須純正，內心所計劃的的必須清潔，才能使你的言語為上天所悅納，使你的同伴獲益。

　　心志務須嚴謹的防守。不可讓什麼足以損傷或破壞其健全的外力潛入其中。為杜絕此害，心田應先被「好種子」所充滿——就是那能夠發芽生長並結果子的枝條。……沒有耕種的田地，很快就會雜草叢生，荊棘遍布；土地枯瘠對地主是無益的。土地滿布了從各方的風吹來的種子；若不加以耕耘，這些種子自會生長起來，把那寶貴的、掙扎著生存而能結果實的植物擠死了。若是將田地種下五穀，則這些無用的野草自可除盡而無從滋生了。

　　那從研讀《聖經》和祈禱的時辰尋得快樂的青年，必常常從生命泉源那裏得到奮興。他必達到道德上最高的水準，以及其他人所料想不到、寬闊的思想境地。與上帝交往能助長良善的思想，培養高尚的志趣，提昇對真理敏銳的感覺和高貴的服務動機。凡如此將自己的心靈與上帝聯合的人，就蒙祂認作自己的兒女。他們常常繼續的提升達到更高的境地，對於上帝和永恆有更清楚的眼光，以致主使他們成為賜亮光和智慧給這世界的管道。

豐盛人生

今日
操練

實行自制

我在家中要作基督徒

不做害羞的事，不求自己的益處，
不輕易發怒，不計算人的惡。
哥林多前書 13：5

豐美盛人生

今日
操練

實行自制

　　在家庭中實行自制得益甚多。……家庭中每一份子都當儘量使別人生活愉快。言語上要表示敬重。要保持合而為一的愛心。撒但無權來管轄那在家中能完全控制自己的人。

　　我們必須有上帝的聖靈同在，否則家庭中就永不會有和諧。……我們無法每時每刻地小心守護家庭中的感情，但是一個家庭中，若有主的靈居住其間，就是天國的象徵。……凡能破壞損傷家庭平安與合一的事，必須加以軌制。仁慈和愛心、溫柔和忍耐的精神要加以培養。若一人有錯，那麼，其他的人就當實行基督一般的容忍。

　　人若彰顯了仁慈、忍耐和愛的精神，就必發現他人也要以同樣的精神待他。……若真有基督在心裏形成為榮耀的盼望，那麼，在家庭中就必有和諧與慈愛居住。在妻子心裏居住的基督，就會與在丈夫心裏居住的基督相和。他們必齊心努力，為要得著基督為愛祂之人所預備的住處。在丈夫與妻子、父母與兒女、兄弟與姐妹之間，應該經常保持溫慈的愛心，家庭中每一個分子的義務乃是要和睦相處，說話也要親切。

　　凡家中有愛心，這愛也表現在言語、態度和行為上，這樣的家庭天使最歡喜蒞臨其間，藉著從榮耀所發的光輝使那地方聖化。……愛心應當是在面容、態度和聲調上都可以看得見的。

　　若家庭中的每個分子都實行自制，則他們的家差不多成為人間的樂園了。

我要謹守心門

你要保守你心，勝過保守一切，
因為一生的果效是由心發出。
箴言 4：23

　　「你要保守你心，勝過保守一切」是智慧之人的勸勉；「因為一生的果效是由心發出」，「因為他心裏怎樣思量，他為人就是怎樣」。人心若不因神聖的恩典得以更新，要尋求清潔的人生必致徒然。那不依賴基督的恩典而企圖建立高貴良善品格的人，是在流沙上建造房屋。一遇到強烈試探的風暴，必然倒塌無疑。每一個人都當如大衛所祈求的：「上帝啊，求你為我造清潔的心，使我裏面重新有正直的靈。」我們既已分享這由天而來的恩賜，就當繼續成長到完全的地步，便可以「因信蒙上帝能力保守」。

　　然而我們仍須努力來抗拒試探。凡不願被撒但詭計所欺騙的人，必須好好地保守心靈的通路；他必須遠避，不讀、不看、不聽那一切暗示不清潔思想之物。不可讓心思意念動搖，轉而思想人類心靈之敵所授意的一切主題。……要如此作，必須有懇切的祈禱和不懈的警醒。我們務要有聖靈在心裏居住的感化力，因為祂要吸引我們的思想注重上面的事，使我們習於思念清淨聖潔之事。而且我們必須殷勤地研讀上帝的話。「少年人用什麼潔淨他的行為呢？是要遵行你的話」。作詩的也說：「我將你的話藏在心裏，免得我得罪你。」

　　你必須作忠心的守望者，謹守你的眼睛、耳朵和你一切的感官，才能控制你的思想，防備虛妄和敗德的思想污染你的心靈。惟有恩典的能力才可以成全這可羨慕的美事。

今日
操練

保守心靈的通路

豐盛人生

我不將邪惡的事擺在我眼前

邪僻的事，我都不擺在我眼前；
悖逆人所作的事，我甚恨惡，不容沾在我身上。
詩篇 101：3

豐盛人生

今日
操練

保守心靈的通路

每一個人都該保守他的五官，以免為撒但所勝，因為這些感官就是心靈的通路。

要避免去看、去讀那些暗示不潔思想的東西，要培養道德和心智方面的能力。

戲院（編注：此處乃是指作者時代的歌舞場所而言）是娛樂場所中最危險的地方。它並不像許多人所說，是提倡道義和美德的地方，反而常常助長邪惡和淫亂。一切惡習和犯罪的傾向，都因這樣娛樂日愈加深，甚至無法改變了。低劣的歌曲、淫蕩的姿態、言語和舉動，都足以敗壞人的想像力，降低人的道德觀念。每一個習於參與這些娛樂的青年人，都必定會敗壞德行的。在我們的世界中，沒有比這種戲劇的娛樂，更能影響行為了，敗壞思想，摧殘宗教觀念，使人對於寧靜的喜樂和人生真實事務的興趣感應遲鈍了。

對於這淫亂場所的愛好，每放縱一次就日益增多，正如人喝酒愈多，嗜酒的欲求愈強。惟一安全之途，乃是避免去戲院和一切有壞名聲的娛樂場所。

有一些娛樂活動對於身心是滿有助益的。蒙啟示有辨別力的人，必發現許多適宜的，不但無害而且有教育意義的遊戲和娛樂。……那位榮耀鋪滿穹蒼，神聖之手托著宇宙世界的上帝，是我們的父親。我們只要以赤子般的信任愛祂、依賴祂，祂就收納我們作祂的兒女，我們也就得為永恆世界中言語所不能形容之榮耀的繼承者。

求善使我得以存活

你們要求善，不要求惡，就必存活。
這樣，耶和華——萬軍之上帝必照你們所說的與你們同在。
阿摩司書 5：14

撒但正在用各樣的方法，使罪惡和邪淫的事成為流行的時尚。我們無法路經城市中的街道，而對一些撩撥人心的廣告畫面，或者是基於某一本小說所述，或是出於某一個戲院（歌舞場所）裏所表演的罪惡事件，毫無感覺。許多人的心智便因此習於接收罪惡了。一般卑鄙邪惡之徒所作的壞事，常在當天的報紙和雜誌中公諸大眾。凡足以引起情欲的事，都在充滿刺激性的小說裏詳述以供人閱讀。他們既聽到、並讀到那麼多卑劣可憎的事，他們那曾因這事而膽戰心驚、敏銳的感覺就漸漸麻木，以致他們反倒以貪得無厭的興趣來欣賞了。

今日世上所流行的許多娛樂，與古代外邦人中所有的娛樂，結果都是一樣；就是自命為基督徒者所愛好的娛樂，也是如此。這些娛樂之中，沒有多少是撒但不能用來敗壞人心的。歷代以來，他曾利用戲院（歌舞場所）來刺激情欲並誇耀惡行。許多歌劇的動人表演，迷人的音樂，以及一般的大宴會、跳舞、玩牌等等，都已被撒但用來打破正義的藩籬，並打開放縱情欲的門路。每一個追求宴樂，助長驕傲，或放縱食欲的場合，都是使人忘記上帝，忘記永生利益的所在；都是撒但進行活動，控制人心的地方。

惟一安全之策，乃是要時刻為上帝的恩典所庇護，不要把我們自己靈性的眼睛弄瞎了。以致稱善為惡，稱惡為善。我們必須毫無猶豫、毫無爭辯地防守心靈的通路，免遭罪惡的侵入。

豐盛人生

今日
操練

保守心靈的通路

我必側耳聽從天而來的話

你或向左或向右，你必聽見後邊有聲音說：
「這是正路，要行在其間。」
以賽亞書 30：21

豐盛人生

今日操練

保守心靈的通路

　　許多由聖靈所啟示的故事，教導我們明白人類是上帝和天使所特別眷顧的對象。人類並沒有被撇棄成為為撒但試探的對象。全天庭都在積極的協助將亮光傳給住在地上的人，使他們不至於陷入無邊的黑暗中沒有靈性的引導。那永遠不打盹，也不睡覺的慧眼常常守護著以色列的營寨。有千千萬萬的天使常為人類的需要而服役。有許多出於上帝聖靈所啟示的聲音喊著說，這是正路，要行在其間。

　　我們可以轉臉不看末日正在迅速增加的許多惡事。我們也可以避免去聽現代社會中，存在著的許多犯罪不法之事。

　　兒童和青年的心思活潑，凡小說所描繪、想像中未來的情節，他們就認為是事實。許多兒童看到革命的預示，以及種種違法犯紀的描述，就無形中受了影響。他們被引誘去犯法，甚而比小說中所描寫的更厲害。現在社會日趨墮落，就是受了這種小說的影響。犯法的種子，也在隨處播散。無怪乎整個社會要承受其犯法的惡果了。

　　你當堅決地說：「我要閉目不看輕浮邪惡的事。我的耳朵是屬於主的，我不聽仇敵的詭辯。我的聲音絕對不會為一種非上帝聖靈管轄的勢力所操持。我的身體是聖靈的殿，並且我所有的一切力量要獻作有價值的事業。」

我喜愛優良的讀物

你要以宣讀、勸勉、教導為念，直等到我來。
提摩太前書 4：13

上帝已經將最良好的讀物賜給祂的子民。但願在家中每間屋子裏都有一本《聖經》。《聖經》——生命之糧要常擺在家中容易看見的地方。那常常用來買雜誌的錢，寧可拿來買些含有現代真理的書報，把它們安置在家中顯目之處。這樣的讀物我們盡可安全無慮的擺在兒童和青年人的面前。小說（編按：泛指杜撰虛構的文學形式），在信基督的人家中不應留有餘地。不要將那些如枯草朽木般的讀物擺在青年人的面前，因為這會敗壞他們對那些如金銀寶石般真正寶貴讀物的愛好。讀輕浮無益之刊物的傾向應受嚴格的限制。

要常常預備一些優良的，能提升品德的讀物給家裏的人看。要閱讀本會的出版物，用心研究它們的內容。要熟悉這些刊物所含的真理。你們這樣作就必察覺有聖靈的感動在其間運行。我們生存的每一分鐘都是寶貴的，應該預備為將來永遠的生命而用。要將《聖經》裏提升人品的主題存記於心，準備隨時隨地向你能影響的人說出合宜的話來。讀本會的刊物絕對不會使我們成為智力消化不良的人。在我們中間沒有人因接受生命之糧而受害的，但由於研讀這些書籍，就必能使我們的心確立於真理之中。

我們必須自己預備履行最嚴肅的義務。因有一個世界要我們去拯救。既有這樣偉大的工作極需去作，怎麼還會有人肯浪費寶貴的時間，和上帝所賜的錢財，去作與自己無益而不能榮耀上帝的事呢？

我時常口唱心和的讚美主

乃要被聖靈充滿。當用詩章、頌詞、靈歌
彼此對說，口唱心和地讚美主。
以弗所書 5：18 － 19

豐盛人生

今日
操練

保守心靈的通路

　　上帝從一顆對祂充滿敬愛和忠心的清潔之心所發出的讚美詩歌而得著榮耀。……他們（基督徒）所存感謝之心，並上帝的平安在他們心裏作主，就使他們口唱心和地讚美主，並藉著其所說的話，見證那為他們捨命的救主之愛與感謝的債。

　　《聖經》論及詩歌的歷史，對於音樂與詩歌的功用及效益，都予人充分的提示。音樂往往誤用以供罪惡之用，因此便成了一種最足以引誘人的利器。然而音樂若加以正當的運用，原是上帝所賜的一種寶貴恩賜，目的在提升人的思想，使其思念高尚尊貴的事，並感化提高人的心靈。

　　以色列民行經曠野的時候，怎樣用聖歌的樂曲來激勵旅途中的興致；照樣，上帝也吩咐祂現今的兒女，使他們能對寄居在世上的生活感覺快樂。很少有別的方法能比將上帝的話語編入詩歌之中反復吟詠更容易記憶了，並且這樣的詩歌具有不可思議的能力，足以克服那粗魯而未經教養的本性；激起思想並引起同情之心，促進行動的和諧一致，並排除那使人喪膽失志的憂傷與恐懼。

　　音樂乃是將屬靈真理銘刻人心最有效方法之一。人在困苦逼迫以至失望之時，往往會想起一些上帝的話──幼年時歌唱久已忘卻的一首詩──於是試探就頓時失效，生命就顯出新的意義，和新的目的，反而能將勇敢與喜樂轉授於他人了。

我要向上帝歌頌

凡以感謝獻上為祭的便是榮耀我;
那按正路而行的,我必使他得著我的救恩。
詩篇 50：23

你當以你現在有罪、軟弱、窮困的情形來就耶穌,祂必賜你生命的水。你需要一種信心,這信心能助你穿越撒但在你人生路途上,投射地獄的黑影。他正忙於發明種種娛樂和流行時尚,要掌控人們的心意,使他們沒有時間沉思默想,教導你的兒女要榮耀上帝,不要求自己的喜悅。他們原是祂的兒女——因為祂創造了他們也救贖他們。要教訓他們遠避這墮落敗壞時代中一切的娛樂和愚行。保守他們的心思在上帝的面前清潔無瑕。……讚美上帝。要使你們的言談、音樂和歌曲全都為了讚美為我們行了許多事的那一位而發出,要在此世讚美上帝。能夠使你得以進入上帝聖城之時有資格參加天上的歌詠行列。那時你們要將你們燦爛的冠冕放在祂腳前,拿起你們的金琴,使全天庭都充滿著和諧的歌聲。我們必以永遠不朽的舌頭讚美祂。

當我們的救贖主領我們走到那充滿上帝榮耀的天國之門的時候,我們就可聽見那寶座周圍的天上歌詠行列,所唱的頌讚與感恩之歌;然而當我們在地上家庭中響應天庭的歌聲時,我們的心就必與天上的歌唱者格外接近了。與上帝的交往須從地上開始。我們必須在地上先學習那頌讚的聲調。

要讚美上帝;述說祂的良善;論及祂的權能。要使圍繞你心靈的氣氛有芬芳的香味。要讓你的心與靈,和你的聲音相互呼應,讚美那位為你臉上光榮的主,你的救贖主,你的上帝。

豐盛人生

今日操練

保守心靈的通路

上帝容許試煉和患難來潔淨我

祂來的日子，誰能當得起呢？祂顯現的時候，誰能立得住呢？
因為祂如煉金之人的火，如漂布之人的鹼。
祂必坐下如煉淨銀子的，必潔淨利未人，熬煉他們像金銀一樣；
他們就憑公義獻供物給耶和華。
瑪拉基書 3：2 － 3

豐盛人生

今日
操練

忍受試煉

在上帝的子民中正進行一番鍛煉潔淨的功夫，萬軍之耶和華已親自著手要完成這工作。這樣的鍛煉是最難忍受的，但剔除污穢實屬必須。試煉是少不了的，要引領我們更加靠近我們的天父，使我們順服祂的旨意，以致我們可以憑公義獻供物給祂。——上帝一再的引領祂的子民經過同樣的試煉，繼續加增磨煉的強度直到他們心裏完全謙卑，品格得了改造，於是他們戰勝了自己，而與基督和天國的精神相和諧。上帝的子民要得潔淨必須忍受苦難。……祂使我們屢次從火中經過，試驗我們的真價值。真實的美德必是願意接受考驗的。假使我們不肯忍受我們主的考驗；那麼，我們的景況是危險的。

本著祂的仁慈，上帝向人們彰顯他們自己隱蔽的缺點。祂願意他們精密的檢討自己心中複雜的動機，發現所有的錯誤，改正他們的癖性，使他們有高雅的禮貌。上帝願祂的僕人們要洞悉自己的心。為要使他們瞭解自己真實的情形，祂便允許試煉的火攻擊他們，使他們得以潔淨。畢生的試煉都是上帝所使用的僕人，要除去我們在品格上的雜質、弊病和粗劣之處，使我們配為天上榮耀之天使的伴侶。……烈火必不燒滅我們，只是取去渣滓，使我們既七次煉淨了，就要印上神聖的印記。

在每次患難中皆有上帝的旨意

親愛的弟兄啊,有火煉的試驗臨到你們,不要以為奇怪
(似乎是遭遇非常的事),倒要歡喜;因為你們是與基督一同受苦,
使你們在他榮耀顯現的時候,也可以歡喜快樂。
彼得前書 4:12 - 13

MAR 3月
30日

有一天晚上,一位因遭受深重患難而心中悲哀的人,在園中徘徊的時候,看見一棵石榴樹,樹幹幾乎砍斷了。他驚奇不已,就問看守園子的何以這棵樹會有這樣的情形,而他所得的答覆圓滿的解釋了自己心裏傷痛的緣由。「先生」,園丁答道,「這棵樹原來長的是那麼茂盛茁壯,可是它所結的不過是些葉子而已。我無奈只得這樣砍它,等砍到快斷的時候,它才開始結果子。」

我們的憂患不是從地裏長出來的。每次的苦難皆有上帝的美意要使我們得益處。我們每次擊毀的一個偶像,每次遭遇的困苦,乃使我們放棄世俗,才得以更堅強的愛心專注於上帝,這一切對我們都是有福的。這樣的修剪或許當時會覺得痛苦不堪,但過後總必「結出平安的果子,就是義」。我們該欣然地存著感謝之念,領受能激發良知,提拔思想,使人生高貴的一切事物。不結果子的枝條要被剪下,丟在火裏。我們仍當感謝,因為藉著這痛苦修剪的工作,我們仍能與活的葡萄樹有聯繫;因為我們若與基督一同受苦,也必與祂一同作王。那給我們信心最嚴重考驗的熬煉,好像感覺上帝已經離棄了我們一樣,無非是要引領我們更加靠近祂,以便將一切重擔卸在基督的腳下,享受祂所要賜給我們的平安。上帝疼愛並照顧祂最軟弱的兒女;我們若懷疑祂的愛,這就大大的羞辱了祂。惟願我們能培養活潑的信心,在黑暗和試煉的時辰仍然信靠祂!

豐盛人生

今日
操練

忍受試煉

上帝賜能力以忍受每次的試煉

你們所遇見的試探，無非是人所能受的。
上帝是信實的，必不叫你們受試探過於所能受的；
在受試探的時候，總要給你們開一條出路，叫你們能忍受得住。
哥林多前書 10：13

MAR 3月
31日

今日
操練

忍受試煉

基督永不撇棄祂為之替死的人。人或許會離棄祂，並且可能被試探所勝；但基督不能離棄那曾付上自己生命為贖價所拯救的人。若是我們屬靈的眼光較敏銳的話，就能看見許多人屈身於壓迫之下並背負著憂患的重擔，就如車子被禾捆所壓一樣；他們正灰心失望幾乎要死。我們也會看見天使迅速的飛去扶持這些正站在危險懸崖受試探的人。自天上來的天使擊退了包圍著這些生靈的邪惡軍隊，並引領他們的腳步穩站在堅固的根基上。這兩軍之間所有的戰爭如世上的軍隊打仗一樣的真實，而且這決定性的屬靈戰爭其勝敗是與永遠的命運攸關的。

有話對我們猶如對彼得一樣說：「撒但想要得著你們，好篩你們，像篩麥子一樣；但我已經為你祈求，叫你不至於失了信心。」感謝上帝，我們並不是孤獨、被撇棄的。

危機快要臨到我們。惟願我們作大丈夫，忍受試煉，握住了全能者的手。上帝必為我們工作。我們只須一天一天的生活下去，並且我們若認識上帝，祂必加給我們力量足以應付明天所要臨到的事，恩典原為每日之用，而且每日必發現它的勝利，猶如每日可能遇見它的試煉一般。我們必有至高者的能力護庇我們，因為我們穿戴了基督公義的軍裝。那在歷代為祂子民顯示其作為的上帝，如今還是我們的上帝。耶穌站在我們的身旁，我們是否仍猶豫不決？不，當試煉來臨時，上帝的全能也隨之而至。上帝必幫助我們，我們若憑著信心倚靠祂的話而團結起來，祂就必以特別的能力為我們工作。

4月 APRIL

進取
的生命

My Life
Today

基督徒的進步

正因這緣故，你們要分外的殷勤：有了信心，又要加上德行；
有了德行，又要加上知識；……你們若充充足足的有這幾樣，
就必使你們在認識我們的主耶穌基督上不至於閒懶不結果子了。
彼得後書 1：5 － 8

豐盛人生

今日
操練

基督徒的進步

　　這幾句話充滿了教訓，也指出得勝的祕訣。使徒向信者提供
基督徒向上的階梯，每一級都代表了在上帝知識方面的進步；而
且在攀登這階梯之時是不容間歇的。信心、德行、知識、節制、
忍耐、虔敬、愛弟兄的心、愛眾人的心，逐一向上都是屬於這梯
子的。我們的得救就是要這樣一級一級的攀登，一步一步的向
上，一直達到基督期望我們到達的理想境地。於是祂就成了我們
的智慧、公義、聖潔、和救贖。

　　這一連續的階梯並非要常置於我們心眼之前，一面攀登，一
面數算著；乃是要注目仰望耶穌，專求上帝的榮耀，如此你方能
有所進展。

　　只須一步接一步地前進，就能攀登到高處，最後必到達山頂
上。不要為了憂慮你一生必須要做的工作而沮喪，因為這一切的
工並非要你一次做完。為當天的工作須竭盡你一切力量，善用每
一個寶貴的機會，重視上帝所給你的幫助，在進步的梯子上逐步
往上攀登。要記住，你生活一天，是上帝將這一天賜給你，而天
上的記錄就要顯明你是怎樣重視它所帶給你的權利和機會。惟願
你善用上帝所賜的每一日光陰，以便到了最後你可以聽見救主
說：「好，你這又良善又忠心的僕人。」（馬太福音25：21）

有信心，又要加上德行，有了德行，又要加上知識

上帝的神能已將一切關乎生命和虔敬的事賜給我們，
皆因我們認識那用自己榮耀和美德召我們的主。
彼得後書 1：3

接受了福音的信仰以後，我們所要做的第一件事是尋求增進善良純潔的原則，藉以潔淨我們的心思，以便領受真實的知識。

使徒既在我們面前揭示出基督徒的人生持續進步的重要性。則我們靈性上的蒙昧便無可推諉了。

信心是進步階梯的第一級。人若沒有信心就不能蒙上帝的喜悅。可是有許多人卻滯留在這一級，再也沒有向上進步。他們似乎以為既承認了基督的名，而自己的名字也記錄在教會的名冊上，那麼他們的工作就算完成了。信心固然重要；但聖靈啟示的話《聖經》說：「有了信心，又要加上德行。」凡尋求永生並希望在上帝的國裏有住處的人，必須為所要建立的品格奠下德行的基礎。耶穌必須作頭塊房角石。務要從思想和生活中完全摒除一切沾污心靈的事物。遭遇試探時，必須依靠基督的能力去抗拒。上帝無玷污的羔羊之美德，必須交織在品格裏，直到完整無缺的地步。……約瑟是一個先例，證明青年人如何身處於世上的罪惡中仍能保守自己不沾染污穢，而有了信心又要加上德行。

我們生活中的每一分鐘都是極其真實、並負有重大責任的。蒙昧無知不能做為缺乏屬靈知識和成就的託辭，因為已有話勸勉我們有了德行，又要加上知識。……沒有學問的漁夫，竟然成了義雅有才幹的人，並將他們有權學習得來的教訓都寫了下來，作為我們的指南和引導。我們既蒙邀到基督的門下作學生，就必須盡可能地去獲得一切的知識。

豐盛人生

今日操練

基督徒的進步

有了節制，就要加上忍耐

但忍耐也當成功，使你們成全、完備，毫無缺欠。

雅各書 1：4

今日
操練

基督徒的進步

「有了知識，又要加上節制。」這是在達到完全品格的路上必經的第三階段。在各方面皆有放縱和浪費的現象，其結果便是墮落與敗德。我們這個世界的人類無論智力、道德力或體力，皆因社會不節制的習慣而日漸退化了。食欲、情欲和奢侈之心，使許多人陷於過度的浪費。……上帝的子民必須選擇與世界相反的道路。他們要與這些罪惡的行為宣戰，克服食欲，扼制一切粗鄙的傾向。……我們務要「察考《聖經》」，使我們的生活習慣與《聖經》的教訓相符。

「有了節制，又要加上忍耐。」我們企圖走這一步路的時候，節制的需要就愈為明顯。欲使不節制的人能夠忍耐，幾乎是一件不可能的事。

我們當中有些人特別敏感，思想和行動都迅速如閃電，但無論誰都不可因此認為他們無法學習忍耐。忍耐若仔細的培養，必能快速地增長。若先徹底的認識自我，再有上帝的恩典配合自己堅定的決心，我們就能作得勝的人，在各方面得以成全、完備，毫無所缺了。

忍耐將平安和仁愛之香膏注入家庭生活的經驗裏。……忍耐必力求教會、家庭，和社會的聯合。這恩賜必須交織在我們的生活之中。

有了虔敬，必要加上愛弟兄，愛眾人的心

但你這屬上帝的人……
追求公義、敬虔、信心、愛心、忍耐、溫柔。
提摩太前書 6：11

　　我們若有了敬虔的恩賜，就必與上天取得親密而直接的聯繫。我們若反映出耶穌的形像，證明我們是至高者的兒女，那麼耶穌必作我們家裏的貴賓，也是家中的一分子。家裏有宗教信仰原是一件美事。若主與我們同住，我們就會覺得自己是基督天家的一分子。我們必自覺有天使察看著我們，因而態度就轉為溫柔而忍耐。我們培養禮貌和敬虔，為的就是使自己配得進入天庭。

　　以諾與上帝同行，在人生各方面他都尊榮了上帝。無論在家庭裏，在工作上，他都先自我省察：「這事能蒙上帝悅納嗎？」因他時常思念上帝並順從祂的指導，他的品格就轉化成為一個敬虔的人，所做的也都能蒙主的喜悅。進一步勉勵我們有了虔敬以外，又要加上愛弟兄的心。啊！我們是多麼的需要走這一步路，用這恩賜來增益我們的品格。……我們應該愛別人如同基督愛我們一樣。天國的主宰準確的估算了人的價值。若是在地上的家庭裏不仁慈的，他就不配進入天上的家庭。他若固執己見，不管得罪了誰，就是到天國他也不會滿意的，除非他在那裏統管一切。基督的愛必須管轄我們的心。……你要以憂傷痛悔的心去尋求上帝，就必對你的弟兄生出慈憐之念。你也就準備好，有了愛弟兄的心，可以加上愛眾人的心。

　　這樣做就使得天國更加與我們相近了。在這工作上我們要享受上帝所賜甜美的寧靜和安慰。如此行就使我們進入了天國的環境中。

豐盛人生

今日
操練

基督徒的進步

上帝的恩典是為我預備的

然而，我今日成了何等人，是蒙上帝的恩才成的，
並且祂所賜我的恩不是徒然的。
我比眾使徒格外勞苦，這原不是我，乃是上帝的恩與我同在。
哥林多前書 15：10

豐盛人生

今日
操練

在恩典中長進

　　有人試圖攀登基督徒進步的階梯，但他們一開始前進之時就依靠人的力量，很快就不再仰望那使他們信心創始成終的耶穌。結果他們失敗了——喪失了一切原有的進展。那些半途而廢、灰心沮喪的人，被眾生之敵剝奪了他們作基督徒的恩賜，其情形實堪悲憫。

　　上帝的愛在人的心靈裏，對於生活會發生直接的影響，必能喚醒他的理智與情感，作健全的活動。直到他已經披上了基督的公義，得蒙祂賜生命能力的扶持時，上帝的兒女才算稱心滿意了。若在何時發現自己品格上的弱點，他不但要一再承認，而且還要以堅決的努力去建立與其弱點相反之品格特質，以彌補其虧欠。他必不因這番工夫的艱難而規避不做，基督徒必須殷勤不倦，然而他必不自恃一己之力而工作，因為有神聖之能等待他去取用。凡誠心努力戰勝自我的人，都必將「我的恩典夠你用的」這個應許據為己有。

　　藉著個人的努力，再加上信心的祈禱，心靈就得以訓練。日復一日其品格就愈像基督的樣式。……要制服放縱已久的習慣，或者需要一場劇烈的爭戰，但倚靠基督的恩典我們終必能夠獲勝。

　　我們若聽從上帝聖靈的啟示，就必恩上加恩，榮上加榮，直到最後接受那永遠的生命。

祂極豐富的恩典

然而，上帝既有豐富的憐憫，
因祂愛我們的大愛，當我們死在過犯中的時候，
便叫我們與基督一同活過來。……顯明給後來的世代看。
以弗所書 2：4 — 7

要是我們未曾墮落就無從體會「恩典」一詞的意義。上帝愛那些無罪的天使，他們為祂服務並聽從祂的一切命令，但祂並不賜給他們恩典。這些天上的聖者並不曉得何為恩典；他們原不需要恩典，因為他們從來沒有犯過罪。恩典是上帝的一種屬性，單單顯示給無法配得的人類。我們原來沒有尋求恩典，乃是恩典奉差遣來尋找我們。上帝樂意將祂的恩典賜予一切渴慕的人，並不是因為那是我們所應得，乃是因為我們全然不配得著。我們的需要就是惟一的資格，保證我們可以領受這樣的恩典。

然而上帝並不因為恩典而使祂的律法歸於無效，或以恩典來替代祂的律法，「耶和華因自己公義的緣故，喜歡使律法為大、為尊。」祂的律法就是真理。

上帝的恩典與祂國度的律法是完全協調的，是並行不悖的，藉著祂的恩典，靠著信心，我們才能與祂親近，我們接受祂的恩典，使之在我們的生命裏發生作用，就證明律法正確而有效的性質，並且藉著力行律法活潑的原理，我們也高舉了律法使之為尊。

我們怎樣才能替上帝作見證呢？……就是藉著純然全心全意地順從上帝的律法。我們若肯容忍祂，祂必在我們裏面彰顯祂自己，我們也要在全宇宙面前，和背叛真道、廢棄上帝律法的世人面前為祂作見證。

只有一種能力可以使我們改變得像基督的樣式，可以使我們堅定不移，維持我們不致動搖：那就是由於順從上帝律法而獲得的上帝恩典。

豐盛人生

今日
操練

在恩典中長進

我必須在恩典中長進

你們卻要在我們主——救主耶穌基督的恩典和知識上有長進。
彼得後書 3：18

豐美盛人生

今日操練

在恩典中長進

上帝要求每一個人都當運用上天所賜予的諸般恩典，才在祂的工作上更能勝任且愈能有成效。為著基督徒的敬虔、純潔和愛心得以繼續成長，才幹得以倍增，在事奉至聖之主的事上能力得以增長，並在各方面預作種種準備。雖已有了這樣的安排，而許多自認相信耶穌的人，卻沒有與此相當的長進，來證明真理使人的生活與品格聖化之能力。我們起初在心中接受耶穌，就宗教信仰方面而言，我們實與嬰兒無異；但在經歷上我們絕不可長作嬰兒。應當在我們救主耶穌基督的恩典和知識上求長進，在祂裏面長大，有成年男女的身量。我們要繼續求長進，憑著信心獲得嶄新又豐富的經驗，在希望、信靠和愛心上漸漸成長，得以認識上帝和祂所差來的耶穌基督。

不聖潔的變為聖潔的，這乃是一種持續不斷的工作。日復一日上帝為使人成聖而勞碌，人自當與祂合作，要恆切盡力培養良好的習慣。祂要恩上加恩；當人以加法努力工作之時，上帝必以倍增方式為他工作。我們的救贖主常常準備聆聽並應允出自悔改之心的禱告，並且以恩典和平安加給那些對祂有信心的人。當他得到完全的最高境界時，榮耀的盼望就在他的眼前！

在恩典裏長進是以家中開始

耶和華……要賜下恩惠和榮耀。
祂未嘗留下一樣好處不給那些行動正直的人。
詩篇 84：11

　　很多人在恩典上沒有長進，因為他們忽略了家庭信仰的培養。

　　家中的人，應該表現出他們時常享受著從基督那裏領受的能力。他們要在習慣和實踐上求長進，表明他們作基督徒的意義常擺在面前。

　　凡在家裏是基督徒的，在教會裏和社會上也是一個基督徒。

　　恩典只能在那隨時準備接受真理的寶貴種子的心田中才會生長繁茂。而罪孽的荊棘不拘在什麼樣的土壤裏都易於滋生，且無須耕種栽培；可是恩典必須刻意地加以培養。荊棘和蒺藜都容易生長，所以刈除的工作必須經常進行。

　　那使人品格優美的要素，在家庭和在天上華廈裏是同樣被需要的。

　　你若……要作世上的光，那麼，這光必須照在自己的家裏。在家裏你要表現出基督徒的美德，作一個可愛的、忍耐的、仁慈而堅貞的人。……你必須常常追求意志和心靈崇高的修養。……你既是上帝謙卑的兒女，就該在基督的門下受教；也要常設法加強自己的能力，以便藉著教訓和榜樣在家庭裏作一種最完善最徹底的工作。……你要讓天庭恩惠之光照亮你的品格，使家裏也蒙恩光普照。

　　你家庭生活的品質如何，其足以用來衡量你基督徒經驗的價值。人有了基督的恩典就可以使家庭成為一個快樂的地方，充滿了平安和安息。

豐盛人生

今日操練

在恩典中長進

怎樣在恩典中長進

上帝能將各樣的恩惠多多地加給你們，
使你們凡事常常充足，能多行各樣善事。
如經上所記：他施捨錢財，賙濟貧窮；他的仁義存到永遠。
哥林多後書 9：8 － 9

APR 4月
09 日

豐盛人生
今日操練
在恩典中長進

許多人都渴望在恩典中有長進；他們為此事禱告，奇怪的是他們的祈禱未蒙答覆。因為主已經賜給他們一種必做的工作，藉此得以有所長進。試問在需要工作的時候，祈禱有什麼價值呢？問題是他們是否能盡力設法拯救那些基督為之而死的生命？靈性的長進有賴於你將上帝所賜給你的亮光傳給他人。你要竭盡智力，在你的家庭裏，在你的教會中，在你鄰舍之間，努力行善，一心為善。

不要因為在恩典中沒有長進，便任由憂慮在你的心中滋長，只要盡力完成你當前的任務，將救靈的重擔放在心上，用一切所能想得到的方法去拯救沉淪的人。你要存心仁慈、殷勤有禮、悲憫為懷；你要以謙卑的態度談論那有福的指望，談論耶穌的愛；談論祂的良善、恩典和公義；停止為你有沒有長進的事而煩惱。植物並不是因為有意識的努力才會生長的。……植物從不曾為它的生長而焦慮，它卻怡然自如地在上帝管理之下生長起來。

惟一在恩典裏長進的方法，乃是熱心的去作基督所囑咐我們作的工——關切而熱忱地竭盡我們所有的才能去支援，加惠於那需要我們幫助的人。……在誠懇、熱心、真實和愛心上不斷有長進的基督徒——這樣的基督徒是永不會離道悖教的……他的知識和才幹持續加增。他們似乎能夠理解最遠大的計劃。他們常準備參加一切能鼓舞人心，使人成長的活動，他們不容納怠惰，不允許停滯。

恩典的財寶是無限無量的。

基督徒的道路通向天國

但義人的路好像黎明的光，越照越明，直到日午。
箴言 4：18

　　青年人每天都可以從基督那裏領受恩典，於是就會發現他們遵照聖潔之道而行的時候，他們的光就越照越明亮。

　　在恩典中的長進不會使你驕傲、自恃和自負，乃要使你更加體會到自己的無用，必須全然的依靠主。在恩典中有長進的人，常常努力向上，對於福音完美的安排具有更清楚的眼光。青年人在基督裏可以自由；可以作光明之子，而不為黑暗所掌控。上帝呼召每一個青年男女要放棄一切惡習，殷勤不可懶惰，要心裏火熱，常常服事主。耶穌就必幫助你；使你不再停止服事主。耶穌就必幫助你，使你不再停滯於懶惰的狀態中，而不去努力矯正自己的錯誤，改善自己的行為了。你努力順從上帝一切命令的那一股活力，就證明出你祈禱的誠懇，你可以採取明智的行動，逐步揚棄一切惡習和其相關的所有事物，相信上帝會藉著祂聖靈的能力改造你的心。

　　不要袒護你品格上的缺點，卻要在基督的恩典中勝過它們，你務須與上帝的聖言所譴責的邪情惡欲角力，因為你若屈從於情欲就無異把自己降低了。要趁著恩惠甜美之聲呼喚你的時候認罪悔改，因為這是你所能作的，最高貴工作的第一步。要竭盡上帝所賜你的一切能力去勇敢爭勝。

　　義人的道路是向上進取的，力上加力，恩上加恩，榮上加榮。神聖的光輝愈照愈明，正好與我們前進的程度相配，使我們足以應付面前的責任和危機。

今日
操練

在恩典中長進

上帝啊！助我達到更高的境界

上帝啊，求你聽我的呼求，側耳聽我的禱告！
我心裏發昏的時候，我要從地極求告你。
求你領我到那比我更高的磐石！
因為你作過我的避難所，作過我的堅固臺，脫離仇敵。
詩篇 61：1 - 3

APR 4月
11日

豐盛人生

今日操練

在恩典中長進

　　你有沒有見過老鷹追逐怯弱的鴿子？鴿子的本能教牠知道老鷹若要捕獲牠的獵物，必須先行一步，在比牠更高的空中盤旋。因此鴿子向晴朗的碧空愈飛愈高，雖然老鷹緊緊跟蹤著牠，試圖尋找一個有利的機會，卻徒勞無功。只要鴿子不容任何的力量阻止牠向上飛，或引誘牠朝下降，牠依然是安全的；但牠若稍微躊躇，甚或往下飛；那警覺的仇敵就會突然急落捕獲牠的獵物。我們每每屏息注視這樣的場面，滿心同情這小小的鴿子，惟恐牠往下飛成了殘忍老鷹的犧牲品，這景象將令我們多麼憂傷啊！

　　在我們的面前有一場戰爭──就是此生與撒但及其誘惑人的試探作戰。我們的仇敵要用各樣的理論、各種的欺騙，來陷害我們；所以我們必須繼續懇切地努力方能獲得生命的冠冕。我們萬不可卸下軍裝或退出戰場，只等著獲勝，等著在我們的救贖主裏凱旋。

　　只要我們常常注目仰望為我們信心創始成終的主，就可以安全無虞了。但我們必須思念上面的事，不要思念地上的事。藉著信心，使我們在基督所賜的恩典上要繼續的達到更高的地位。因為我們日日仰望祂無比的美德，就漸漸改變得與祂榮耀的樣式相似了。我們若這樣與上天交往，撒但雖為我們布下了網羅也是徒然的。

智慧的開端

敬畏耶和華是智慧的開端；認識至聖者便是聰明。
箴言 9：10

APR 4月
12日

基督是人類有史以來最偉大的教師。祂直接從天上帶來了知識。祂給我們的教訓適合於現在以及將來的情形所需要。祂將人生正當的目的擺在我們面前，並指示我們如何去達到這些目的。

列於基督門牆之下的學生，沒有所謂畢業的那一天。在學生中間有年長的、有年少的。凡聽從神聖教師教訓的人，在智慧、氣質和高貴的品格方面皆時有長進，因而他們已預備好可以升入那更高的學府，在那裏的長進是永無止境的。無窮的智慧將偉大的人生課題擺在我們的面前——就是義務與幸福的教訓。但這些往往是難學的功課，若不學習它們，我們即不能得到真實的進步。即使我們要付上眼淚、勞碌和痛苦為代價，我們仍不可遲疑或厭倦，最後我們必聽見主的聲音說：「孩子，升上來吧！」

創造者所賦予人類的各種天賦、各種品性都當用來榮耀祂。而善用這一切，就會帶來最單純、最聖潔、最愉快的經驗。當人尊宗教原理為至上之時，在獲得知識，培養智力的事上，每前進一步就是在促進人性和神性同化，使有限者和無限者在合一的事上也邁進了一步。

若青年人肯向那位自天而來的教師學習，……他們會發現敬畏耶和華的確是智慧的開端。他們如此奠定了基礎，……就能善用每一權利、每一機會，並能升到智力的才能所能達到的最高境界。

豐盛人生

今日操練

在智慧和知識上有長進

111

智慧能保全生命

惟獨智慧能保全智慧人的生命。
這就是知識的益處。
傳道書 7：12

豐盛人生

今日
操練

在智慧和知識上有長進

《聖經》是我們的嚮導，點明得救之道，引領我們到達更高尚、更完美的人生。

轉離上帝的道去研讀那些未蒙啟示之人的著作，其心志就必因而萎弱，且貶值了，永恆真理精深博大之原則遂無從與之接觸。

每一位作教師、作父母的工作，乃是要使兒童和青年的思想集中於蒙靈感啟示之道（《聖經》）的偉大真理。這乃是今世和來生所必須之基本教育。不要以為這樣作，會妨礙了科學的研究或降低了教育的水準。有關上帝的知識猶如穹蒼之高，如宇宙之廣。沒有什麼課題能像研究關乎我們永生的事一樣，能使人有高貴活潑的能力。惟願青年人努力去領會上帝所賜的真理；他們的心志必因而擴展而堅強。如此作，必導致每一個行「道」的學生進入更寬廣的思想境界中，使他獲得極豐富的、不朽的知識。

惟有自上帝的聖言中才找得到純正可信的創造說明。……惟獨在《聖經》裏我們方能發現人類清白無污的歷史，被人類的偏見與驕傲所玷污。……在此我們可以和先祖與先知交往，聽亙古常在者向人類說話的聲音。在此我們可以看見天上的大君紆尊降貴，作為我們的代替者和中保，一手應付黑暗的權勢，為我們贏得了勝利。人若以敬虔之心去思想這些的題目，必使他的心思溫和，清潔而高貴，同時也要激發他的意志，增添新的力量和精神。

如何獲得知識

呼求明哲，揚聲求聰明，尋找它，如尋找銀子，
搜求它，如搜求隱藏的珍寶，你就明白敬畏耶和華，得以認識上帝。
箴言 2：3－5

別讓任何人以為這世上再也沒有值得他獲取的知識了。人類智力的深度是有限的；人類的著作是可以通曉的；但即使是最高、最深、最廣袤的想像力仍然測不透上帝。在我們所能理解的範圍之外，還有無邊的境地。我們只能看見神聖榮耀的一線微光，就是那無窮智慧和知識的邊緣而已；我們好像在礦地上挖掘，可是，那滿含金沙的礦物還是埋在下面，等待酬勞那些挖掘的人。礦的坑道必須挖得夠深，才能發現光耀的珍寶。藉著正確的信心，屬於神聖的智慧便能成為人類的智慧。

以基督的精神來研究《聖經》的人，沒有不能得到其賞賜的。若有人像小孩子般願意受教，並完全順服基督，就必在祂的《聖經》裏找到了真理。人若有順從的心，就能理會上帝政權的制度。天國恩典與榮耀的寶庫敞開了，人就可以去探測。藉著探掘真理的寶礦，人品日愈高貴，和現在相比也就大有差別了。救贖的奧祕，基督的道成肉身，祂的犧牲所成就的和睦等，就不像現今在我們心裏如此地模糊不清。對於這一切不但更為了解，而且全都能激賞不已了。

由經驗所獲得關於上帝和基督的知識，能將人改變得與上帝的形像相似。這經驗也使人有控制自身的能力，使一切的動機和情感……全為最高尚的智力所支配。使人與無窮者的思想有所接觸，向他敞開宇宙寶庫中豐富的珍藏。

豐盛人生

今日
操練

在智慧和知識上有長進

要謹守真智慧的謀略

我兒，要謹守真智慧和謀略，……這樣，
她必作你的生命，頸項的美飾。
你就坦然行路，不至碰腳。
箴言 3：21 － 23

我們要像小孩子般坐在基督的腳前，向祂學習如何成就有效的工作。我們要向上帝祈求，願祂賜我們明智的判斷力，和分贈給別人的亮光。所需要的乃是自經驗所生的智慧。我們不應讓一天的時間白白過去，卻沒有獲得屬世和屬靈知識的長進。我們不要打下木樁以後不肯拔出來，應在我們努力更近高境的時候再度打下木樁。最高尚的教育乃在乎鍛鍊意志，日日有所進步。每天晚上都應發現，我們距離那獲取得勝者獎賞的征途又更近一日了。日復一日我們的理解力要更健全。日復一日我們所得到的結論要帶給我們今生和來生更豐富的報償。每天仰望耶穌，而不注意自己的成就，就必然在屬世和屬靈的知識都有長進。

萬物的結局近了。我們不可讓以往所有的成就限制了我們的工作。我們的救贖主、元帥說：「前進。黑夜將到，就沒有人能作工了。」在效能方面我們要繼續前進。我們的人生要為基督的全能所支配。我們的燈要時常剔淨，長明不滅。歷代以來上帝將神聖的啟示賜予人類，藉此成全其旨意，逐漸地使人明白關於恩典的真理。祂傳授真理的方法乃是如《聖經》所描述的，「祂出現確如晨光」。那自己置身於上帝光照地方的人要精進不已，恰如黎明的表晨光逐漸變為日午的輝煌。

為工作而求智慧

我也以我的靈充滿了他，
使他有智慧，有聰明，有知識，能作各樣的工。
出埃及記 31：3

你不必到地極去尋求智慧，因上帝離你不遠。……祂渴望你要憑著信心去攀登。祂渴望你滿心期待祂為你成就大事。祂願意賜你聰明，可以理解屬世的和屬靈的事物。祂可以使你理智敏銳。祂能賦予你機智和技能。將你的才幹投入工作之中，向上帝求智慧，祂必賜給你。

凡常將自己的意志順服於那位無窮者旨意的人，必為上帝所引領、教導，並且應許他在屬靈的事物上，愈久愈有所長進。上帝不會去限制凡「在一切屬靈的智慧悟性上，滿心想要知道上帝旨意」之人的長進。

那些以上帝為他們效能的人會感覺自己的軟弱，而主必將祂自己的智慧賦予他們。他們如此天天依靠上帝，以謙卑、誠實和嚴格的正直遵行祂的旨意，他們的知識和才幹隨時都有增長。甘心樂意的服從，顯明他們是敬畏並尊重上帝的，而他們也必蒙祂重視了。

就但以理的情形而論，它已對我們顯示出上帝是經常預備聽允懺悔之人祈禱的事實，因此當我們專心尋求上帝的時候，祂必定要應允我們的祈求。在此也就顯明但以理的才幹和理解力的來源；並且只要我們向上帝求知識，我們也可以獲得更多的才幹，和屬天力量的福分。

豐盛人生

今日
操練

在智慧和知識上有長進

以善行顯出我的智慧

你們中間誰是有智慧有見識的呢？
他就當在智慧的溫柔上顯出他的善行來。
雅各書 3：13

豐盛人生

今日
操練

在智慧和知識上有長進

　　始終如一的行為防止了多少犯罪的可能啊！它能使許多人離開曲折的途徑走上公義的大道。上帝的子民要藉著規律、敬虔的行為，證明祂所賜予他們的，那偉大真理的力量。

　　一般自恃聰明的人，和那些不會憑一己之力去損傷或破壞上帝所賜智慧的人比較起來，這兩者之間有顯著的對比。人的言語或許是善良的，但若是他的生活中沒有顯出善行來，他的智慧仍是屬乎血氣的。真實的智慧是滿有溫柔、憐憫和仁慈。世人所稱為有智慧的手段，上帝視之為愚拙。他們因這種智慧而自滿，以致許多教會裏的分子竟成為靈性的破產者。他們沒有認清惟有基督的大能才使他們配稱為上帝的管家，替祂聰明地經營祂所託付的財物，因而忽略了獲得知識的機會，或適當地去運用所有的知識。她們沒有為自己預備天上的商品，所以他們所銷售的貨物便日漸貶值了。

　　單單有知識是不夠的。我們必須擁有正當運用知識的才幹。上帝呼召我們要顯出良善的行為，遠離粗暴虛偽之舉止。不可妄語，不可下苛刻的命令；因為這些必引起爭端。反而要在言談之中多說些給人以光明、智慧和有見識的話，就是能挽回人心、可信賴的話語。人若利用語言的恩賜，將其用在那些在那已派定工作上掙扎、努力，且需要鼓勵之人身上，並令其心中產生了音樂，就證明他有真實的智慧。

　　清潔的心，必湧出豐足智慧的珍寶。

大自然——開啟上帝聖言寶庫的鑰匙

要思想上帝奇妙的作為。
……那知識全備者奇妙的作為。
約伯記 37：14－16

　　整個自然界皆可作為解釋有關上帝事物的工具。對於亞當和夏娃而言，在伊甸家園的大自然中充滿了上帝的知識，處處都有神聖的教訓。他們雙耳專注聆聽那大自然的智慧聲音。智慧亦對他們的雙眼說話，他們也敞開心靈接受，因為他們就是藉著上帝所創造之物與祂交往。……大自然是上帝放在人類手中的一把鑰匙，要開啟祂聖言的寶庫。那看不見的要藉著所看得見的來加以解釋；神聖的智慧、永恆的真理，和無限的恩典，都藉著上帝創造之物而得以闡明了。

　　那住在伊甸的人怎樣從自然的課本學習，摩西怎樣在亞拉伯的平原和山上看出上帝的手筆，幼童耶穌怎樣在拿撒勒的山邊學習，今日的兒童也可以照樣學習祂。……地上的一切，從森林中最高巍的樹到附著於岩石上的苔蘚，從無邊的海洋到最小的貝殼，都足以令他們看出上帝的形像和手筆。

　　在探尋這些奧祕之時心志仍得以加強。……這一切都是提供給眾人研究的題材，在……遍滿全地的綠茵如席，百花似錦，……崇高的山嶺，花崗岩石，……天空鑲著閃光的珍珠使黑夜顯得美妙，日光所含的無窮財富，月色所顯的莊嚴銀輝，冬季的寒冷，夏天的炎熱，一年四季有神聖權能所管轄，完全毫無差錯地、和諧的運轉循環；這些課題足以啟人深思，激發最活潑的想像力。

豐盛人生

今日操練

在智慧和知識上有長進

祂使我的才能倍增

好，你這又良善又忠心的僕人，你在不多的事上有忠心，
我要把許多事派你管理；可以進來享受你主人的快樂。
馬太福音 25：21

豐盛人生

今日
操練

善用我的才能

　　上帝已賜給我們才能，要我們為祂而用。祂賜給某一個人五千銀子，另一個人兩千銀子，而另一個人又一千銀子。那徒具一種才能的人莫想隱藏他的才能不叫上帝看見。上帝知道他的才能所隱藏的地方。祂知道這才能於他是毫無所成。當主來的時候祂要向祂的僕人們說：「我所託付你們的才能，你們怎樣運用的呢？」那領受五千的，和領受兩千的報告說：因作了買賣他們已經賺了一倍的銀子。祂要向他們說：「好，你這又良善、又忠心的僕人，你在不多的事上有忠心，我要把許多事派你管理，進來享受你主人的快樂。」祂也必向那利用交給他的一千銀子的人說同樣的話。

　　對於那只領了一千銀子的人我要說：「你豈不知道你那一千銀子若善加運用，就可有一百倍的銀子交給主嗎？」你或問：「怎能有這樣的事呢？」要利用你的才能去使一位聰明的人悔改，那人能看清上帝與他之間所應有的關係。他要將自己放在主的那一邊，而當他把光傳給其他人的時候，就可以作為媒介，引領許多的生命來到救主面前。如此善用一種才能，就可能有一百個人領受真理。那一句「好」，並不是向原來領受最多銀子的人說的，乃是向那些誠懇、忠心為主運用他們才能的人說的。

　　我們在這個世界上，有一番大工程要做，我們也必須為那照在我們路上的每道光線交帳。欲將所有的光傳送他人，你就必領受更多的光，然後再傳送他人，這樣，必有大福臨到那善用他們才能的人身上。

言語的才能

你們的言語要常常帶著和氣，好像用鹽調和，
就可知道該怎樣回答各人。
歌羅西書 4：6

　　聲音是天賜的才能，應當用以幫助、鼓勵，並強化我們的同伴。若是一般的父母們愛上帝、遵守主的道，行公義、守公平，他們的言語……必有正當、純潔，能提拔別人的特質。不拘是在家中或在外，他們必慎擇良言而說話。

　　最利於培養發言恩賜之才能的學校，便是在家庭生活中。當多方研究如何說話才能使人不厭其言，乃要培養一種柔和、清晰、容易明白的聲音。……為人母親的應自己效法基督，在家裏說柔和慈愛的話。

　　正當的培養運用發言的能力，攸關基督徒的每一項工作；它牽涉到家庭的生活，也與我們彼此之間的交往息息相關。我們該使自己習慣於以柔和的聲音說話，使用純正的語音，說仁慈有禮的話。佳美和愛的言語如露水甘霖滋潤人的心靈。《聖經》論基督說，有恩典澆在祂的嘴唇裏，使祂「知道怎樣用言語扶助疲乏的人。」主也吩咐我們說：「你們的言語要常常帶著和氣」，「叫聽見的人得益處」。……若是我們效法基督的榜樣行善，人心必向我們開啟，正如向祂開啟一樣。

　　不要突乎其然地，乃要以神聖之愛所生的機敏發言，去向人講說關於「超乎萬人之上」的，和「全然可愛」的那一位。這乃是我們運用語言的才能所能作的最高尚的工作。

　　公義的言行所能產生的，為善的感化力，較比在講章中所能發生的更為強大得多。

今日
操練

善用我的才能

時間的恩賜

你們要謹慎行事，不要像愚昧人，當像智慧人。
要愛惜光陰，因為現今的世代邪惡。
以弗所書 5：15 － 16

豐盛人生

今日
操練

善用我的才能

上帝將恩賜賦予人，本意並非讓這些恩賜棄置不用，或是使人以此自滿；乃是要用來造福於他人。上帝賜人予時間的恩賜，是為要增進祂的榮耀。人若何時妄用時間滿足一己之私欲，則所浪擲的光陰是永遠不能挽回的。

我們的時間是屬於上帝的。每分鐘都是祂的，而且我們有最嚴肅的責任要利用這些時間來榮耀祂。祂所給我們的一切恩賜中要我們交帳的，沒有比時間的恩賜更為嚴謹的了。

時間的價值是無法計量的。基督看每分鐘都是寶貴的，我們也該珍惜每寸光陰。生命太短暫了，不該白白虛度。為預備來生寬容的時日已所剩無幾了。

世人的生命剛剛開始，死亡亦隨之來臨，因此人若不能獲得關於永生課題的真知識，一生一世的勞碌都將歸於徒然。凡把握時間，將其視為祂作工之日的人，必為自己永遠的住處，及享受永遠的生命而預備。這樣的人生在地上是有價值的。

人生是非常嚴肅的，不應該耗費在短暫屬世的事物上，徒自掛慮那些與永恆事物相較渺如微塵的事物。然而上帝還是召我們在一切生活的瑣事上事奉祂。殷勤克盡本分乃是信仰生活的一部分，如同敬虔忠誠一樣重要。《聖經》絕不讚許懶惰。懶惰是我們在這世上最大的禍患。每一位真實悔改的男女必是一個殷勤不懈的工作者。

生活中的每時每刻，都負載著永恆的成果。

錢財的恩賜

*「少種的少收，多種的多收」，這話是真的。
各人要隨本心所酌定的，不要作難，不要勉強，
因為捐得樂意的人是上帝所喜愛的。*
哥林多後書 9：6 － 7

　　分銀子的比喻讓我們看見了兩等人的差異。一等是以殷勤的僕人作代表，而另一等則以那又懶又惡的僕人為代表。兩者都已經接收了他們主人所託付的錢財。一個誠心努力尋找機會，將主人所授與他的恩賜用來使他人獲得惠益。他生活不是單單求自己的喜悅，不是在於滿足私心的欲望、愛好宴樂，和遊戲場所，或是企圖饜足其肉體情欲，似乎如此作才是他人生的目的；他乃時常沉著地思考，常記著他的信仰人生是短暫的。

　　使人有理財能力的乃是上帝，而且祂賜予這種才能，不是為要人去滿足己意，乃是要藉此將上帝之物歸還給上帝。人若存著這樣的心意擁有錢財，就不是犯罪。錢財是由勞力換來的，每一個青年人都應養成勤勞的習慣。人的錢財若是誠誠實實賺來的，《聖經》並不譴責。……我們若承認財富是屬於上帝的，這乃是一種福惠，當存著感謝的心領受，也當以感謝的心歸還賜予者。

　　錢財大有價值，因為它能成就許多善事。它在上帝兒女的手中，便是饑餓之人的食物，乾渴之人的飲水，和赤身露體之人的衣服。它也是受欺壓之人的保障，有病之人的幫助。除非是用它來預備生活的必須品，造福於他人，以及推進基督的聖工，則錢財本身的價值原等於沙土一般。

豐盛人生

今日操練

善用我的才能

力量是一種天賦

智慧人大有能力；有知識的人力上加力。
箴言 24：5

我們愛上帝，不單要盡心、盡性、盡意，也要盡力愛祂。這裏所包含的意義乃是要聰明地運用我們的體力。

是基督親自計劃……所羅門聖殿建築中的一切細節。早年曾經在拿撒勒村莊作過木匠的那一位，原是設計那使祂的名受尊榮之聖殿的屬天建築師。

一切正當的發明和進步都根源於那策劃奇妙、善於成就的一位。醫生精巧之手的觸覺、控制神經和筋肉的能力、對於身體奇妙構造的知識，這全都是神聖智慧的作為，為要減少不幸者的痛苦。木匠靈巧地運用錘子，鐵匠那使砧子回聲的臂力，都是從上帝而來的。祂既授人以才幹，也指望他們要向祂求指導。

《聖經》的信仰必須交織在我們一切的言行之中。……他們必須在一切所作的事上聯合，就是一切機械和農業的工作，並商業和科學。……在建築房子的工作上務要成全上帝的旨意，如同在參加崇拜聚會要成全祂的旨意一樣的重要。

論到但以理所辦的一切事務，我們就曉得他雖是在最嚴格的審查之下，卻仍尋不出一點把柄或錯誤之處來。他可以作每一個事務人員的楷模。他的經歷顯明人若獻上他的身、心、智力和體力為上帝服務，所能成就的將是何等輝煌。

豐盛人生

今日操練

善用我的才能

上帝賜我行善的能力

行善的屬乎上帝。
約翰三書 11

青年人有許多方法可以將上帝所賜予他們的「銀子放給兌換銀錢的人」，為建設上帝的國和祂的聖工而用，不求自己的喜悅，乃是要榮耀上帝。天上的大君，榮耀的王，以無限的犧牲來到我們的世界，為要提拔人類使之高貴。……經上記載說：「祂周遊四方行善事」。

在祂的葡萄園裏每一個人都有行善的機會。受苦的人類處處需要幫助。學生可以藉著合宜的言語，或為那需要的人作一點勞力的服務，而找到通入人心的道路。這樣作並不會降低你們的身分，反倒使你們感覺有上帝的嘉許在你們的身上。這就是將你們的銀子放給兌換銀錢的人作聰明的交易。你們的銀子就因此而增多了。

青年有盡力善用上帝所賜予我們的體力、智力的義務，使之對別人有益處，減輕他們勞苦，安慰傷心的人，勉勵絕望的人，使學生的心念遠離那對他們尊貴的人格時常有損、或傷害之事，而陷他們於無益的嬉戲與笑謔中，落入羞辱和敗壞之中。主願意人的心志要受提拔，去尋求更高尚、更尊貴的服務方式。

所謂真君子乃是願意犧牲自己的利益使別人得著好處，常盡力使心碎的人得安慰的人。

一切行善的能力都是上帝所賜予的。……人類所作的一切智慧良善的事都當將榮耀歸給上帝。

今日操練 善用我的才能

熱情和感動是寶貴的恩賜

愛弟兄，要彼此親熱；恭敬人，要彼此推讓。
羅馬書 12：10

豐盛人生

今日
操練

善用我的才能

　　善意的熱情，強烈的感動，和能敏銳地察覺屬靈的事，都是寶貴的恩賜，獲此恩賜的人實負有重大責任。這一切都當為上帝服務而用。但在此許多人做錯了。既有這些恩賜他們便志得意滿，而不積極地用來為別人服務。……富於情感的人在上帝面前有義務，他們不應只向他們的朋友表示情感，對凡需要他們幫助之人也當如此。善於交際也是一種恩賜，應該用以使一切在我們影響範圍所及的人得著益處。

　　恩賜的運用便是恩賜的增加。成功並非偶然或命定，乃是上帝旨意的成全，也是信心和謹慎的報償，德行和恆切努力的結果。主願我們善用所有的恩賜，並且我們若如此行，就必有更多的恩賜可資運用。祂並不以神奇的手段將所缺少的資格賜給我們，但當我們盡力善用所有的才能，祂必與我們合作，增進並加強我們一切的才能。每因熱誠懇切為主的工作而犧牲，我們的才能也必同時增長。……當我們領受並順從聖靈的提示，我們的胸襟也必擴展以致可以領受祂更多的能力，做更多、更完美的工作。潛力因而重振，癱瘓的機能獲得新生。

　　當我們設法拯救別人歸向基督的時候，在禱告中為生命懇求，我們自己的心必因上帝恩典所賜的生命而跳動，我們的愛也必顯出神聖的熱切，並且我們整個的基督徒的生活會更加實在、誠懇，更習於祈禱。

要剛強壯膽

只要剛強，大大壯膽，謹守遵行我僕人摩西所吩咐你的一切律法，
不可偏離左右，使你無論往哪裏去，都可以順利。
約書亞記 1：7

在約瑟、但以理和他同伴的歷史中，我們可以看出真理的金鏈是如何的將青年人連結至上帝的寶座旁。沒有什麼能引誘他們離開正直的行為。他們認定蒙上帝的悅納遠比君王的嘉許和稱讚更有價值，因此上帝就愛他們，用祂的盾牌護庇他們。因為他們的忠貞正直，又因為他們決心要尊榮上帝過於尊榮人的權勢，上帝就特別使他們在世人的面前得著尊榮。他們受了萬軍之耶和華上帝的尊重；祂的權勢掌管上天下地祂所創造的萬物。這些青年人露出他們的真面目並不以為羞恥。就是在王的朝廷裏，他們的言語、習慣和作為，都證明他們相信天上的主宰上帝。他們拒絕不肯屈從任何屬世的、足以削減上帝尊榮的命令。他們有上天所賜的能力，見證他們是忠於上帝的。

萬不可以你的旗幟為恥，要把它高舉起來，使它飄揚在世人和天使的眼前。……世人有權利知道每個有識之士將採取什麼行動。凡在他的生活中能表現堅固、確定、公正之原則的人，就必在他同人的身上發揮活潑的能力，而因他基督徒的人生感化了別人。許多人沒有看清，也沒有認識到個人或為善或為惡所有的影響是多麼大。

你今世的幸福和來世的永生全在乎你自己。……每一個人當考慮到他引領別人往何處去，這是何等重要的事啊。我們現在可以預先得見永恆的世界，所以我們應當認真地衡量自己的影響力所要付上的代價。

要給信徒作榜樣

總要在言語、行為、愛心、信心、清潔上，都作信徒的榜樣。
提摩太前書 4：12

豐盛人生

今日
操練

發揮正義的感化力

在我們生活四周的環境裏，凡與我們接觸的人，有意無意之間都會受到影響。……我們的言語、行為、服裝和態度，甚至我們面貌的表情，都有一種影響力。……這樣產生的影響就如落在土裏的一粒種子，將來必有其所收穫。它是人類這漫長的歷史之鏈中之一環，這鏈子延伸到什麼地方，是我們所不得而知的。若是我們的榜樣幫助了別人在良善的原則上有所長進，我們就是加強了他們行善的能力，然後他們要以這同樣的影響力去感化別人，別人再感化更多的人。如此因我們無意中的影響力，叫千萬人可以得福。

把小石子拋入湖心，便可激起圓形的漣漪，它一層一層地蕩漾開來，一直擴展到湖的四邊；我們的影響力也是如此，它超出了我們的知識和控制的範圍以外，或造福於人群，或貽禍於社會。

我們感化力的範圍越大，我們所能成就的善事越多，當那些自稱是事奉上帝的人誠實地效法基督的榜樣，並在他們日常生活中實行祂誡命的原則，當他們每一行動都證明他們確是盡心、盡意、盡力愛上帝，並愛人如己的時候，那麼教會就必有足以撼動全世界的力量了。

倘若青年們要為自己選擇一個崇高的標準，並有端正的品行，堅決地持守原理，再配合溫和與真誠的基督徒的禮貌，就為自己造成一種處處受人歡迎的、高貴完美的品格，並要發出一種有助於美德、節制和公義的強大感化力。這樣的人對於社會有極大的價值，遠比金子還寶貴得多，他們影響所及，自現在至將來，一直到永遠。

對熟識者和不信者有救人的感化力

甚至你們作了馬其頓和亞該亞所有信主之人的榜樣，
因為主的道從你們那裏已經傳揚出來。
你們向上帝的信心不但在馬其頓和亞該亞，
就是在各處也都傳開了，所以不用我們說什麼話。
帖撒羅尼迦前書 1：7 － 8

你若在一個人的心上能發揮使人得救的感化力，要記著，為這個悔改的人天上也有喜樂。……或者因你明智的努力作為媒介，可引領迷失的羊歸回到主耶穌的羊圈裏。你雖是年輕的，然而你應該和基督同工；有祂的靈在你心裏，你便能做到比現在所認為的更多的事。

若你的榜樣是像基督的。只憑這一點，毋須多說一句話，就能幫助許多人。耐心行善能夠幫助別人的腳踏上真理和公義的道路。要在你的出發點上慎重，然後就當穩健地繼續前進。

你堅決力行善良原則的心志，必有一種感化力使人走向正確的方向。你所能行的善事是絕無限制的。你若以上帝的聖言為你人生的準則，讓祂的教訓來支配你的行動，旨在使你一切的努力和義務都為了造福他人，……那麼成功必作為你努力的冠冕。

獻身於上帝的青年人要發揮為善的強大感化力。傳道人或年長的平信徒在青年人身上所能產生為善的感化力，不如獻身的青年人在他們同伴身上發揮的一半呢。

一種誠實、無私、敬虔之生活，就是一種默默無聲的見證，帶著幾乎不能抵禦的感化力。

一種自然、不知不覺的聖潔生活的感化力，就是使人佩服基督教最為有效的講章。

豐盛人生

今日操練

發揮正義的感化力

溫柔安靜的心所產生的感化力

你們不要以外面的辮頭髮，戴金飾，穿美衣為妝飾；
只要以裏面存著長久溫柔、安靜的心為妝飾；
這在上帝面前是極寶貴的。
彼得前書 3：3 — 4

使徒在此將內在與外表的妝飾作一對比，並告訴我們偉大的上帝所看為有價值的是哪一種。外面的裝飾是容易污損的。但是溫柔安靜的心，品格上美麗的均衡發展，卻是永不朽壞的。這樣的妝飾是不易埋沒的。在創造一切有價值的、可愛的、有美名的那一位看來，乃是無價之寶。

我們豈不應該誠懇的去尋求那在上帝眼中，比貴重的衣服、珍珠或金子更有價值之物嗎？這內在的妝飾、溫柔的恩賜，與天使的心意相和諧的心志，絕不會降低品格真實的尊嚴，或使我們在世人面前顯為不美。救贖主已經警戒我們要防備今生的驕傲，但不反對它的優點和它天然的美。

在服裝上克己是我們基督徒的本分之一。服裝要樸實，避免用寶石或其他首飾炫耀，原是與我們的信仰相符的。

最重要的一件事乃是我們……要藉著教訓和榜樣，證明我們正在培養宇宙主宰所認為一切最有價值的品性。這樣去作，我們為善的感化力真是大極了。

凡耗費時間和金錢，藉著外表的炫耀和虛假的禮貌來惹人注意的，他們努力的方向錯了。他們所需要的乃是培養真實基督徒的禮貌和高貴的品格。……心志的優美、心靈的清潔，表現在面容上比外表的妝飾更有吸引力、更能感化人的心。

今日
操練

發揮正義的感化力

128

基督化家庭的感化力

我眷顧他，為要叫他吩咐他的眾子和他的眷屬遵守我的道，
秉公行義，使我所應許亞伯拉罕的話都成就了。
創世記 18：19

每一個基督化的家庭應該向世人證明基督感化力的能力及其
卓越性。

一個家庭中的每位成員，若都是和藹可親，彬彬有禮的基督
徒，其善良的影響至為深遠。別的家庭留意到這樣一個家庭所有
的結果，亦將效法它的榜樣，維護其家庭以防禦不良的影響。天
上的使者常常拜訪這以上帝的旨意為主的家庭。在神聖恩典的大
能之下，這樣的家庭就成了疲勞煩倦的客旅恢復心力之所。自我
受了軛制，正當的習慣養成了。別人的權利受到了審慎的認可。
掌舵的是那源於仁愛，使心靈得潔淨的信仰，管理著整個家庭。

一個有秩序有規律的家庭，為基督所作的見證較比講壇上的
影響力更為深遠得多。

一盞燈雖然渺小，只要長明不滅，就足以點燃許多別的燈。
我們感化力所及的範圍看來雖然窄小，我們才能有限，我們的機
會稀少，我們的學識淺薄；但只要我們忠心利用自己家庭的機
會，就有不可思議的機會在眼前。只要我們將家庭和心靈之門開
啟，接受生命的神聖原理，就必成為賜生命之能的管道。從我們
的家中有醫治的溪水湧流，從而產生生命、美麗和豐腴。

一個謹慎保守的基督化家庭在兒童和青年時期所賦予的影
響，能抵禦來自世俗的敗壞，是最穩妥的保障。

人若賺得全世界，賠上自己的生命，有什麼益處呢？
人還能拿什麼換生命呢？
我來了，是要叫人得生命，並且得的更豐盛。
——馬太福音16：26；約翰福音10：10

5月

MAY

健康
的生命

My Life
Today

我的身體屬於上帝

豈不知你們的身子就是聖靈的殿嗎？
這聖靈是從上帝而來，住在你們裏頭的；
並且你們不是自己的人，因為你們是重價買來的。
所以，要在你們的身子上榮耀上帝。
哥林多前書 6：19 － 20

　　生命原是上帝的恩賜。我們蒙賜予的身體，原是要用來為上帝服務的。並且祂希望我們要顧惜重視自己的身子。我們應當盡可能地維護身體的健全，使之保持在優良的靈性影響之中。

　　清潔而健康的生活，最利於培養基督徒的品格，並使心志與身體的能力均得以發展。

　　節制之律，必須控制著每位基督徒的生活。我們的一切思念必須為上帝所充滿，並常以祂的榮耀為前提。我們必須打破每一種迷惑我們的思想，以及引誘我們悖離上帝的影響。我們對上帝負有一項神聖的責任，要管轄我們的身體，控制我們的情欲和嗜好，不能任其誘導我們遠離了潔淨與聖潔，或使我們心意轉離上帝要我們去做的事。

　　凡忠誠真實地事奉上帝的人要做祂特選的子民，不效法這個世界，與世俗有別。他們所備的飲食，目的不在於助長貪饞，或饜足不正當的口腹之欲，乃是要保全他們自己最健強的體力，因而使心理的健康狀況也極良好。

　　我們的天父已將衛生改良的偉大福氣賜與我們。我們遂藉著聽從祂的要求而榮耀祂。……體力與心智和諧而健全地運用，其結果是幸福的；而心力與體力愈趨於高尚文雅，則真幸福愈為純潔而完美。

豐盛人生

今日
操練

完全的健康

人是照著上帝的形像造的

上帝說：「我們要照著我們的形像、按著我們的樣式造人。」
創世記 1：26

人是上帝創造的傑作，是按著上帝的形像造的，並且計劃成為與上帝互相應合的副本。……人是上帝最疼愛的，因為人是照著祂自己的形像造的。

亞當從他的創造主手中誕生的時候，他是高貴而魁偉，俊美而勻稱的。他較比現今住在地上的人要高出一倍以上，且十分均衡。他的容貌俊秀而完美。他的膚色既不蒼白，亦不蠟黃，乃是紅潤如少年般顯出健康的光彩。夏娃比亞當稍矮，她的頭略高於他的肩膀。她也是高貴的，身材勻稱，而且非常的美麗。

人從上帝手中出來時，心志與身體各方面都是完全的；既是完全無瑕的，所以也享有完全的健康。

上帝原來賦予人類的，是如此強大的生命活力，甚至足可抵抗因不良習慣所罹致的疾病，且綿延達六千年之久。

倘若亞當受造之時，沒有具備較今天人類高出二十倍的生命力，那麼人類由於養成了常常違犯自然律的生活習慣，恐怕早已滅絕了。

亞當、夏娃乃照著「上帝的形像和榮耀」受造，曾得到與他們高貴命運相稱的天賦。他們的體態勻稱優雅，容貌端正美麗，面色健康，煥發著快樂和希望的光彩，他們的外表與造他們的主相似。

豐美盛人生

今日操練

完全的健康

我奇妙的身體

我要稱謝你，因我受造，奇妙可畏；
你的作為奇妙，這是我心深知道的。
詩篇 139：14

豐美盛人生

今日
操練

保持強健的體魄

　　人體的構造，是我們所不能完全明白，其間的奧秘，雖是最有智慧的人也不能瞭解。……跳動著的心，搏躍著的脈息，以及身體一切肌膚筋絡，在活的機能構造之中，能循序運行，這全都出於那位無所不在上帝的大能。

　　人類的創造主預備我們身體的活機能。每一個器官的運作都顯出創造主奇妙聰明的作為。上帝也已經保證祂要維持人體機能經常健康，只要人順從上帝的律法，與上帝合作。每一管理人體機能的定律，都當視之為與上帝聖言同出於一神聖的來源，具有同樣的特質，和同樣的重要性。每一次不謹慎、不留心的行動，任何因忽視祂對於「人類的住處」所訂的規律，而損傷了主奇妙之機制的，就是違犯了上帝的誡命。在大自然界，我們可以觀看並欣賞上帝的作為，但惟有「人類的住處」為最可驚歎的！

　　必須瞭解這活的機制。奇妙機制的每一部分都當仔細的研究。

　　我們在研究生理學時，若能看出自己真正是「受造奇妙可畏」，就必發生敬畏的心。從此非但不願損毀上帝的作為，反要竭盡所能，成全造物主的榮耀計劃。這樣，我們就必覺得遵守健康的規律，並非一種克己或犧牲的事，而實在是一種無上的權利和幸福。

　　（編按：人類的住處，意指「心靈生命棲息之所」，即人的身體。）

上帝造人原是正直

上帝造人原是正直，但他們尋出許多巧計。
傳道書 7：29

健康方面的改革在三天使的信息中，乃是十分重要的部分。宣稱相信這改革的人，我們不應當退縮，要繼續前進，藉著自置於生命之律的正當關係中而確保健康，乃是一樁大事。

最重要的一件事，就是不論或坐或立都應有良好的姿勢。上帝所造的人是正直的，祂不但要人在肉體方面得益，也要人在心智與道德上得益；溫雅、莊重與沉著、勇敢與自恃，都是正直的姿勢所可促成的。

肺部必須盡可能予以自由活動。肺的容量是隨自由的活動而增加的；若受束縛與壓迫，其容量自必減少。因此，許多不良後果乃時常伴隨而來，尤其以那屈著腰背坐著工作的人最為顯著。在這種姿勢中不可能有深長的呼吸。不久一種淺促的呼吸便成了習慣，肺部便失去它膨脹的能力。——這樣不能吸取足夠的氧氣，血脈的運行也因而遲滯了。

僅次於正當姿勢的，乃是呼吸與聲調的訓練。那坐立正直的人，大概較比別人呼吸得正常些。……能求在演講或誦讀時有正確的發音，首先必須注重腹部肌肉在呼吸時有無充分的活動，使呼吸器官全無滯礙。發音的力量當出自腹部肌肉，而不是利用喉部的肌肉。這樣，方可避免咽喉部與肺部的過度疲勞而患上嚴重的疾病。

若要享有最佳的健康，必須求主賜福與我們，並且要盡一己之能處於對健康最有利的狀態之下。

豐盛人生

今日
操練

保持強健的體魄

清潔

並我們心中天良的虧欠已經灑去，身體用清水洗淨了，
就當存著誠心和充足的信心來到上帝面前。
希伯來書 10：22

豐盛人生

今日
操練

保持強健的體魄

　　使身體和心智雙方臻於健全，勤於清潔是最緊要的。人體的皮膚經常排出不潔之物。若不時常沐浴，周身千萬個毛孔很容易閉塞了，以致體內的那些應自毛孔排出的廢物堆積起來，變成其他排泄器官的重擔。……沐浴若行之得宜，足以抵禦寒冷，因為促進血液循環，使血液到皮膚皮層，得以順暢地運行。身心都增添精力，肌肉更加靈活，智慧也更敏捷。沐浴尤能安撫神經。

　　教導小孩子，使他們知道上帝不喜歡看他們身體骯髒，衣服破舊又不整潔。……保持衣物清潔整齊，就是保持思想純潔規矩的方法。……與皮膚接觸的每件貼身衣服，尤當保持清潔。

　　真理絕不會任她優美的足蹤，蹈於污穢不潔之途。……那曾經特別教導以色列民習於清潔的上帝，今日亦絕不會讚許祂子民家中任何不清潔的情形。祂以嫌惡的眼光注視著種種的不潔淨。

　　宅中有不清潔的，被忽略了的角落，必造成了心靈裏不純潔的，被疏忽的幽黯之隅。

　　完全的清淨，充足的陽光，以及謹慎重視家庭日常生活中的衛生，乃是避免疾病、並維護一家人愉快與活力的要素。

　　天國是純淨而聖潔的，凡要通過上帝聖城之門的人，必須在今日的生活中裏外外都要維持整潔。

運動

強壯乃少年人的榮耀。
箴言 20：29

適當的運動，乃是另一種寶貴的福氣。

每一器官和肌肉，在這身體機能之中各有其工作。身體構造上的每一個齒輪，都必須是靈活轉動、且不住運轉的輪子。大自然界精美奇妙的工作，必須不停地循序活動著，才能照其所計劃的得以完全。

試將一隻手臂包紮起來，只不過幾個星期的時間，再把它放開，你就會發覺比起那只經常運用及活動的手臂，那包紮過後的手顯然變得軟弱無力。所以不活動，對於周身的肌肉，都有同樣的影響。

不活動是疾病的成因，運動能增進並調和血液的循環。

對於健康的青年男子，嚴謹而劇烈的運動，能強化他全身的組織。⋯⋯若沒有這樣的運動，人的意志不能保持正常的作用。久而變為消沉呆滯，沒有敏銳的活力去發展自己的本能。

天上的諸靈經常活動不息，主耶穌亦在祂一生工作中給每一個人留下了榜樣。祂周流四方行善。上帝設立了順服運行的律例。無聲無息，繼續不停地，祂一切受造之物各自成全所派定的任務。海洋翻騰不息，生長著的花草，今天還在，明天便丟到爐裏，也達成它的任務，使田園中有華美的妝飾。樹葉飛舞翻騰，卻看不見有誰的手在觸動它們。太陽、月亮和星辰皆各有其使命，要在光輝之中去達成。⋯⋯至於人，既然我們的心智與身體都是按著上帝的形像受造的，故此也必須有所活動，以成就其所指定的崗位。

行動產生力量。

今日
操練

保持強健的體魄

勤勞

凡你手所當作的事要盡力去作。
傳道書 9：10

耶穌的一生是勤勉的，祂參與運動，成就各種不同、與祂在發育中的體力相稱的工作。祂在所指定的工作中，沒有時間去放縱於刺激的、無益的娛樂。祂……曾受過訓練以從事有益的勞作，並且忍受艱苦。基督親自在我們面前為青年和兒童樹立楷模。祂早期的生活是在有利於體力發展的條件之下，獲得道德能力來抵禦試探，以便在罪惡的拿撒勒城的腐化中，不致沾染污穢。

基督的教育過程中，要以祂受教於雙親的那一段時間，為最有價值。……心智與身體的活動，有助體力與智力雙方的發展，而成全其使命。祂那勤勉的隱密生活，杜絕了撒但的門路，不能以虛榮和炫耀來試探祂。祂的身體和意志都逐漸增強，預備承擔祂成年的義務，並履行後來落在祂身上的重大使命。

耶穌是一位熱誠恆毅的工作者。在世人之中，從來沒有誰像祂曾擔過那樣重大的責任。從來沒有誰像祂那樣，為世人憂患與罪孽，背負過那麼沉重的擔子。從來沒有誰像祂那樣，心裏火熱地為著人類的幸福而勞力。但是祂的一生卻是健康的。無論肉體和靈性方面都足以印證出那被殺獻祭的羔羊，是「無瑕疵無玷污的」。祂的身體與心靈都是一個模範，顯示在上帝的旨意之中，凡順從祂律法的人所應達到的境界。

豐盛人生

今日
操練

保持強健的體魄

營養的食物

你們為何花錢買那不足為食物的？
用勞碌得來的買那不能使人飽足的呢？
你們要留意聽我的話就能吃那美物，得享肥甘，心中喜樂。
以賽亞書 55：2

　　健康的革新之意義，乃是明智地選擇最符合健康原則的食物，就是以最簡便而合乎衛生的方法烹調出來的。

　　我們的身體全賴於我們所吃的食物所組成，身體的組織時常有新陳代謝；每一器官一切的活動，隨時都造成破損，而這些破損要靠著我們的食物去修補。身體的每一器官需要它應得的營養。腦部必須獲得其所需要的營養；骨骼、肌肉、神經亦皆各取所需。由食物轉化成血液，用血液去構成身體上不同的部分，這實在是一種神妙難測的程式；而這過程是持續不停的；於是每一神經、肌肉和組織，乃隨時得到生命與活力。

　　上帝已將豐足的食物供應人類，以滿足一種尚未敗壞的食欲。祂將地裏的出產，盡都擺在人的面前——食物種類之豐富，及其可口與營養的價值。論到這些，我們慈悲的天父曾說，我們可以隨意吃。水果、五穀和菜蔬，用簡易的烹調，免除各種香料和脂肪，再加上奶和乳酪，就成為最適於衛生的食物了。這些食物營養身體；使之有持久的耐力和敏銳的智力，是含刺激性的食物所不能供給的。

　　每餐的桌上應該有好看也好吃的食物，就是上帝憑藉祂豐盛的恩惠所賜給世人的。進餐應該是歡喜快樂的時刻。我們享受上帝的恩賜，應該以感謝的心，讚美施予的主。

　　上帝賜與我們地裏所產的水果和五穀，作為食物，使我們有健全的血液，鎮靜的神經和清晰的頭腦。

豐美盛人生

今日操練

保持強健的體魄

休息

祂就說：「你們來，同我暗暗地到曠野地方去歇一歇。」
這是因為來往的人多，他們連吃飯也沒有工夫。
馬可福音 6：31

豐盛人生

今日
操練

保持強健的體魄

　　雖然時間不多了，並且還有大工極待完成，但是上帝並不喜歡我們將工作的時間拖長，甚至沒有片刻的休息，藉以研讀《聖經》和上帝交往。對於增強屬靈力，自處於優勝的地位，從上帝那裏領受智慧，以便運用我們的才幹為主服務，而獲得最大的成效，這一切都是必要的。

　　耶穌雖曾說待收的莊稼多，而收割的人少；但祂並沒有催促祂的門徒不停的勞碌。……祂卻告訴門徒說：「你們已經精疲力盡了，若不休息片時，將不能繼續勝任未來的工作。」……我奉耶穌的名，勸你們要節省精力。等你們休息恢復了精神以後，就可以從事更多佳美的工作。

　　當門徒向耶穌述說他們的一切經驗，祂就明瞭他們的需要了。雖然他們的工作使他們意氣昂揚，勇氣百倍，但也使他們漸漸疲乏了。……所謂曠野地方，並非指一個荒涼無人居住的平原，乃是一個僻靜隱退之所，景色幽美悅目，能使他們精力恢復。他們在加利利的沿海，靠近一個名勝地區去尋覓那樣的地方。……基督徒的生活，並非全部為勞碌或默想所據。……祂知道用一部分時間休息，暫時離開群眾和工作的地方，就能使他們恢復疲勞。所以祂便設法帶他們離開熱鬧的城市，退到一個僻靜的所在，他與他們彼此之間享受一段寶貴的友誼。……耶穌的門徒，必須學習如何勞碌工作以及如何休息。今天，上帝所揀選的工人，必須領受基督的吩咐，暗暗地去歇一歇。

保全身體為聖靈的殿

豈不知你們是上帝的殿，上帝的靈住在你們裏頭嗎？
哥林多前書 3：16

上帝既賜給你一個住處（即心靈的住處，指身體而言），要你在一種最佳的狀況之中，為祂的服務與榮耀而小心保守著。你們的身子不是屬於自己的。……「豈不知你們是上帝的殿，上帝的靈住在你們裏頭嗎？」

健康乃是一種福氣，很少有人領悟其價值。……生命乃是一種神聖的委託，只有上帝能使我們好好地保護並運用以歸榮耀與祂。那鑄造這身體奇妙的結構者，祂要特別小心照顧並予以妥當保護，只要人所做的不與祂的原則相悖。祂所賜予我們的每項才能，祂必幫助我們予以增進，並且期望我們在祂的旨意之下善為運用。

青年時期應該養成良好的習慣，矯正已有的錯誤，要獲取並保守自制的能力，確立一生的計劃，並使自己慣於照著上帝的旨意，去安排一切的生活行為。

這身體的聖殿，必須保守清潔而毫無玷污，使上帝的聖靈可以居住其間。我們必須忠誠地保守主的產業，因為若濫用所賜予我們的能力，就必縮短了我們能用以榮耀上帝的時日。當記存在心，我們必須將一切——身、心、靈完全獻給上帝。這一切原是祂所買來的產業，必須聰明地善用，好讓我們可以保全生命的恩賜。藉著適當地充分運用我們的才能，去從事有益的工作，藉著保護身體各部分機能的健全，使心志、筋腱和肌肉都能和諧地工作，我們便能為上帝做最有價值的服務。

當我們盡一己之所能來維護健康，我們便可以指望有福之果必隨之而至，也可以憑著信心求上帝在保全健康的努力上賜福與我們。

凡事興盛，身體健壯

*親愛的兄弟啊，我願你凡事興盛，
身體健壯，正如你的靈魂興盛一樣。*
約翰三書 2

豐盛人生

今日操練

健康的要素

救主在祂所行的神蹟之中，顯示了一種運行不息的，扶持人和醫治人的能力。藉著自然為媒介，上帝是每天、每時、每刻都在工作著，養活我們、建造我們、恢復我們。無論身體的哪一部分受了損傷，一種修補的程式就會立刻開始；藉著人體自然的作用使之恢復健全。而這種自然修補的能力，就是上帝的大能。一切賜生命的能力，都是從祂而來的。所以人生了病，若得痊癒乃是上帝使他復原的。

從前，上帝對以色列人說：「我耶和華是醫治你們的。」這句話對於今日那些身體和靈性得以恢復健康的人，仍是一樣真實正確的。

「親愛的兄弟啊，我願你凡事興盛，身體健壯，正如你的靈魂興盛一樣。」這幾句話，足以表示上帝對於我們每一個人存有何等的美意。

清新的空氣、陽光、飲食有節制、休息、運動、適宜的食物、水的運用、信靠神力──這都是真實的治療方法。

自然界的萬物都是上帝所賜的福氣，預備幫助人類獲得身體、心志和靈性上的健康。這一切賜予健康的人，使他保持健康，賜予有病的人，使他恢復健康。

大自然就是上帝的醫生。清潔的空氣，使人愉快的陽光，美麗的花草、樹木、果園和葡萄園，人在這樣環境中的戶外運動，是有利於健康的──提供了永保青春之藥的環境。要恢復健康和幸福，沒有什麼能比在鄉間那幽美的環境中居住更有效了。

戶外的生活對身心皆有裨益。這是上帝使人恢復健康的良藥。

真正的宗教信仰與健康之律是並行而不悖的。

戶外運動

耶和華上帝在東方的伊甸立了一個園子，
把所造的人安置在那裏。
……耶和華上帝將那人安置在伊甸園，使他修理，看守。
創世記 2：8，15

　　亞當夏娃受託擔任「修理看守」園子的工作。那位宇宙之主所能供給他們的一切，雖然富裕，但他們卻不宜閒懶。委派有用的業務，對於他們乃是一種福氣，可以強健體格，開擴思路，發展品格。

　　男子和婦女都當在田間，在果園和菜圃裏工作。這能使神經和筋肉都健康茁壯。……使身體各部分都均衡地分擔重荷，卻使身體各部分的發展和運用得以平均，這事實屬必要。……上帝既創造神經和肌肉，自必有所作用。人體各機能若不活動就會導致痛苦和疾病。

　　因為缺少運動而死的人，較比死於操勞過度的人為多。鏽壞了的比磨壞了的更多。凡習於在戶外作適當運動的人，大概血液循環都很良好而旺盛。

　　早起運動，在戶外悠游自在地漫步於清新的空氣中，栽培花卉、果木和蔬菜，對於健康的血液循環是必須的。這也是安全的保障，可以避免傷風、咳嗽、腦充血或肺溢血、肝炎、內腎炎、肺炎以及其他各種病症。

　　每天都到戶外去作適宜的運動，即使忽略了若干室內的工作，也當如此行。

　　我們愈與上帝原定的計劃相和諧，對於恢復並維持身體健康方面，就愈居於有利的地位。

豐盛人生

今日
操練

健康的要素

我們呼吸的空氣

將生命、氣息、萬物，賜給萬人。
使徒行傳 17：25

空氣是上天白白賜予的福惠，使全宇宙皆為之感動。

肺部時時在排除廢物，但它也隨時需要呼吸新鮮的空氣。

凡期望過一種喜樂而活潑生活的人，無論男女老少都須記著，我們對呼吸空氣的倚賴較比靠所用飲食來得更重要。若非血液循環良好，他們無法達到此境界。無論他們的行業和嗜好如何，都當儘量多作戶外運動。他們必須對那使他們鎮日待在屋子裏，剝奪戶外運動的情形有所自覺，並要予以制勝，此乃是信仰上的一種義務。

空氣，上天寶貴的恩賜，是人人得而享有的，你如不拒絕它進入，它必隨強健的活力賜福予你。歡迎它進來，養成喜愛它的習慣，它必成為可貴的安撫神經的工具。……新鮮空氣的作用是要使血液循環旺暢地通過組織，使身體爽快，益增健壯。同時它也影響心志，使之平靜而鎮定。它刺激食欲，使食物的消化更為完好，而誘導安舒甜蜜的睡眠。

清潔而使人振奮的空氣，是上帝白白賜給人類的福惠，他們若不重視這豐盛的恩賜，讓它達成它應發揮的任務，就不可能享受愉快、健康、平安的生活。

這自由享用的新鮮空氣，是我們所能享受最豐富的福氣之一。

陽光

光本是佳美的，眼見日光也是可悅的。
傳道書 11：7

很少有人覺察出要享受健康和愉快的生活，必須有充足的陽光、清新的空氣和增進體力的運動。當戶外的陽光照耀時，我們想到那些被關在屋子裏的小孩子真是可憐。

你要使你兒女的衣著舒適。……也要讓他們常到戶外去運動，就能享受健康和幸福了。

在寒冷的早春，那從地裏長出來的，蒼白而弱小的穀苗，只要它享受了幾天由陽光所賜予的健康和生命，就必變成深綠色，顯示出自然的健康。請走出戶外，到那明亮而溫暖燦爛的陽光中去，……和植物一同分享生命的恩賜和醫治的能力。

屋裏的房間，若無上天白白賜予人類的愉快和生命的光線就不能視作已經預備妝飾妥當了。

上帝創造了我們這個世界，而淵面仍是黑暗的，祂說，要有光，就有了光，上帝看光是好的。我們是否要關窗閉戶，拒絕那上帝宣稱為好的亮光呢？

你若希望你的家庭成為甜美而可羡慕的，就使它充滿了空氣和陽光吧！……可貴的陽光可能使你的地毯褪色，但它卻使你兒女的雙頰，泛出健康的光彩。若有上帝與你同在，並存著誠摯仁愛之心，一個簡樸的家庭，因空氣與陽光而興盛。……就成為地上的天國了。

運動和自由地享用空氣與陽光—— 即上天白白嘉惠眾人的——必蒙賜予生命和力量。

豐盛美人生

今日
操練

健康的要素

水

耶穌回答說：「凡喝這水的還要再渴；
人若喝我所賜的水就永遠不渴。
我所賜的水要在他裏頭成為泉源，直湧到永生。」
約翰福音 4：13 — 14

豐盛人生

今日
操練

健康
的
要
素

　　無論對於健康或患病的人，清潔的水乃是天賜的恩澤。用得其宜，就能增進健康。水是上帝所預備的飲料，供人類和牲畜解渴的。多喝水，能幫助身體內部的需要，並且加添人身體抵抗疾病的能力。用在身體外部，水也是一種最簡便最有效促進血液循環的方法。

　　飲用清潔的水，呼吸新鮮的空氣，能增補重要器官的力量，潔淨血液，並幫助身體自治的功能以抵抗疾病入侵。

　　水是最佳的飲料，可以潔淨身體的組織。

　　倘若那些有病痛的人能藉著使用清潔的飲水，與大自然之能協力合作，則許多的痛苦都可以免除了。

　　水療法若使用得宜，也許能拯救許多的生命。要殷勤地研究，並配合謹慎的處理，在病榻之旁，獻上信心的祈禱。要鼓勵患者為他們自己向上帝祈求其應許之福。

　　那清涼提神的活水在乾旱不毛之地湧流出來，使沙漠開花，並使垂死之人得到生命；這乃是象徵那惟獨基督所能賜的，猶如活水一般潔淨，足以振奮、鼓舞人心的神恩。

　　在東方，水被譽為「上帝的恩賜」。

享受上帝創造之工

到第七日，上帝造物的工已經完畢，
就在第七日歇了祂一切的工，安息了。
創世記 2：2

　　上帝保留了第七日作為人休息的時間，旨在使人類得著益處，也是為了祂自己的榮耀。祂看到人類需要有一天可以歇息，放下他們日常的勞碌和掛慮，以免因六日的操勞和焦急沒有休息的時間，而使健康和生命都受到威脅。

　　主的安息日對我們和我們的兒女乃是一種福氣。……他們可以指示那盛開的花朵和初放的蓓蕾，高大的樹和美麗的草，教導他們上帝在六日之內創造了這一切，到第七日就安息了，並定這日為聖日。這樣父母們強調他們給兒女的教訓，於是這些兒女們看到自然界的萬物時，他們就會想起偉大的萬物的創造者，他們的思想必連結於自然的上帝——回想世界的創造，當安息日的根基奠定之時，上帝的眾子一同歡呼。

　　那在安息日像耶穌及其門徒一樣，走過田野，湖邊或森林，全家到教會裏去敬拜上帝的人，真是幸福的。

　　安息日吩咐我們從上帝創造的工作中，看出創造者的榮耀來。為此，耶穌利用自然事物的華美，來與祂寶貴的教訓相融合，祂甚願我們也如此做。在這神聖、安息舒暢的日子裏，我們應當較平日多學習上帝在自然界中寫給我們的信息。要研究救主的聖喻，就當出去到祂設立這些比喻的地方，就是在樹林和田間，在露天之下，在花草之間。我們如此靠近自然的心懷，則基督的品格在我們心中也就成為事實了。祂必向我們的內心述說有關祂平安和慈愛的信息。

一切為榮耀上帝而行

所以，你們或吃或喝，無論做什麼，都要為榮耀上帝而行。

哥林多前書 10：31

豐盛人生

今日
操練

凡事有節制

為了保全健康，凡事節制實屬必須——勞作要有節制，飲食要有節制。我們的天父賜以健康改良之光……使一切愛慕純潔聖善之人，知道如何善用他所施予的諸般美善的恩賜，藉著平日節制的生活，就得以因真理而成聖。

要非常小心地培養飲食方面的良好習慣。所吃的必須是能製造良好血液的食物，必須重視這精細脆弱的消化器官。上帝命令我們凡事要有節制，這樣行我們乃得以善盡保守自己健康的本分。……我們的胃所受的待遇，對於屬靈的經驗影響至深。或吃或喝若依照健康的定律而行，就能助長德行。

必須以原則為主，取代食欲和嗜好。……總之務要忠於上帝。凡立志事奉祂的人，祂都有所要求。祂願人的心志和身體都要保守在最佳的健康狀況之中，每一分能力和才智都要受制於神聖的管理，小心而嚴謹的節制習慣能產生活力。……在飲食、睡眠和服裝上的節制，乃是信仰生活中一大原則。真理進入心靈的殿宇，就指導著如何去照顧身體。

你愈遵守健康之律，就愈能敏銳地辨識試探而予以抗拒，並且更清楚地認識永恆事物的價值。願主幫助你盡你所能地善用眼前的機會和權利，使你日日獲勝，最後藉著羔羊的血，和自己所見證的道，得以進入上帝的聖城。

在勞力上要有節制

我所見為善為美的，就是人在上帝賜他一生的日子吃喝，
享受日光之下勞碌得來的好處，因為這是他的分。
傳道書 5：18

用以確立並維持身心健康的所有事物中，最有價值的乃是時間。喪失健康是很容易的事，但要恢復它可就艱難了。我們因勞碌過度或妄用，虐待了身體這活機能中任何一部分，以致使大腦或某一器官的功能變得萎弱或殘廢了，那是不堪忍受的。

那些以最大努力在一定的時間內去完成許多工作，甚至連他們的判斷力都顯明到了必須休息的地步，卻仍繼續操勞不願歇息的人，是絕無益處的。他們無異是舉債度日。他們耗費了來日所需的精力。當他們不顧後果冒險地耗盡了精力，一旦需要時，就難免一敗塗地了，⋯⋯在他們需要之時，體力的資源已枯竭，凡違背健康之律的人，無論早晚，或多或少都難免要受些痛苦的。

在過度的疲乏與勞碌之下，他們便漸漸萎弱而衰老了，這並非上帝所加給我們的重擔，乃是他們偏執己見去作上帝的聖言所禁止他們做的事而導致的後果。

我們沒有義務要自置於過度操勞的情況下，或者有人偶而要應付這樣的情形，但必須視為例外，而絕非常規。⋯⋯我們若盡一己之本分敬重上帝，祂必盡到祂的本分，保護我們的健康。我們若在飲食、服裝、勞作，以及其他各方面，能實踐節制，則我們為自己所做的，絕無任何一個醫生能夠替我們做成。

不可試圖將兩天的工作合併在一天之內去做成。

美盛人生

今日
操練

凡事有節制

不要晝夜顛倒

懶惰人哪，你要睡到幾時呢？你何時睡醒呢？
箴言 6：9

MAY 5月
19日

豐盛人生

今日
操練

凡事有節制

健康是一大珍寶，是人類所能享有的最大的福氣。財富、尊榮和學問，倘若必須以喪失健康的活力去換取，則所付的代價就太高了。倘若損失了健康，則上述任何一項成就，均不能保證你會幸福。若妄用上帝所賜予我們的健康，實是一項大罪，因為每當健康遭濫用，必削弱生命力，使我們成為失敗者。

日夜顛倒的生活竟成為多麼流行的風氣。許多青年人早晨偷懶貪睡，當鳥兒清晨歌唱，大自然的萬物醒來之時，他們就應該一同起身。願青年人養成就寢與起床皆守定時的習慣。……願他們心中決志鍛煉自己，使生活規律化。上帝是一位有規律的上帝，所以青年人有嚴守規律的義務，因為如此行對他們是大有助益的。

建造、修補身體的工作既是在睡眠的時候進行的，則定時及充分的睡眠，實為必要，尤其對年輕人更是如此。

多年愛好宴樂的人參赴時髦的夜宴，將上帝所賜、恢復體力的休息與睡眠的時間，耗費在刺激性的娛樂中。……因此奪去了臉上健康的光彩，就不得不以化妝品來彌補缺憾了。

這樣看來，若戒除了晝夜錯置，晨昏顛倒的習慣豈不是椿美事嗎？青年人若能養成了遵循順序的習慣，則他們在健康、精神、記憶力，與氣質等各方面都要有所長進。

讀書要有節制

我兒，還有一層，你當受勸戒：
著書多，沒有窮盡；讀書多，身體疲倦。
傳道書 12：12

　　勞心的活動若沒有和勞力的活動相配合，就會令適量的血液湧聚到腦部，大腦的血液過多，而四肢的太少，這樣血液的循環就不均衡了。所以讀書和遊樂活動的時間，務要加以細心的支配，而且應該把一部分時間，留下從事勞力的工作。

　　除非每天保留一部分的時間在戶外作舒筋伸展活動之用，身體的健康是無法維持的。必須有固定的時間去做某一種勞力的工作，不論是做什麼樣的工作，只要使全身都能活動就好了。要使得勞心與勞力均衡不偏倚，心志……的疲勞就必恢復了。

　　用心的人思慮太多使腦力耗用過度。他們往往濫用智力，而另一等人最高的目的便是肉體的操勞。後者不肯運用他們的智力。他們運動了肌肉，但他們大腦的智力卻被剝奪了；如同思慮之人的大腦固然有所活動，但因他們忽略了肌肉的運動，所以他們身體的精力同樣的被奪取了。……健康足夠成為一項有力的誘導，使他們將身心聯合作適宜的運動。

　　道德、才智和體力的修養，都應該同時進行，以便培養成的身心皆有均衡優良發展的男女們。因此有些人足以發揮強大的智力，而另一些人則在勞力方面有所成就。這兩種人應該努力補足他們的欠缺，以便將自己完全獻給上帝，當作活祭，是聖潔的，是上帝所喜悅的，而且他們如此事奉也是理所當然的。

　　應當謹慎地保守身體的健康，猶如保守品格一般。

豐盛人生

今日操練

凡事有節制

合宜的服裝

她不因下雪為家裏的人擔心，因為全家都穿著朱紅衣服。
箴言 31：21

豐盛人生

今日
操練

凡事有節制

　　我們的衣服固然要正派而樸素，但質料要好，色調必須合宜，並且適於工作。選擇衣料時，應以耐久，保溫，又能予身體以適當防護者為佳，不能只顧美觀。〈箴言〉描寫賢慧的婦人說：「她不因下雪為家裏的人擔心，因為全家都穿著朱紅農服。（按英文《聖經》小字注穿著袷袍）」

　　我們的衣服必須清潔。不潔的衣服是不衛生的，且足以污損身體和靈性。

　　衣著在各方而都必須合乎衛生，「凡事興盛」，上帝也願我們「身體強壯」──靈性和身體都健壯。我們和祂同工，以求身體和靈性的強壯。而合乎衛生的衣服，能促進身心兩方面的健康。

　　衣服自當有莊重、美觀和自然樸實之風。基督警戒我們防備今生的驕傲，但祂並不是叫我們拒絕端莊和自然之美。祂指著田間的野花和含苞待放的百合說，「所羅門極榮華的時候，他所穿戴的，還不如這花一朵呢。」基督這樣說，是要借自然之物，表明上天所重視的是什麼樣的美，使我們知道怎樣穿著樸質、清潔而高雅的衣服，以討主的喜悅。

　　完全的健康是在乎健全無礙的血液循環。對於四肢要格外留意，使之和胸部能有同樣適宜的衣著。

　　願我們姐妹們的衣著要樸素，就像現在有很多姐妹們所穿的一樣：質料好、經久耐穿、樸質無華、也合乎時代的款式；而且不要讓衣著的問題佔據了思想。

飲食要規律

當叫眾人知道你們謙讓的心。主已經近了。
腓立比書 4：5

規律的飲食對身體的健康和心情的安寧極其重要！

一般兒童在飲食方面以及幾項重要的關鍵因素上，都沒有受過多少教導，譬如什麼時間吃，如何吃，以及應該吃些什麼等等。他們任意放縱自己的食慾，隨時進食，假使有看來垂涎欲滴的水果擺在他們眼前，他們就隨意取食，這樣一來，再加上所吃的蛋糕、糕餅、麵包、奶油，以及幾乎嘴不停吃下去的東西，就使他們成為貪吃並且消化不良的孩子。消化器官像一架持續不停運轉的機械一樣，就漸漸地衰弱了，腦部的精力被迫去減輕胃囊過度的操勞，因而智力也削弱了。在這不正常的刺激和大量消耗的精力下，孩子們的神經不安，不服管束，且任性易怒。……在這情形下，要讓他們知廉恥、識進退，並看明罪惡的可憎，實在是不容易的事。

糖果、糕餅、點心和一切零食，非在正當進食的時間，應當一概不吃。飲食若無定時，腸胃必不強健，腸胃不強健，全身就不能安逸快樂。

另一種有害身體的習慣就是睡前吃宵夜，……睡眠不酣，往往要做惡夢，早晨醒來，全身感覺不舒適，早餐也沒有胃口。當我們躺下就寢的時候，胃的工作應當完全結束，與身體其他器官一同休息了。

上帝的每條禁令，都是為促進人類的健康和永遠的幸福而設立的。

當他們（上帝的子民）擺脫了一切破壞健康的耽溺，就更加清楚瞭解真實敬虔的性質。他們在信仰經驗方面，必因此而顯出不可思議的改變。

豐盛人生

今日
操練

凡事有節制

但以理是節制的模範

王與他們談論，見少年人中無一人能比但以理、哈拿尼雅、米沙利、
亞撒利雅，所以留他們在王前侍立。王考問他們一切事，
就見他們的智慧聰明比通國的術士和用法術的勝過十倍。

但以理書1：19－20

MAY 5月
23日

豐盛人生

今日
操練

凡
事
有
節
制

　　但以理和他的同伴在受訓的三年中，一直保持過著節制的習
慣，效忠上帝的生活，以及對祂大能的恆久倚靠。等到他們的才
能和學識要受國王考查的時候，他們便與其他候選人一同參加考
試，以便日後為國家服務。他們敏銳的理解力、優美合宜的談
吐、廣博的知識，都證明他們具有健全活潑的智力。

　　上帝一向是尊重正義的。最有為的青年們都被那強大的征服
者從各國擄獲到巴比倫來，但其中都無人能與希伯來的俘虜相
比：那氣宇軒昂的姿態，玉樹臨風，容貌俊美，敏銳的知覺和無
穢的呼吸──這一切都是自然賜給那些凡順從自然律之人的光榮
表徵。

　　在巴比倫奢侈淫靡的宮庭裏，他們置身於誘人的影響之下仍
能屹立不搖。今日的青年也被許多誘惑他們放縱私欲的影響所包
圍。尤其在我們的大都市中，種種追逐情欲的事，悅人耳目，容
易叫人屈從。那些像但以理一樣拒絕玷污自己的人，必能獲得節
制習慣的報償。

　　但以理清明的頭腦和堅定的宗旨，以及他在獲得知識並抗拒
試探時所發揮的能力，大概要歸功於他每月淡泊的食物和祈禱的
生活。

　　要憑著上帝所賜你們做男子及婦女的資格，而屹立不移。上
帝必賜你們鎮定的神經、清晰的頭腦、正確的判斷力、和敏銳的
鑑別力作為報償。今日的青年，凡堅持自己之原則的，上帝必將
身體、心智和靈性的健康賜給他。

身體為心志的僕役

因為上帝賜給我們，不是膽怯的心，
乃是剛強、仁愛、謹守的心。
提摩太後書 1：7

身體各個器官都是為心志的僕役而造的。大腦是全身的首都，是精神動力和智力活動的中樞。與大腦相連的神經支配著整個的身體。大腦的神經系統將知覺傳達於全身的神經，形如通信電路一般，而且託它們管轄了全身的一切活動。行動的器官都順服地接受從大腦所發佈的命令。

遍佈整個人體的腦神經，乃是上天與人類相交通的惟一導體，影響到人心最深之處。凡擾亂了神經系統，電流的循環受到阻礙，就削弱了身體的活力，結果心思的感覺便遲鈍了。

身體若有任何一部分受到不正當的對待，就會立即把它的傷害報告大腦。

人人不單有權利，而且有神聖的義務要明瞭上帝為他們的身體所設的定律。……他們愈是熟悉人類身體的一切……就愈加努力使自己的身體服從心志高貴的能力。這些人必視自己的身體為一種非常奇妙的構造，為那無窮智慧設計者的傑作，既受託於他們，就要保守這由千萬琴弦所織就的音律於和諧之中。

欲擁有一個成功的基督徒生活，培養健全的心志，配合健康的身體實屬無比的重要。

心志和身體的全部能力，和諧而健全地運用，其結果便是幸福；而且這力量愈趨高尚而文雅，則所享受的福樂便愈見聖潔而純全。

豐盛人生

今日操練

健全的心志寓於健全的身體

在基督裏的安全感能促進健康

敬畏耶和華使人日子加多。
箴言 10：27

凡在上帝訓練之下的人，都需要一個安靜的時間，與自己的心、大自然，以及上帝相交往。……我們必須個別地傾聽祂對我們的心所說的話。當其他的聲音都止息了，我們安靜地侍立在祂跟前，由於我們心靈的寂靜就使得上帝的聲音愈顯清楚了。祂吩咐我們說：「你們要休息，要知道我是上帝。」……在忙碌的人群中，在生活窘迫的日常活動中，得蒙如此恢復的人，必有光明和平安的氣氛包圍著他。他在體力和智力雙方面都要得著新的賞賜。

只要心志機敏並將意念順服於主的這一邊，則身體的健康亦必有顯著的，不可思議的長進。

在心靈方面渴望醫治的患者到處都有。人類所生的疾病，十有八九是根源於此。……基督的福音……是惟一有效的良藥，因為它有安撫神經的強大能力。

在天國一切都是健康的；而且自天而來的深切感化力愈顯明地實現出來，則恢復健康的希望愈加可靠。

敬虔與健康的定律非但毫無衝突，反倒是完全協調的。敬畏主是一切真實與興盛的基礎。

我們要與上帝合作，來照顧我們的身體。愛上帝乃是生命和健康的要素。信上帝也是享受健康的要素。若要享受完全的健康，我們的心靈必須充滿著在主裏面的仁愛、盼望、和喜樂。

豐美盛人生

今日操練

健全的心志寓於健全的身體

因良心無虧而享受平安

愛你律法的人有大平安，什麼都不能使他們絆腳。
詩篇 119：165

你若知道自己的行為是良善的，並因造福他人而自覺滿意、心中愉悅，就會有一種歡慰之情充滿著你整個人，使血液循環通暢，全身為之振奮。上帝所賜的福氣有醫治之能，並且那多多造福於他人的，其心靈和生活雙方都必享受這樣的福惠。

凡致力於智慧和聖潔道路上的人，必不致因耗費了時間而心中空自悔恨；也不像別人若無法參與無益的虛浮消遣，心中便憂惶不安。

消遣固然能刺激心情於一時，但意氣的消沉必隨之而至。有益身體的勞作和適當的運動，對於心情自有其健康的影響，並且也會加強肌肉的力量，促進血液循環，結果成為恢復健康一個強大的因素。

善行的意識對於有病的身心是最好的良藥。上帝特別的福惠落在接受之人的身上，便是健康和力量。

行善對於施與受雙方皆有助益。你若為別人勞心的時候能夠忘卻自我，就戰勝了你自己的病痛。你從行善所獲的滿足感，能大大幫助你恢復健康的想像力。行善之樂能激發心志，且影響整個身體。

在上帝裏面心情安寧與知足的人，已經登上健康的坦途了。

豐盛人生

今日
操練

健全的心志寓於健全的身體

喜樂的心乃是良藥

喜樂的心乃是良藥。
箴言 17：22

今日
操練

健全的心志寓於健全的身體

精神和身體是息息相關的，彼此之間有十分密切的感應。精神對於人身體健康的影響，實非一般人所能察覺的。人所患的疾病有許多是因為精神不濟而引起的，諸如愁悶、憂急、不安、悔恨、罪惡、疑慮，都足以毀滅人生的精力，導致敗壞和死亡。

疾病有時是從幻想中產生的，也往往因過度思慮而加重。有許多終生因幻想而多病的人，若相信自己能夠痊癒，就不致纏綿病榻了。

勇敢、希望、信心、同情、仁愛，這些品性是延年益壽的。知足的心境、愉悅的精神，就如同身體的健康、精力的強健。

感激、喜樂、恩慈，信靠上帝的仁愛和照顧——這些乃是健康最大的保障。

還有保持並恢復健康方面的意志力與自制力的重要，以及忿怒、不滿、自私，或污穢之念足以傷精神、損害身體；而喜樂、無私，以及感恩之心具有奇妙的生活力，也是應當加以指明的。

《聖經》中有一種生理學方面的真理，是我們應當加以思想的，那就是「喜樂的心，乃是良藥。」

基督教真實的原理，乃是向眾人顯出無與倫比幸福的根源。

我們要激勵一種愉快、有盼望、且平安的心情，因為我們的健康全賴乎此。

善行良言促進健康

良言如同蜂房，使心覺甘甜，使骨得醫治。
箴言 16：24

慈愛、愉快、鼓勵的言語，其效果遠勝於最能治病的良藥。這些將勇氣帶給沮喪絕望的心靈，並帶給全家幸福和光明的善行良言，是勞碌所得賞賜的十倍。作丈夫的應該記著，訓導兒女的這個重擔大部分落在母親的肩上，並且她還負著陶鑄他們心志的責任。因此應該激發他溫慈之心，以真摯的關懷去減輕她的重負。他要勉勵她信任他深厚的愛，指示她仰望上天，那裏有力量、平安，和疲乏之人的安息。

他的仁愛和體貼，對於他的妻子必是一種可貴的鼓勵和安慰，同時他看見妻子快樂，自己心中也必得到安慰和快樂。

能作為天國最佳美的象徵，乃是一個有聖靈在其中作主的家庭。……凡足以破壞家庭裏的平安與合一的風氣，要堅決予以扼制，並且要珍重和睦與仁愛。

家庭應該是一個有喜樂、禮儀、和慈愛常在其中居住之處，而且凡有這些恩惠存在的地方，那裏就有平安和幸福。

那些在最不利的景況之中奮力謀生的人，或許就因為這無須償付代價的親切服務，而得著振興、力量和鼓勵。簡明仁慈的話語，親切單純的服務，能掃除那些集中於心靈眼界之前的試探黑雲。

在柔和、仁慈、和溫良的影響之下，必能造成一種能醫治而不致傷害人的氣氛。

MAY 5月
28日

豐盛人生

今日操練

健全的心志寓於健全的身體

健康與幸福

我將耶和華常擺在我面前，因祂在我右邊，我便不致搖動。
因此，我的心歡喜，我的靈快樂；我的肉身也要安然居住。
詩篇 16：8 － 9

基督徒應該與上帝十分親近，以便他能欣賞佳美的事物，「結滿了仁義的果子，叫榮耀稱讚歸於上帝，」（腓立比書1：11）他的心應該與感恩及讚美相唱和，他應該常常準備見證所領受的福惠，記著那一位曾說過：「凡以感謝獻上為祭的，便是榮耀我。」

人人都有義務培養愉快的心情以取代憂愁和煩惱的沉思。有許多人使自己陷入悲苦之中，同時因他們不健全的想像便犧牲了健康和幸福。他們的環境稍不如意，他們的面容便現憂戚之色，這較比所說的話更易證明他們心中的不滿之念。這些不愉快的感覺對於他們的健康是不利的，因為如此做就會妨礙了消化的過程，損耗了他們的營養。而憂思焦慮既不能補救任何的不幸，且大有損害；但是快樂與希望，一則能照明他人的道路；而另一方面「得著他的，就得了生命，又得了醫全體的良藥。」

基督來為要使這被罪惡所敗壞的世界恢復它原有的優美。在新天新地中絕沒有罪惡或疾病。……身體也要恢復了原有的健全。我們要披上我們救主無玷污的形像。

基督徒的品格自發展而到完全的地步，乃是一種漸進的向優美發展的程序。……心意既然更新而變化了，聖靈所賜的恩賜就顯露在面容上了，證明在心中作主的高雅、敏銳、平安、仁慈、和純潔、柔和的愛。

要「凡事……常常感謝天父上帝。」（以弗所書5：20）

罪得赦就帶來醫治

我的心哪，你要稱頌耶和華！不可忘記祂的一切恩惠！
祂赦免你的一切罪孽，醫治你的一切疾病。
詩篇 103：2－3

救主服事人的靈性，也顧及人的肉身。祂所傳的福音乃是一種靈性，肉體皆得恢復的信息。救人脫離罪惡也脫離疾病，兩者相輔相成。這同樣的職責，是授予凡信從基督的醫師。他必須與基督聯絡，一面解除人們肉體的痛苦，一面也供應人靈性上的需要。對於病人要作一個恩慈的使者，向他們那為疾病所折磨的身體和被罪擔所壓害的靈性，同時施以救藥。

當那可憐的癱瘓病人被帶到耶穌正在教訓人的屋子時，有一大群人蜂擁而至，阻擋了到救主那裏去的路徑。但是在可憐的患者心中已經燃起了信心和盼望，所以他建議朋友們把他抬到房子後面去。打開屋頂，將他縋到基督的面前去。他們就照著他的建議而行；而當病者躺在大有能力的大醫師腳前時，人為他要恢復健康的事所能作的已經成全了。耶穌知道這位受苦的人心中因罪惡所累，也知道他必須先擺脫這個重擔。救主以最仁慈的神色望著他，看待他不像陌生人，也不只是朋友，乃是把他當作一位已經成為上帝家裏的人來看待，便向他說：「小子，放心吧！你的罪赦了。」

許多人因心靈的疾病所受的苦比身體的疾病還要多，他們也必尋不著解救，惟有來到基督的面前，因為祂是生命的泉源。於是疲乏、孤獨、和不平的埋怨就停息了。心滿意足的喜樂要使智力活潑，身體健全而活力充沛。

今天基督仍感覺到每一位受苦之人的憂患。……祂知道如何向你說：「你痊癒吧！」吩咐受苦的人說：「不要再犯罪。」

豐盛人生

今日
操練

健全的心志寓於健全的身體

醫治萬病的妙方

凡勞苦擔重擔的人可以到我這裏來，我就使你們得安息。
馬太福書 11：28

豐盛人生

今日
操練

健全的心志寓於健全的身體

上帝醫治之能是充滿在自然界的。一棵樹若被砍斷，一個人若受了傷或折斷一根骨頭，自然的醫治之能就立刻修補傷處。甚至在尚未發生需要之前，那些醫治的能力就已準備好了；一旦某一部分受傷，所有的精力就專注於恢復的工作。屬靈方面的情形也是如此。在罪惡尚未造成需要之前，上帝早已預備了補救的方法。每一個屈從試探的人即使被仇敵擊傷、壓制了；但無論哪裏有了罪惡，那裏也就有了救主。

人若接受了那純潔的福音和福音的能力，他一切因罪而生的疾病，就可以得著醫治。那「公義的日頭」出現，其「光線有醫治之能。」

基督浸透人的全身的愛，乃是一種偉大的能力。每一重要部分——大腦、心臟、神經——都能被醫治。藉此，身體最高的能力都可以被振興活躍起來。人的心靈從此免於罪孽、憂悶和煩惱，解除了壓迫生命之力的重累，沉靜和安寧也就隨之而來。人的心靈被它注入了非世上物質所能取代的快樂——在聖靈之中的快樂——就是施捨與健康，賜予生命的快樂。

我們救主的話：「到我這裏來的，我就使你們得安息」，是醫治思想、身體、和心靈各方面疾病的良方。人們雖因為自己的過錯而痛苦，主還是用憐憫的心對待他們。他們可以在祂那裏得著幫助。祂必為凡肯信靠祂的人施行大事。

只要人能把他們心靈的窗戶向天開啟來接受神的恩賜，那醫治的功能就會如洪水般源源不絕地注入。

快樂的生命

My Life
Today

在青年時期要記念你的創造主

你趁著年幼、衰敗的日子尚未來到，就是你所說，
我毫無喜樂的那些年日未曾臨近之先，當記念造你的主。
傳道書 12：1

豐美盛人生

今日
操練

基督徒是真正快樂的人

　　但願我能夠描述基督徒人生的優美。從生命的清晨開始，即受自然和上帝的律法所管理，基督徒每日穩定地向前邁進、步步向上，一天天地接近他的天家，在那裏有準備要賜與他生命的冠冕和新的名字，那是「除了領受的以外，沒有人能認識」的。他在幸福、聖潔和作為方面持續長進。而且一年比一年進步。

　　上帝給青年人一個能通天達地的上進之梯。上帝在那道梯子的頂端，祂的榮光照耀著每一級階梯。祂注視著每一個向上攀登的人，預備好若是他們把持不住要鬆手之時、站立不穩要跌落之時，能予以援救。是的，我們要十分慶幸地說，沒有恆心攀登這梯子的人，是不得進入天上城邑的。

　　上帝的天使，就是雅各在異象之中所看見的，他們上下往返在這梯子上，要幫助每一位有志上進的人，直到攀登到高天之上。他們要保護著上帝的子民，注視著他們的每一步路，那些攀登這光輝之路的人必獲得獎勵；他們將享受主人的快樂。

　　對於年幼即具有虔誠美德的人，此美德將保證他能豐足地獲得一切使人生快樂的福惠。那些等到這短促的人生行將終了，才來尋求上帝的人，已損失了一生聖潔高尚的福樂——就是那追逐屬世之樂所無法獲得的。而那早已認識上帝的人，那些從幼年就自天上純潔的源頭領受福樂的人，都已預備要加入上帝的家庭之中。

基督在心中乃是快樂之源

要以祂的聖名誇耀；尋求耶和華的人，心中應當歡喜。
歷代志上 16：10

　　無數的人……渴望得著他們所沒有的東西。他們花錢買那不足為食物的，用勞碌得來的；買那不能使人飽足的。這些饑渴的生靈，既然持續地受制於那不能使人滿足的享樂，就必繼續饑渴下去。啊！但願每一個這樣的人都能傾聽耶穌的聲音說：「人若渴了，可以到我這裏來喝。」凡喝了這生命活水的，必不再渴了。……基督是生命的源頭，是平安與幸福之泉源。

　　青年人當因主至大的良善，祂慈愛的憐恤，及其溫柔的同情而尊榮主的名。他們能藉著有規律的生活，和敬虔的言談，尊榮祂的聖名以彰顯祂的恩典。他們如此行，品性會變得溫和可親，易怒的傾向也就消除了。

　　有基督久居於心靈中作為貴賓的人是最快樂的。家庭以敬虔作管理原則是最有福氣的。無論哪裏有基督自天而來的平安和祂的臨格，那裏的工人們必是最可靠、最忠實，也是效能最高的，在那裏發現了敬愛上帝的心。

　　在這世界上若離了耶穌，就沒有安慰，也沒有喜樂。我們要認祂為良友、為救主。在祂裏面有無與倫比的優美之地。但願我們大家在這短暫的恩典時期中所過的生活，能夠保證將來我們得與祂一同作王直到永永遠遠。

　　假若因信得基督居住在心裏。……你必是快樂的，心中充滿了讚美和喜悅。

豐盛人生

今日操練

基督徒是真正快樂的人

在基督以外沒有真實的喜樂

可以進來享受你主人的快樂。
馬太福音 25：23

豐盛人生

今日操練

基督徒是真正快樂的人

有些人之所以不能安寧，是因為他們不曾到那惟一幸福的真實泉源那裏去。他們常在基督以外去尋求那只有在祂裏面才有的喜樂。在祂裏面絕無失望的事。唉，祈禱這可貴的特權竟是如此地被輕忽了啊！……祈禱是基督徒的力量。雖孑然一身，他並不孤單；因他能感覺到，曾說「我常與你同在」的那一位正在身旁。

青年所需要的正是他們所沒有的，那就是信仰。信仰是沒有什麼可以替代的。

基督徒的盼望正是他們所需要的。對於有信心的人，信仰乃是一位安慰者，是一位引往真實幸福泉源的可靠嚮導。

除了基督的喜樂以外沒有真實的喜樂。人在基督以外所能獲得的快樂，乃如灰塵一般，令人大失所望。哪怕只是片刻，都切莫認為那些沒有信仰的人，能獲得真正的快樂。

離了信仰，沒有人能享受人生真正的樂趣。愛上帝，能夠潔淨並昇華人心中的嗜好和欲望。增強每一分善志，使每一種有價值的娛樂更趨向光明。它也使人更重視並享有一切真實善良和佳美的事物。

在真實的基督徒那裏，你必能在他們身上發現一種顯著的喜樂，一種聖潔的，欣然依靠上帝並服膺其旨意的心念，足能使人的心靈甦醒。

信靠上帝的愛，並信靠祂能使萬事互相效力，此種信心足以減輕煩惱和憂慮的重擔，使人無論處於順境或逆境之中，都可以擁有充滿喜樂和知足的心。真宗教能直接使人增進健康、延年益壽，使我們對它一切的幸福有高度的享受。它能為人開啟一個永不枯竭的幸福之源。

智慧和知識帶來快樂

得智慧，得聰明的，這人便為有福。
箴言 3：13

大衛受膏……是要暗示這個青年人，使他知道那等待著自己的遠大前程。

雖然他將躍居於那崇高的地位，但是依然安分守己地從事他的工作，等待耶和華依祂自己預定的時間表，按祂自己的方法，來實現祂的計劃。這個牧童像受膏之前一樣，依舊謙卑地回到山間，仍然溫慈地看守保護著他的羊群，但這時他以新的靈感來寫他的詩篇，輕攏他的琴弦。在他面前是一片亮麗絢爛的美景。

大衛正當他英姿勃發，精力暢旺的青年時期，準備承擔一個崇高的地位，堪與當時高貴的人物相抗衡。他用自己的才能，即上帝所賜給他最寶貴的恩賜，來頌揚那厚賜與人的上帝的榮耀。他利用深思默想的機會，使他在智慧和敬虔上格外豐富起來，得蒙上帝和天使的喜悅。

當他思念創造主的完全時，他對上帝就有了更清楚的認識。晦澀的題目得到了啟迪，艱深難懂的事物得以闡明，困惑矛盾的問題得以整合；每一線新的光芒使他發出新的樂音，寫出更美妙的詩章，歸榮耀給他的上帝和救贖主。那感動著他的慈愛，那環繞著他的憂傷和那追隨著他的勝利——這一切都是充滿他活潑思想的課題；當他在自己人生的一切遭遇中看到上帝的愛時，他的心就湧出了更熱烈的崇拜和感謝，他的口就唱出內容更豐富的歌曲，他的琴就彈出更歡樂的音調；於是這牧童的才智精進，能力日增，因為有耶和華的靈在他身上。

豐美盛人生

今日
操練

基督徒是真正快樂的人

《聖經》指示真正快樂之道

我喜悅你的法度，如同喜悅一切的財物。
……我要在你的律例中自樂；我不忘記你的話。
詩篇 119：14 － 16

《聖經》向我們闡明天國中探索不盡的財富和永存的珍寶。世人強烈的欲望，催迫著他們去尋求自己的幸福，而《聖經》對於這種欲望亦予以認可，並將全天庭要與人努力合作，以達到那真正的幸福指示給我們。它（《聖經》）啟示出基督賜與人類的平安所必須的條件。它形容那一個國家永遠光輝而幸福的家鄉，在那裏永遠不知道有眼淚和貧乏。

那本有洪福之望的書，教導你在凡事上務要誠實、節制、儉樸、殷勤、和正直。聽從它的勸導，將使你成為青年人的忠實夥伴，給你一種引導他們向上，並成全其純正品德的感化力；一種引導他們離棄罪惡，走向公義大道的感化力。

像這樣的人生是毫無樂趣的嗎？啊，不！這乃是充溢了安慰與滿足的。因為你將天國帶到你的生活之中來了，平安進入你的靈裏，同時證明「耶和華的律法全備，能甦醒人心。」

惟願所有的青年人都能明瞭，將青年的心獻與上帝是多麼有價值的事。眾天使正以何等的慈愛來保佑著那敬畏上帝，敬愛上帝的青年人腳步。耶穌認識他們每個人的姓名，而他們的榜樣也幫助別的青年行正直合宜的事。那些將上帝的警戒、勉勵的聖言，以及祂寶貴如珍珠的應許，珍藏在心裏以備隨時取用的青年，將作活潑的、傳遞光的導管。他與眾光之源取得了聯繫；於是那公義的日頭，就會將它具醫治之能的光線，傳入他的心靈，反射照耀著他四圍的人。

世上最快樂的人

遇見這光景的百姓便為有福（英文《聖經》作便是快樂的）！
有耶和華為他們的上帝。
詩篇 144：15

你若願意在所作的一切事上尋得快樂和平安，那麼你無論作任何事都必須顧及上帝的榮耀。你若渴望心中得平安，你必須誠摯認真地效法基督的生活。如此做就無須矯飾真正的愉悅，或從放縱矜誇和世俗輕浮之事中去尋取快樂。因為你從行善所享受到的安謐與愉悅，乃是錯誤的享樂行為中所無法得著的。耶穌取了人性，必須經過嬰孩、兒童、和青年的每一段人生歷程，才知道如何去同情眾人，為兒童和青年留下榜樣來。祂熟悉孩子們的試探和軟弱。本著祂的慈愛為凡信靠祂的人，開了歡喜快樂的泉源。因而藉著盡力尊榮基督；效法祂的楷模，兒童與青年必能得到真實的快樂。他們亦能從中感覺到，在偉大的救靈計劃中有責任與耶穌基督一同工作。青年若自覺在上帝面前有責任，他們必蒙救援脫離一切卑劣、自私和不清潔之事。對於這樣的人而言，他們的人生是極有意義的。他們知道有許多光明的大事等著他們去作。這樣必產生一種影響，使得他們殷勤、快樂，並有力量承擔人生的重擔，對付失望和艱難，就和他們神聖的模範一樣。

我懇切的勸你們，要時常思念你們對上帝所負的責任。你們所做的事，若自覺能蒙上帝喜悅，就必使你們在祂的大能之中得著力量，而你們若效法那楷模，便可以學像祂一樣，使智慧並上帝和人的喜悅，都一齊增長不已。

在一切事上以上帝為始、為終、為至上的，便是世上最快樂的人。

順服

耶和華又吩咐我們遵行這一切律例，要敬畏耶和華——我們的上帝，
使我們常得好處，蒙祂保全我們的生命，像今日一樣。
我們若照耶和華——我們的上帝所吩咐的一切誡命
謹守遵行，這就是我們的義了。

申命記 6：24 － 25

JUN 6月
07 日

豐盛人生

今日操練

幸福的大道

幸福必須循正當途徑，自正當根源去尋求，有人認為縱情於罪惡的享樂，或使人迷惑的世俗引誘之中，必可尋得幸福。還有人犧牲了身體和道德的義務，企圖以此尋覓幸福，終於喪失了身體和生命。另有一些人放任於放縱的食欲中以尋求快樂，認為饜足口腹之欲較比保全健康和生命更有價值。更有許多人使自己受邪淫情欲所纏繞，寧肯犧牲了體力、智力和道德力以滿足其邪欲。他們所行必導致夭折，下到陰間墳墓裏，在審判之日被指控為自殺者。

在這與自然律和道德律背道而馳的路上所尋求的快樂，是值得羨慕的嗎？基督的人生指點出幸福的真正根源，及其尋求之法。假使他們願意享有真正的幸福，就應欣然盡力去履行他們的義務，誠實地作分內應作之工，在心意和生活上與那完全的楷模一致。

無分男女老幼，他們的生命與幸福，健康和喜樂，全賴乎順從。順從是與他們今生和來世的福祉有關的。

我們在哪裏才能找到一位比獨一的真神上帝更安全可靠的嚮導呢？……什麼道路還能比那永在者所引領的道路更穩妥呢？我們跟從祂，絕不會踏入錯誤的，荊莽叢生的亂徑之間。

順從上帝，乃是導向德行、健康、幸福之途。

欣然行上帝的旨意

沒有異象，民就放肆；惟遵守律法的，便為有福。
箴言 29：18

對於那些愛上帝的人，他們至上的喜樂便是謹守祂的誡命，行祂所喜悅的事。

詩人說：「耶和華的律法全備，能甦醒人心。」（詩篇19：7）就它的簡明、確切、全備而言，耶和華的律法真是何等令人嘆服啊！它是如此的簡潔，使我們毫不費力就能將每一條律令留藏在記憶之中；它又是如此的廣博，可以表達上帝的全部旨意，不僅得以鑑識人外在的行為，連內心的思想、意向、願望和情緒也可以察知。人類的律法則無法做到此地步，頂多只能處置外在的行為。⋯⋯上帝的律法卻更注意到起伏於人心靈中的嫉妒、憎恨、惡念、報復、淫欲等未曾顯露於外表的行為⋯⋯而這些罪惡的情緒，有一天必要交帳。「因為人所作的事，連一切隱藏的事，無論是善是惡，上帝都必審問。」（傳道書12：14）

上帝的律法絕無神秘不可思議之處。人人都能理解其中所包含的偉大真理，連智慧最薄弱的人也可以領會這些原則。

順服律法實屬必要，不但關乎我們的得救，也與我們自己的幸福和一切與我們接觸之人的幸福有關。

人的幸福必須常以上帝的律法為保障。⋯⋯律法乃是上帝維護祂葡萄園的藩籬。因此，那些順服的人乃得以脫離兇惡。

在一切使人生有價值的事上，我們都欠了祂的債，祂所要求於我們的，乃是心中的善念，以及生活中的順服。祂的命令，若我們遵守了，就會給家庭生活帶來幸福，這幸福也惠及家中每一個人。

正直合宜的行為，必獲得平安與聖潔的喜樂。

豐盛人生

今日操練

幸福的大道

甘心聽從

你們若甘心聽從，必吃地上的美物。
以賽亞書 1：19

在順從祂國度律法的要求當中，上帝同時將健康與幸福，平安和喜樂賜予祂的子民。

敬愛並忠心順服於萬靈之父上帝的偉大原則，與孝敬並順從父母的原則是息息相關的。人若蔑視父母的權威，那麼，離蔑視上帝權威的地步也就不遠了。

在兒童時期稍早時，孩子便能夠領會那些告訴他們的簡明淺易的道理，藉著仁慈而賢明的管理可以教他們學習順從。身為母親的固然不可容許她的孩子有一次僭越的機會，也不宜以嚴厲的手段來維持她的權威；一種誠懇而從容的方法，使得孩子們信任你對他們所表現的慈愛，你就達到目的了。

當孩子們敬愛並信任他們的母親，且順從她，他們就已學到了成為基督徒的第一課。他們必須順從耶穌，愛祂、信靠祂，猶如順從父母，愛他們、信靠他們一樣。

勤快地經常順從父母賢明的管教，必能增進孩子們的幸福，使上帝得尊榮，使社會獲益。孩子們當接受教導，順服家規，他們乃得以享有完全的自由。基督徒也當學習同樣的教訓——順從上帝的律法乃是他們完全的自由。

孩子們若受適宜的管教，所能享有的快樂，遠比未受訓導、任性放縱的衝動快樂得多了。

今日
操練

幸福的大道

金科玉律

所以，無論何事，你們願意人怎樣待你們，你們也要怎樣待人。
馬太福音 7：12

救主訓示此一原則（金科玉律）為使人類快樂，沒有憂愁；因為捨此實無其他獲得幸福之途。上帝願男女都度高尚的人生。祂賦予生命的恩賜，並非要他們為追逐財富庸庸碌碌而活，乃是要藉著完成祂交託人類的工作，而增進他們高強的能力──這工件就是去發現同胞的缺乏而予以救助，人不當為他一己之私利而工作，應關心周圍每一個人的利益，藉著他的影響和善良的行為而造福於人。上帝這項旨意已在基督的生活中證明出來了。

善用每一個機會，嘉惠你周遭的人，將你的善意分贈給他們。和悅的言詞，同情的態度，感佩的表現，對於一個孤寂的人，猶如將一杯涼水遞給那乾渴的人一般；一句令人愉悅的話，一樁仁慈的行為，足可減輕那憂愁疲乏之人肩上的重負。惟有從無私的服務中方能獲得真正的快樂。因這種服務中的一言一行，都寫在天上的記錄冊裏，如同作在基督的身上一樣。……你當生活在基督之愛的陽光下，這樣你的感化力就能惠澤世人了。

為人勞力的無私的精神，使品格沉著、堅定，如基督一般的可愛，並有平安與幸福伴隨並賜予如此去行的人。

奉耶穌的名所履行的每一義務，所作的種種犧牲，皆帶來一種非比尋常的大賞賜。在盡忠職守的時候，上帝就發言將祂的福氣賜給你。

今日
操練

豐美盛人生

幸福的大道

喜樂與行善

我知道世人，莫強如終身喜樂行善。

傳道書 3：12

豐盛人生

今日操練

幸福的大道

青年們或許以為隨一己之喜好便可以尋得幸福，但他們如此做卻不能獲得真實的幸福。救主生前亦不是為求祂自己的喜悅而活。讀到關於祂的記載說：「祂周流四方行善事」。祂畢生以仁慈的服務為己任；安慰憂傷的人，幫助困乏的人，高舉被欺壓的人，在這世界上祂是無家可歸的，只有祂的朋友以親切敬慕之情，把祂看作客旅款待。然而有祂的同在，彷彿置身天國一般。祂天天遭逢試煉和試探，卻未失敗或灰心喪志。……祂常常忍耐而且樂觀，受苦的人視祂為生命、平安和健康的使者。

基督畢生的工作，為我們留下的乃是何等令人嘆服的榜樣啊！在祂的子女之中，有誰能像祂一樣為上帝的榮耀而活呢？祂是世上的光，那願為主做圓滿服務的人，必須從祂神聖的生命中點燃自己的燭光。

基督對祂的門徒們說：「你們是世上的鹽；鹽若失了味，怎能叫它再鹹呢？以後無用，不過丟在外面，被人踐踏了。」要謹慎小心，我們必須效法基督的榜樣。否則，我們就毫無價值──如同那失了味的鹽一般。

惟有效法基督的榜樣，我們方能找到真正的幸福。人若接受了基督，他的心就必成為順服的，原來的目標也改變了。

祂的服務加諸在你身上的約束，無非是為了要增進你的幸福。你若順應祂的要求，就必尋到平安，滿足和快樂；是你在罪惡之途中永不能得著的。

恆忍行善

這些事都已聽見了，總意就是：敬畏上帝，
謹守祂的誡命，這是人所當盡的本分。
傳道書 12：13

他（所羅門）為我們講述了他一生尋求幸福的經歷。他致力於知識的追求；滿足於娛樂的渴望；他竭力推展其通商及發展的計劃。他迷惑於周遭宮廷生活的奢糜與豪華。

所羅門坐在一個象牙的寶座上，御下階梯是純金的，環繞周圍的是六隻金獅子。他眼前是精心修整出來的美麗莊園，所見之處可愛非凡，佈置安排，皆盡可能地仿效伊甸樂園的樣式。自外國選購的花草樹木，增添了園亭的美觀。各類彩羽的珍禽，飛翔於林木之間，使空中有甜美的歌聲。青年的侍從，衣飾華麗，靜待奉行他輕率的旨意，他縱情於宴飲，又有音樂，遊戲和競技等等消遣的節目為他而預備，因而浪費了許多的金錢。

但是這一切並不曾為王帶來幸福。……放蕩的印記刻在他原來俊美而英明的臉上。年輕的所羅門有如此可悲的改變，他的額上，因憂慮和不悅而起了皺痕。……他的心中稍不如意，便破口大罵。

他受損的神經和疲乏的身體，顯明是已違犯了自然律的後果。他自己承認虛耗了畢生的光陰去追尋世間的快樂，結果卻徒勞無功。

有史以來，通向幸福之途的道路並未改變。恆忍行善，就能獲得尊榮、幸福和永遠的生命。

豐盛人生

今日操練

幸福的大道

善心與善行

你當倚靠耶和華而行善，
住在地上，以祂的信實為糧。
詩篇 37：3

JUN 6月
13日

豐盛人生

今日
操練

幸福的大道

真實的幸福，只有從善心與善行中才能尋到。純潔而高尚的快樂必臨到那忠於職守之人。

基督已將服務的工作交給了眾人。祂是榮耀的王。然而祂卻宣稱：「人子來不是要受人的服事，乃是要服事人。」祂是天國的大君，卻甘願降到世上來，完成祂父所託付祂的使命。祂使勞動成為高尚的事。為著給我們留下勤勉的榜樣，祂曾親手從事木工。自最年幼的時候起，祂就分擔了家庭生活開支的一部分責任。祂視自己為家庭中的一分子，而欣然負起祂所應承的義務。

兒童和青年應該樂於為父母分憂減勞，對家庭要表現出無私的關懷。當他們欣然承擔分內之責時，就是訓練他們去肩負艱巨的責任，作個有為的人。年年從學習中進步，漸漸脫離少年男女粗淺的經驗，進而有成年人的穩健堅毅。當他們能夠忠誠地完成了家中輕鬆而簡單的事務之時，這些男孩和女孩們就奠定了身體、道德的和靈性方面優越的基礎了。

有錢和有閒，被某些人認為的確是福氣；然而那些常常忙碌的，每天高高興興地去工作的人，卻是最快樂、最健康的人。透過適宜的勞動所產生的，有利於健康的疲倦，保證他們享受酣眠之益。命定人類為日用的飲食必須勞碌，以及將來要獲得幸福和榮耀的應許，兩者皆自一個寶座而來，並且兩者皆是福氣。

知足

敬虔加上知足的心便是大利了。
提摩太前書 6：6

充斥於我們家庭中的是太多的憂慮與重負，對於自然的簡樸、平安和幸福，我們卻很少珍視。應該少去過問外界的批評，多想到自己家庭範圍以內的人，為他們而留心。不應過度關注那世俗的禮數及形式上的殷勤，對家中的各個成員，要多以真誠的溫柔、仁愛、愉快和基督徒的禮儀為重。有不少的人需要學習如何使家庭為可戀慕的，一個快樂的地方。感謝之心與仁慈的表現，較之財富和奢華更有價值。倘若那裏有愛存在，必能滿足於簡樸的生活使家庭獲得快樂。

耶穌，我們的救贖主，以君王的威儀在地上行走；而祂心裏卻是柔和謙卑的。祂在每個家庭中乃是光，是福氣；因為祂帶著喜悅，希望及勇氣與人來往。啊，惟願我們安分知足，克制那些難以獲得的奢求，少為那些不易得到的，用以美化家庭的東西去奮力掙扎，恐怕因此反倒將上帝視為比珍寶還貴重的，柔和、安寧的精神忽略了。天賜的樸素、溫柔，和真實的愛情，能使最簡陋的家庭成為世上的樂園。寧以快樂的心情去忍受一切煩擾，勝似犧牲了平安和知足之心。

知足、平安和幸福的祕訣就在此。……真實的基督徒……要尋求去過著一種有益於人的生活，儘量使生活習慣效法耶穌的榜樣。這樣的人會尋找到真正的幸福，就是善行的報答。這樣的人會超越那被束縛的、奴役的人生，得享基督裏淡泊的自由和恩典。

豐盛人生

今日
操練

通往幸福的道路是永不關閉的

感恩

我要向耶和華歌唱，因祂用厚恩待我。
詩篇13：6

豐盛人生

今日
操練

通往幸福的道路是永不關閉的

　　即使每一個屬世的欲望都被滿足了，然而還是會有人仍像那染了可憎之疾的大痲瘋患者一樣，雖然得到潔淨與痊癒，卻不知感恩。基督使這些大痲瘋患者恢復了健康，被惡疾所破壞的身體也蒙祂重造一新，但是當他們發現自己已經痊癒了，卻只有一個人回過頭來，將榮耀歸給上帝。

　　從這十個大痲瘋患者的記載中所得的教訓，應喚起每顆心靈中最真切的願望——將不知感恩圖報之念改變成頌讚和感謝。但願那自承為上帝子民的，停止怨言與訴苦。但願我們記得那首先降下一切福惠給我們的至大的施予者是誰。我們有吃、有穿，而且生命也得以保全，豈不當教訓我們自己和孩子們，常存感恩之心以報答我們在天上的父嗎？

　　我們豈不是有足夠的理由，應該述說上帝的仁慈及其全能嗎？朋友恩待我們，我們因而時常想表達出心中的謝意來，這是應該的。所以我們更當歡歡喜喜地，對那位厚賜各樣美善及全備恩惠給我們的上帝，表示感謝。在每一個教會中我們要提倡感謝上帝的事，也應當訓練我們的口唇在家中常常讚美上帝。……藉著我們的捐獻，表示我們感謝每日所領受的恩典與眷顧。在凡事上我們要表彰出主的喜樂來，並且宣揚上帝救恩的信息。

　　凡彰顯基督品性的心，都有火熱的神聖之愛。他們滿心存著感謝之念。……高舉耶穌，用歌唱和禱告之聲將祂高舉——這髑髏地的偉人。當盡力熱心去傳福音。講述上帝愛世人的寶貴故事。在這工作之中，你必能心滿意足，直到永遠。

感謝與讚美

當稱謝進入祂的門；
當讚美進入祂的院。當感謝祂，稱頌祂的名！
詩篇 100：4

倘若我們獻上身心來事奉上帝，去從事祂所吩咐我們作的工，跟著耶穌的腳蹤而行，我們的心必成為神聖的琴瑟，每一根琴弦都要發出讚美和感謝之聲，歸與上帝所差來的，除去世人罪孽的羔羊。

基督願我們將思想集中於祂。……不看自己，只仰望耶穌基督，就是一切福惠，諸般恩典的根源，這對於上帝的兒女而言，是最寶貴，最有價值的心願。

主耶穌是我們的力量和幸福，是個資源供應室，供應人人隨時都可以取用的力量。當我們研究祂、談論祂，便能愈來愈清楚地看見祂──猶如我們接受了祂所樂意賜予我們的恩典和福祉的時候，就能夠對於別人有所助益。充滿了感恩之心，我們將白白得來的福惠分贈別人，如此一面接受，一面分贈，我們在恩典上便有所長進，於是甘美的頌讚與感謝之詞，便從我們的唇間湧出；耶穌親切的精神在我們心中激起感恩之念，我們的靈因穩妥安適的感覺而高舉了，基督取之不竭，用之不盡的公義，也因著信而成為我們的義了。

每當新的一天開始，就讓新的福惠和祂慈愛眷顧的表徵，喚起我們心中的讚美來。

早晨睜開了你的眼，感謝上帝保佑你度過了黑夜。因祂的平安在你心中而感謝祂。早晨、中午、夜晚，都要使感恩之念如香上升，直達天庭。

上帝的千千萬萬的天使，……保守我們抗拒邪惡，並擊退那圖謀覆滅我們的黑暗勢力。雖有時遇見顯然的艱難困苦橫阻在我們的路上，難道我們就沒有時時刻刻感謝祂的理由了嗎？

在小事上忠心

要給我們擒拿狐狸，就是毀壞葡萄園的小狐狸，
因為我們的葡萄園正在開花。
雅歌 2：15

從許多方面看來，人生的幸福全端賴於人是否忠心地擔承日常的職務。

疏忽了那些微小的瑣事，必毒害了人生的幸福。忠心成全一切小事，才得以構成此生能享有的幸福之總和，在小事上忠心的人，在大事上也必忠心；在小事上不忠不義的人，在大事上也必如此。

時機還未達到你能夠欣然樂意地負起這些職分之前，你將不配受託承擔重責巨任。擺在我們面前的這些卑微的工作，必須有人去作；而那些從事這等工作的人，應該感覺他們所作的是必須的，可敬重的事，雖然他們的工作也許是卑微的，但他們所做乃是上帝的工作，正如同加百列（天使長）奉差遣為先知服役一般。

在生活中這些微小的事上，足可發展各人的毅力，確立他們的品格。……在言詞、聲音、舉止、態度上，你均能表達耶穌的精神。凡忽視這些小事而自詡已準備將為主做一番驚人事業的人，則有陷於完全失敗的危險。人生並非全是由許多偉大的犧牲和驚人的成就所構成的，乃是若干小事的組合。

試將路旁最小、最普通的花朵拿來放在顯微鏡下察看，注意它每一部分是如何的精美與完全。照樣，在最卑微的人身上，也可以找出那真正的優點；那最平凡的職務，只要憑著愛心和忠誠去作，在上帝看來亦是美好的。

小小的關心，以及慈愛與克己的行為，像花朵的芬芳一樣，無聲無息地飄散出來——這一切在構成人生福樂的事上，其地位是不容小覷的。

家庭中慈愛的關懷

我們若彼此相愛，上帝就住在我們裏面，
愛祂的心在我們裏面得以完全了。
約翰一書 4：12

要使你的家庭中有慈愛和關心的馨香之氣。

家庭要作最純潔、最高尚的愛的中心。平安、和諧、善意與幸福，是每日所必須固守珍惜的，直到這些寶貴的特質都記在家庭每一個成員的心中。

世上之所以有這麼多殘忍無情的男女，就因為真實的愛心已被視為懦弱的表現，遭人反對和抑制。這等人善良的天性早在幼年敗壞殆盡，不能發展了；除非有神聖的光線能夠溶解他們冷酷無情的自私之心，他們人生的幸福已被永遠埋葬了。我們若是有柔和的心腸，如耶穌在世時有著神聖的同情，亦如天使看待有罪的人類一樣，我們就必須培養兒童般的同情心，因為那樣的同情是真純的。

無論何時要盡可能地稱許你的兒女。要盡可能地使他們的生活快樂。……要以慈愛和善意維持你心田中的土壤肥沃，為真理的種子而預備。……上帝所賜予全地的不只是雲雨，還有和煦的陽光，使種子發芽，使百花齊放。

一道嘉許的目光，一句鼓勵的話，必如陽光在他們心裏，常能使他們整天快樂。

丈夫和子女的幸福，對於為妻、為母的人而言，是比其他任何事都更神聖的。

豐盛人生

今日
操練

通往幸福的道路是永不關閉的

歌唱

祂使我口唱新歌，就是讚美我們上帝的話。
許多人必看見而懼怕，並要倚靠耶和華。
詩篇 40：3

豐盛人生

今日
操練

通往幸福的道路是永不關閉的

上帝要我們快樂。祂願使我們口唱新歌，就是讚美我們上帝的話。祂希望我們相信祂赦免了我們的罪孽，除去我們的不義，祂要我們在心中為祂譜寫美妙旋律。

惟願我們所說的每一句話，所寫的每一行字，都充滿著鼓勵和不動搖的信心。不要以為耶穌只作你弟兄的救主。祂是你個人的救主。倘若你常存著這寶貴的思想，你將……在你的心靈裏向上帝作成美曲。我們有權在上帝裏面誇勝，我們也有權引領別人去瞭解他們惟一的希望乃是在上帝裏面，奔向祂去求得庇護。

每一個向上帝奉獻的舉動都帶著喜樂，因為當我們尊重祂已經賜予我們亮光時，更多更大的亮光亦隨之而來。我們務須……敞開心懷，接納那公義日頭明亮的大光。在完全的順服中我們必擁有平安。

讓上帝的平安在你心中作主，於是你就有力量可以承擔一切苦難，並且因為你有忍耐的美德而歡喜快樂。要讚美主：談論祂的善良，述說祂的權能。要使那環繞你心靈的氛圍有馨香之氣。……要用心和靈與聲音相和，讚美那使你臉上光榮的一位，你的救主，你的上帝。

讓讚美和感恩在歌唱中表現出來。受試探的時候，不要表露我們的情緒，反要憑著信心獻上我們感恩的歌唱與上帝。歌唱常常是我們用來克服頹喪的武器，我們如此敞開心門讓救主的榮光照臨，就必得享……祂所賜的福。

大自然的幽美

耶和華的作為本為大；凡喜愛的都必考察。
……祂行了奇事，使人記念。
詩篇 111：2 — 4

　　起初創造如此華美而可愛的伊甸家園，給我們始祖居住的上帝，也為我們的幸福而將參天的大樹、美麗的花朵，以及自然界中每一樣可愛的東西賜給我們。

　　無論望向何方，都可以發現美麗的原始遺跡。無論搬遷何地，都可以聽見上帝的聲音，看到祂的作為。

　　千千萬萬的天籟，述說上帝的榮耀。在地上、空中、穹蒼之中各有其不可思議的色彩，變化中有華麗的對比，或柔美融合中的諧調，我們由此便看出祂的榮耀來。那永存的山嶺向我們述說祂的權能。樹木在日光之下搖動著綠色的旌旗，指點我們仰觀它們的創造者。花卉像寶石一般點綴在大地上，它們以美妙的低語，向我們述說伊甸的風光，使我們滿心渴慕那永不衰殘的勝景。碧油的綠草，像氈子一般鋪在褐色的地上，也告訴我們上帝是如何地眷顧祂最卑微的創造物。海洋的洞穴和地的深處，顯出了祂的寶藏來。那一位將珍珠放在海洋裏，將紫水晶和珍貴的橄欖石藏在岩石中的，乃是美麗的愛好者。旭日升空，作祂——就是創造一切的生命和光的主宰——的代表。一切妝點大地，光耀天空的燦爛與華美，都稱頌著上帝。

　　我們會不會享受了這一切的恩賜而忘了那賜予者？讓它們領我們去深思祂的良善和慈愛吧。在我們所居住之地，家庭中的一切華美，都要提醒我們想念那明如水晶的河流，搖曳生姿的樹林，活潑的泉水，光華奪目的城邑，以及穿著白色禮袍的聖歌隊，我們的天家——那榮美的世界，是沒有任何藝術家能夠描繪，也是人間的口舌所無法傳述的。

豐美盛人生

今日
操練

通往幸福的道路是永不關閉的

平安與平穩

公義的果效必是平安；
公義的效驗必是平穩，直到永遠。
以賽亞書 32：17

豐盛人生

今日操練

情感的成熟帶來幸福

　　心理學的真實原理都包含在《聖經》之中。人不認識自己的價值，只根據那沒有悔改的品性而行，是因為他沒有仰望那使信心創始成終的耶穌。凡來親近耶穌，相信祂並且以祂作楷模的人，就必確切地明白「給他們權柄作上帝的兒女」這句話的意義了。

　　凡經歷過真正悔改的人，將敏銳地察覺出必須恐懼戰兢的去完成自己得救的工夫，使罪孽的痲瘋所造成的傷害得以恢復，這乃是他自己的責任。這樣的經驗要使他們謙卑而信任地完全仰賴上帝。

　　要自覺有主的眼睛看顧我們，而祂的耳朵也垂聽我們的祈禱，乃是一種真確的滿足。要領悟到我們有一位永遠可靠的朋友，我們能夠向祂傾訴心靈裏面的隱祕，乃是言語所不能形容的權利。

　　凡享有耶穌基督宗教的人們，沒有疑慮不安，容易動搖，或見異思遷的；因為有基督的平安在心裏，就能使德性堅定了。

　　你不可讓任何事物掠奪你靈裏的平安、寧靜以及你現在蒙悅納的一切保證。要把每個應許據為己有；只要你履行主所定的條件，這一切都是屬你的。要放棄你原來自視聰明的路，採取基督的道，這乃是在祂的愛裏享受完全安寧的祕訣。

　　將自己獻上為基督服務的人所享有的平安，是世界所不能給予也不能奪取的。

心中喜樂面帶笑容

心中喜樂，面帶笑容；心裏憂愁，靈被損傷。
箴言 15：13

你若是身負重擔，心懷憂煩，也無須像枯枝上的樹葉那樣捲縮起來。愉快的心情和無虧的良心，比藥品還要好得多，在恢復你的健康這方面是大有功效的。

努力使自己心情愉快，將對你大有助益。……盡可能到戶外去享受微風與陽光的禮讚。鳥兒的歌聲和自然界的優美將喚醒你心中聖潔的感恩之念，使你敬愛那一位預知你的需要，並以祂無數之愛的表徵和恆久的眷顧，環繞著你的創造主。

在你有生之年，總要立一個生活的目標。要擷取喜樂的陽光來代替陰霾。要在上帝的花園中做一朵新鮮美麗的花兒，散出芬芳給你四圍的人。你如此行，生命就不致於短促；但毫無樂趣地怨尤叢生，必使你的壽命折損。

從你的生活中剪掉每一片敗葉和每一條枯枝，使你所表現的盡都是清新而活力充沛的。

基督徒的快樂是透過默念我們作為上帝兒女所享受的大福而產生的。使徒說：「我所親愛所想念的弟兄們，你們就是我的喜樂，我的冠冕，我親愛的弟兄，你們應當靠主站立得穩。」我們與上帝和好的保證，賜予心靈殿堂愉快的光照，在基督裏有永生的盼望，造福他人的喜悅，這些快樂永不夾雜任何憂愁。

基督徒應該作世上最高興、最快樂的人。

豐盛人生

今日
操練

情感的成熟帶來幸福

仁慈是基督徒的標誌

她開口就發智慧；她舌上有仁慈的法則。
箴言 31：26

豐盛人生

今日
操練

情感的成熟帶來幸福

你的感化力深達人心，你所觸及的沒有一根心弦的震動不是於上帝的。……要作一個「像基督」的人——根據崇高的意義而行的基督徒，乃是你的本分。你若與上帝時常接觸，藉著看不見的因素吸引你同情別人，留下深刻的印象，使你成為活的香氣叫人活。反之，倘若你自私自利、自高自大，存著世俗的觀念，那麼不論你的地位如何，已往的經驗如何，或者精通多少學問，假使你唇間沒有仁慈的法則，和藹芬芳之氣也未能從你心裏湧出，就沒有一件事能按該成就的做成。

仁慈、愛心和禮貌，這些都是基督徒的表徵。……在我們平日與人交往時，彼此都當記著別人經歷中，亦有令人不忍目睹，在人眼前要封閉的一章；有悲傷的歷史寫在天上的記錄冊裏，但這對於窺伺的眼目卻是要防守的秘密。其中記載著長期與難堪的環境艱苦的掙扎，這樣的事發生在家庭中，一天一天地漸漸把勇氣、信心和信任銷毀了。眼看著人性趨於墮落和淪亡之境。但是耶穌知道這一切，而且祂永不會忘記。對於這樣的人，仁慈和同情的言語，猶如天使的笑容一樣受歡迎；一位真實的朋友，伸出了堅強有力的援手與之相握，其價值實遠勝於金銀。

一位姊妹，弟兄或是朋友，以真實誠摯的態度，提供純正質樸的意見，有力量開啟那需要像基督聖言之芬芳，和樸質的基督之愛的精神去撫慰的心門。

愛能醫好許多創傷

親愛的弟兄啊，我們應當彼此相愛，因為愛是從上帝來的。
凡有愛心的，都是由上帝而生，並且認識上帝。
約翰一書 4：7

從基督徒的立場而言，愛就是能力。在這原則之內，也包括了智力與靈力。純潔的愛有特別的動力去行善，而且所行的盡都是善。它防止了不睦與禍亂，促進真實的幸福。財富往往有腐蝕和破壞的影響；權勢足以造成傷害；惟真理與善良，乃是純愛的本質。

人與上帝和好，以及人與人和好絕不致造成不幸。嫉妒不在祂心裏；邪惡的猜疑在其中無處可容；憎恨也不能存留。與上帝和諧的心，已超越今生的煩惱和試煉之上了。

撒但所種植在心中的——嫉妒、猜疑、惡念，誹謗、急躁、偏執、利己、貪婪和虛榮——必須予以根除。倘若任這些惡念盤據在心中，所結的果子將敗壞許多的人。啊！真不知有多少人在栽種毒物，扼殺了寶貴的仁愛之果，也污損了心靈！

惟有那從基督的心裏洋溢出來的愛才能醫治人。惟獨在內心有這愛的洪流，正如同汁液於樹身或血液在人體內暢流著的人，才能挽回那受傷的心靈。

愛的種種媒介具有奇妙的能力，因為它們也是神聖的。我們如果能學得那「使怒氣消退」的柔和的回答，那「恆久忍耐，又有恩慈」的愛，以及那「能遮掩許多的罪」的愛（箴言15：1；哥林多前書13：4；彼得前書4：8）。那麼我們的人生將賦有何等的醫治之能啊！我們的生活將有何等的改變，而使人間成為天上，得以預享天國之福！

不說使人傷心苦惱的話

人若愛生命，願享美福，須要禁止舌頭不出惡言，嘴唇不說詭詐的話；
也要離惡行善，尋求和睦，一心追趕。
彼得前書 3：10 － 11

豐盛人生

今日
操練

情感的成熟帶來幸福

　　倘若隨時謹慎自己所說的話，不容許詭詐的言語污穢了嘴唇，那麼不知道可以防止多少痛苦、墮落和禍患。倘若我們不說一句使人傷心苦惱的話，除非不得已的時候譴責罪惡，免得上帝蒙受羞辱；那麼不知道該有多少誤會、苦毒和煩惱得以杜絕。倘若我們多講些能鼓勵人的，有盼望和信靠上帝的話，那麼我們不知道會有多少光可以照亮別人的路，而這光必更加輝煌地反射到我們自己的心裏。……救贖的計劃已在《聖經》中啟示出來，為世人開闢了一條可以獲得幸福的道路，且使祂在地上的年日得以長久，蒙受上帝的恩眷；並把握著那將來與上帝相似的，永遠的生命。

　　有許多人因為遭受煩擾和困苦而怨嫉天意，殊不知這是他們自己的行為所必有的後果。他們似乎覺得上帝苦待了他們，殊不知他們所遭遇的不幸，他們自己是要完全負責的。我們慈悲仁愛的天父，既有其所設立的律例，對於那些順服的人，必能增進身體、心志和道德方面的健壯。

　　上帝要求我們，將我們自己的意志，順服於祂；但祂並非要我們放棄任何與我們有益的事物。沒有什麼人可以一心追求滿足自私的心意，而同時也享有快樂的人生。我們所能選擇的最聰明的途徑便是順從上帝的道；因為與之俱來的結果乃是平安、滿足和幸福。

　　倘若人自己與上帝之間有正常的關係，聽從祂聖言之指引，必可免除許多危難，享受平安與滿足，以致生活在喜樂之中，遠離煩累的重負。

十分平安

堅心倚賴你的，你必保守他十分平安。
以賽亞書 26：3

　　現今有許多人，因為在諸多事上想達到屬世的標準，就思慮煩擾，精神痛若。他們揀選了屬世的工作，承受了世俗的憂慮，染上了世俗的風氣。於是他們的品格受了創傷，人生有了煩惱。他們又因為要滿足自私的野心和塵世的欲望，竟不惜違背良心，為自己加添了悔恨的重擔。那種不間斷的憂慮，簡直把他們一生的精力消耗殆盡。我們的主希望他們卸下這奴役的軛，來接受祂所負過的軛；祂說：「我的軛是容易的，我的擔子是輕省的。」祂囑咐他們先求上帝的國和祂的義，並應許說，凡今生所需用的一切東西，都必加給他們。憂慮是盲目的，不能看透未來的事；惟有耶穌能從起初看到末後。在每一個困難中祂都有解救的辦法。我們的天父有千百種方法來幫助我們，是我們所不知道的。凡以上帝的工作和尊榮為重的人，必能看見困難消散，腳前出現一條康莊大道來。

　　基督的心，是完全與上帝和諧的，所以祂有完全的安息。祂從來不因人的稱讚而得意，也不因人的責難而沮喪或失望。處於最強烈的反對，和最殘酷的境遇之中，祂仍然是勇氣百倍的。

　　真正的幸福……可以在向基督學習時尋求得到。……凡相信基督的話，將自己的心靈交託祂保管的人，必得著平安和寧靜。有基督親自與他們同在，使他們快樂，世上就沒有什麼事能使他們憂愁。

　　使人得不到平安的，乃是專愛自己的心。

今日
操練

情感的成熟帶來幸福

信靠即安全

他永不動搖⋯⋯義人被記念，直到永遠。
他必不怕兇惡的信息；他心堅定，依靠耶和華。
詩篇 112：6 － 7

豐盛人生

今日
操練

情感的成熟帶來幸福

上帝已經在《聖經》中留下充分的憑據，可以證明《聖經》的神聖性質。凡有關我們得救問題的種種偉大真理，在《聖經》都已清楚地中說明。主已應許要賜聖靈給一切誠心祈求的人。人靠著聖靈的幫助，可以親自明白這些真理。上帝已經賜給人類一個穩固的根基，使人可以在其上建立自己的信仰。

但人們以有限的智力還是不能充分理解無窮之主的計劃與旨意。我們永不能測透上帝。我們萬不可用僭越的手，去揭開那遮蔽著上帝威嚴的簾幕。使徒說：「深哉，上帝豐富的知識。祂的判斷，何其難測！祂的蹤跡，何其難尋！」我們最多只能從祂向我們所行的事上，瞭解祂的作為和動機，以便體驗到那配合著祂無窮大能之無限仁愛與慈悲。我們的天父本著智慧與公義掌管萬事，所以我們萬不可焦躁不滿，惶惑不信，卻當屈身敬拜順服祂。凡與我們利益有關的事，祂無不儘可能將其旨意向我們顯明；至於在這些範圍以外的事，我們就當信賴祂全能的手和慈愛的心。

上帝雖已賜人充分的憑證，作為信心的根據，但祂不會為不信之人除去一切懷疑的藉口。人若想找疑惑的託辭，總是可以找到的。

不信上帝原是一顆沒有重生而且與上帝為敵之心的自然現象。但信心乃應聖靈的感召而生，並且惟有人保持信心，信心才能成長，若非下一番決心去努力，信心便不能堅強。⋯⋯我們只有虛心信賴上帝，並遵守祂的全部誡命才能得安全。

不要哀哭

你為什麼哭？
約翰福音 20：15

　　他們（使徒）時常說：「我們素來所盼望要贖以色列民的就是祂。」寂寞無聊心煩意亂之時，他們想起祂的話來：「這些事既行在有汁水的樹上，那枯乾的樹，將來怎麼樣呢？」他們聚集在樓房裏，關了門，下了鎖，因為知道他們所愛的夫子所遭逢的命運，隨時都可能落到他們的頭上。

　　在這段時間內，他們原可以因知道救主已經復活而歡喜快樂。在墓園中，馬利亞曾站在那裏哀哭，殊不知耶穌就在她旁邊。她因淚水蒙蔽了雙眼，以致竟認不出救主來。而門徒的心也是這樣滿了憂愁，以致不相信天使的信息和基督自己的話。今日有多少人也同這些門徒一樣。多少人發出像馬利亞絕望的呼聲：「有人把我主挪了去，我不知道放在哪裏。」救主可以對多少人這樣說：「為什麼哭？你找誰呢？」祂原來就在他們旁邊，但他們因淚眼迷濛竟認不清祂。祂對他們說話，他們竟不明白。

　　巴不得每一個低下的頭能抬起來，每一雙眼睛能睜開來仰望祂，每一雙耳朵能聽見祂的聲音。「快去告訴祂的門徒說，祂從死裏復活了。」……不要像那些沒有指望，無所倚賴的人那樣悲傷。耶穌是活著的，正因為祂活著我們也要活著。我們務要以感恩的心。和沾過聖火的口唱出快樂的歌聲：基督已經復活了！祂活著替我們祈求。務要持守這個指望，它就必保守你的心靈，如同堅固牢靠的錨。你若信，就必得見上帝的榮耀。

不要怕

你不要害怕！因為我救贖了你。
我曾提你的名召你，你是屬我的。
以賽亞書 43：1

豐盛人生

今日
操練

基督在你身邊

我們所遭逢的試煉往往從外表看來幾乎都是不堪忍受的；沒有上帝的幫助，也實在是忍受不了。若不依靠祂，我們就必深陷於那伴隨著憂患與哀愁產生的責任重累之下。但是我們若以基督為我們所依靠的，我們就必不致墮入試煉之下了。當一切看起來都是幽暗不明，無可解析的時候，我們當信靠祂的愛；我們必須默念並重述基督的話：「我所作的，你如今不知道，後來必明白。」

你不要以為耶穌仍在約瑟的墳墓裏，而且還有一塊大石頭擋著墓門。……當你的信心遭逢試煉的時候，要表明你確知有一位復活的救主，為你和你所愛的人代求。

《聖經》將我們幸福的責任加諸於我們自身。我們當仰望生命之光。有為與否全看我們自己的行動如何。

我們大家都如此渴望獲得幸福，有許多人卻得不著，因為他們只尋找幸福，而不為之奮力尋求。我們必須努力，十分懇切認真地，使信心融合於我們一切的欲望裏。於是幸福悄然降臨，幾乎像未經我們尋求一般。……當我們能夠在任何令人難堪的情形之下，仍能坦然信靠祂的愛，並將自己關閉起來與祂同室，安心倚靠祂的慈愛，於是祂與你同在的感覺，就會生出一種深邃的寧靜之樂來。這樣的經驗會為我們培養成一種使我們不急躁、不憂慮，始終倚賴那無窮大能者的信心。

我們必有至高者的能力與我們同在。……耶穌站在我們的身旁。……當試煉臨到時，上帝的大能亦必隨之而至。

不要疑惑

我們曉得萬事都互相效力，叫愛上帝的人得益處，
就是按祂旨意被召的人。
羅 8：28

　　當試煉臨到，須記著那是為著使你得益而來的。……當試煉與磨難臨到你的時候，要曉得其目的是要使你可以從榮耀之主那裏重新得力並愈加謙卑，如此，祂可以更安全地賜福，維護並高舉你。靠著信心和那「不致於羞恥」的盼望，握住上帝的應許。

　　主是如何地恩待我們眾人啊！我們信靠祂是何等的安全！祂呼召我們作祂的兒女。惟願我們來親近祂，猶如親近一位仁慈的父親。祂希望祂公義的光輝，要從我們的臉上，我們言語和行為上反映出來。倘若我們彼此相愛，像基督愛我們一樣；那麼我們與上帝，以及我們彼此之間的障礙必被拆毀，並挪除了聖靈與我們彼此之間交通的攔阻。……你要一心信靠祂，祂就必扶持你，承擔你的重負。

　　主的旨意是要祂的子民快樂，祂相繼為我們開啟了安慰之源，使喜樂和平安充滿在我們眼前的經驗之中。我們無須等到進入天國才有光明、安慰和快樂，在此生我們就可以享有這一切。……因為我們沒有掌握住患難之中可以得到的福氣，我們錯失了太多的機會。我們一切的痛苦和憂傷，一切的試探和試煉，一切的悲哀愁煩，一切的迫害與缺乏，總而言之，萬事都互相效力，叫我們得益處。……諸般的經驗和環境，都是上帝的工人，為要使我們得益處。惟有我們能透視烏雲背後的亮光。

　　我們的幸福並非從我們四圍的環境而來的，乃是發自我們的內心；不在於我們擁有些什麼，乃在於我們是什麼樣的人。

豐美盛人生

今日
操練

基督在你身邊

人若賺得全世界，賠上自己的生命，有什麼益處呢？
人還能拿什麼換生命呢？
我來了，是要叫人得生命，並且得的更豐盛。
——馬太福音16：26；約翰福音10：10

7月
月
JULY

社交
的生命

耶穌在社交關係中的榜樣

第三日，在加利利的迦拿有娶親的筵席，耶穌的母親在那裏。
耶穌和祂的門徒也被請去赴席。
約翰福音 2：1－2

在加利利的迦拿即將舉行一個婚禮，當事人是約瑟和瑪利亞的親戚。基督知道這一家人將歡聚一堂，並且很多有影響力的重要人物也會來參加，所以祂就陪同新近揀選的門徒同赴迦拿。耶穌到達那裏，消息立即傳開了，一個特別的邀請就傳達給了祂和祂的朋友們。

祂欣然參與這喜筵中的人群，卻沒有絲毫屬世的輕浮表現損害祂的品行，由於祂的蒞臨，就表明這樣的社交是蒙祂讚許的。

豐盛人生

今日
操練

社交救人

這事給各時代基督的門徒一個教訓，就是不要使他們自己隔絕於社交之外，放棄了一切的社交，企圖完全隱遁、離群而索居。為了要與各階層都有所接觸，我們必須深入他們當中；因為他們很少會自動的來找我們。神聖真理不是單單在講臺上就能打動人們的心。基督因為關懷群眾的利益而深入群眾之間，藉此引起他們的注意。在他們忙於日常工作的時候，祂去拜訪他們，誠意地表示關心他們今世的一切問題。祂在家庭中教導人，使整個家庭全都感受祂與他們同在的神聖影響。

耶穌固然譴責不節制、放縱和愚昧，然而祂的本性仍是合群的。祂接受邀請和有學問有地位的人吃飯，一如與貧窮困苦的人同處。……祂不讚許放蕩與荒唐的場合，但天真無邪的快樂甚使祂喜悅。猶太人的婚事原是一個莊重動人的大禮，而它所含的喜樂是蒙那位「人子」所喜悅的。

要愛人像基督愛他們一樣

你們要彼此相愛，像我愛你們一樣；這就是我的命令。
約翰福音 15：12

基督在祂的生活中實踐祂自己神聖的教訓。祂的熱忱從未使祂易受情感激動。祂所表現的乃是一貫的恆切而非固執，是仁慈而非怯懦，是柔和同情而非感情用事。樂於交際，但同時仍保持其莊重的自尊，不讚許任何不正當的行為。祂雖實行節制，然而沒有因節制而生出偏執或苛責之心。祂不效法這個世界，但祂關心最低微之人的需要。祂洞悉眾人的缺乏。

從幼年到成年，基督所過的生活在謙遜、勤勞和順從各方面都是一個完全的模範。祂時常為別人著想，因體貼他人而犧牲自己。祂來時身上帶著天國的印記，卻不是要受人的服事，乃是要服事人。

基督無私的生活，乃是我們眾人的榜樣。祂的品格必是我們所能陶冶出來的，只要我們肯跟從祂的腳蹤而行。

機智並善於判斷，使傳道人的效用增加百倍。他若在適當的時候，說適當的話，表現適當的精神，就必在他所要幫助之人的心上，產生轉化之能。

我們要以恩慈對待不同宗教、不同信仰的人們。他們原是基督的產業，到那交帳的大日子我們還要面對面的遇見他們。到審判的時候我們必須要直面的、清清楚楚地看見我們思想、言語和行為的記錄，並非依循原來的成見，乃是按其實際的情形而記錄的。上帝已經命令我們要彼此相愛，像基督愛我們一般。

豐盛人生

今日操練

社交救人

愛朋友愛敵人不分彼此

你想，這三個人哪一個是落在強盜手中的鄰舍呢？
他說：「是憐憫他的。」耶穌說：「你去照樣行吧。」
路加福音 10：36 － 37

JUL 7月
03日

豐盛人生

今日
操練

社交救人

基督的到來打破每一面阻隔的牆。祂來顯明祂的恩賜和慈愛，就像宇宙間的空氣、陽光或滋潤大地的雨露一般廣博無限的。無論是鄰居或陌生人、朋友或仇敵，祂都一視同仁。

祂總不丟棄任何一個在世人眼中認為沒有價值的人，無論在哪一等人中，祂總會闡示一種適合時代和與當時情形相符的教訓。人對於同類所展現的，每一種冷酷侮辱的態度，只會使祂更深刻感受人類是何等需要他人的同情而已。祂總是努力要激勵那最粗暴、無望的人，叫他們生出希望，保證他們可以達到毫無瑕疵及邪念的地步，可以得到一種美善的品格，顯為上帝的兒女。

祂時常遇見一些落在撒但的桎梏之下，自己卻無力擺脫的人。對這種頹廢、痛苦和因試探而倒地的弱者，基督就要說出最溫和、最慈憐的話；這種話恰是那可憐的人所需要而能明白的。祂又遇見許多正在與那靈性仇敵肉搏的人。這種人祂就鼓勵他們堅持到底，保證他們必得勝利。

祂以同情的心地和誠懇的交際，表示祂也承認人類的尊貴，所以祂也去坐在稅吏的席上，受貴賓的款待，那麼人就會努力自愛，以求不負祂信任。

耶穌雖是猶太人，卻也毫不顧忌地與撒瑪利亞人聯絡，……祂在撒瑪利亞人的屋中與他們同睡，在他們桌上同食——與他們共同分享他們的手所預備的食物——在他們的街道上教導人，待他們以極真誠的友愛和禮貌。當祂用這人類的同情之話，把我們的心拉攏之時，祂的神恩就連同猶太人所拒絕的救贖一同傳授給我們了。

同情眾人

> 向軟弱的人，我就作軟弱的人，為要得軟弱的人。
> 向什麼樣的人，我就作什麼樣的人。無論如何，總要救些人。
> **哥林多前書 9：22**

人人應該研究如何方能使自己變成最有為的人，以及如何才能造福予他們所交往的人。

凡自稱是上帝兒女的，要常記著他們原是傳道者，在工作中要與各階層的人士往來接觸。其中必有待人不誠、恃才傲物、虛偽、驕傲、猥瑣、自主、好埋怨、灰心、狂熱、自大、怯懦、放縱、無禮、以及淺薄等形形色色的人，………這樣看來，在思想習慣上不同的人似乎不能一視同仁，然而，不論貧富貴賤，依賴或自主的，皆須以仁慈、同情、誠實和愛心相待。藉著彼此琢磨，我們的思想乃愈發優美而高雅。我們都是互相關聯、彼此依賴的，本著同類相惜之情，手足相顧之誼，彼此體恤。

基督教是以社交為媒介與世人相連。每一位男女，凡是體會過基督之愛的，以及心中受過神聖光照的人，都要向上帝負責，把光照在凡不認識這美善之道的人腳前。

我們要公開且勇敢地承認，並見證主基督在我們自己的品格上是如何彰顯祂的溫柔、謙卑和慈愛，好使人人羨慕祂聖潔的優美。

社交的力量，須經過基督之靈的聖化，好用來領人歸向救主。……我們不可把基督隱藏在心裏，像藏匿的財寶，專供己用，乃是要有基督在我們裏面像泉水之源，直湧到永生，給一切與我們接觸的人解渴安息。

豐盛人生

今日
操練

社交救人

合宜之言的優美

一句話說得合宜，就如金蘋果在銀網子裏。
箴言 25：11

豐盛人生

今日
操練

社交
的
優雅

在宴席之間，基督主導著談話、論及許多寶貴的教訓。那些在席上的人也樂意傾聽，因為祂豈不曾醫好他們的病，安慰他們的憂傷，懷抱過他們的小孩嗎？稅吏和罪人都蒙祂吸引來了，當祂發言的時候，他們的注意力就集中於祂。

基督訓練祂的門徒在群眾之間當如何為人。祂教導他們關於真實社交的義務和規律，這些義務和規律原與上帝國度的法律一樣。祂以自己的榜樣教訓門徒，當他們參與公眾聚會之時，不必當心無話可講。祂在席間所講的與他們平常在歡宴上所慣聽的話迴然有別，祂所講的話，句句都帶著活的香氣叫人活，祂發言既清晰又簡明，祂所說的話「就如金蘋果落在銀網子裏」。

與基督交往——這是何等寶貴的權利啊！這樣的權利我們也一樣能夠享受得到。……初期的門徒聽見了基督的話就感覺他們需要祂。他們尋找祂，尋見了，就跟從祂。在屋裏、桌邊、室內、田間，他們都與祂同在。他們跟隨祂如學生跟隨夫子一般。天天從祂的口裏學習神聖真理的課題。他們敬重祂猶如僕人對主人一般。……他們歡歡喜喜的事奉祂。

我們交友關係影響很大。我們所交的朋友或許能使我們歡喜，使我們獲益，但這一切交際其可貴價值，永不能與那有限的人類與無限的上帝相聯作比較。有了如此的聯合，基督的話就常在我們裏頭了。……結果便是一顆清潔的心，一派端莊的行為和一種無瑕無疵的品格。只有藉著認識基督，與祂交往，我們才可以學像祂那惟一完全的模範。

真實的文雅

不要毀謗，不要爭競，總要和平，向眾人大顯溫柔。
提多書 3：2

真禮貌的要素乃是顧及他人。那最基本、最持久的教育，乃是擴大同情與激發博愛之心的教育。那所謂教導之人，若不能使一個青年孝敬他的父母，重視他們的美德，容忍他們的過錯，救助他們的需要，使他成為一個體貼柔和的人，對於老少、或不幸之人顯出慷慨樂助的心，並以禮貌對待眾人，那麼這種教導便算是失敗了。

真正優良的思想和舉止，最好從那神聖教師的門下學習，勝似遵守任何固定的規律。祂的愛貫徹人心，就能予人品格以優良的特質，使之成為與自己的品格相似。這樣的教育能予以一種天生的莊嚴和遵守禮儀之心；也能使人舉止文雅、態度溫柔，是時髦社會表面的客套無法比擬的。

《聖經》吩咐人要禮貌，並且列舉許多的例證，顯明不自私的精神，溫柔的美德，和悅的性情，乃是真禮貌的特徵。這些無非是基督品德的返照而已。世上一切的真仁慈與禮貌，連那不承認主名之人所表現的，也都是從祂而來的。祂渴望這些特徵，要在祂的兒女們身上完完全全地顯現出來。祂的旨意乃是要世人能從我們身上看出祂的榮美。

我們救主每日的生活中所照耀出來的是何等柔和美妙的光輝！祂的臨格是多麼甘美啊！……凡有基督與他同在的人必為一種神聖的氣氛所包圍。他們純白的義袍必要散發主的園子中所有的芬芳。

豐盛人生

今日操練

社交的優雅

基督徒的禮貌

我賜給你們一條新命令，乃是叫你們彼此相愛；
我怎樣愛你們，你們也要怎樣相愛。
約翰福音 13：34

JUL 7月
07日

豐盛人生

今日
操練

社交的優雅

　　禮貌的價值太少被人重視了。許多心地淳厚的人，卻缺少仁慈的態度。許多因為真誠正直而備受尊重的人，卻大大地缺少親切之感。這種欠缺既剝奪了自己的幸福，又損毀了對他人的服務。許多生活上最愉快、最有助益的經驗，由於缺乏思想，便因無禮貌的態度而犧牲了。

　　《聖經》給我們許多真正的禮貌實行時的顯著例證。亞伯拉罕是敬畏上帝的人。每當他搭帳棚的時候，就立刻築祭壇，邀請上帝和他同住。亞伯拉罕有禮貌。他的一生沒有被自私所污損，原來自私的行為是可憎的，也是上帝所不喜悅的。且看他和羅得臨別時的行為。雖然羅得是他的姪兒且比他年輕得多，亞伯拉罕自有選擇的優先權，他顧全禮貌而放棄了他的權利，讓羅得為自己先選他所看為是全地最可羨慕的地方。且看他在酷熱的正午時分，是如何去歡迎那三位疲乏的旅客，並且迅速供應他們的一切需要。還有，且注意他和赫人的子孫是如何在為撒拉購置墳地事上交易。他雖正在憂傷之中，卻沒有忘記了禮貌。他雖身為上帝的貴胄，然而卻跪在他們的面前。亞伯拉罕知道何為真實的禮貌，何為人與人之間所應有的恭謹。

　　我們應該有忘我的精神，常尋求機會鼓勵別人，藉著溫慈仁愛的服務，減輕或救助他人的憂傷和重擔。這些出於關心他人的禮貌行為，應該從家庭中開始，進而普及於家庭範圍以外，就有助於全體生活的幸福了。

為他人著想

總而言之，你們都要同心，彼此體恤，
相愛如弟兄，存慈憐謙卑的心。
彼得前書 3：8

偉大的使徒保羅嚴守其職分和原則，他也大膽的宣揚基督，但他從未有苛刻或不禮貌的表現。他有一顆仁慈的心，常為他人著想。禮貌是他品格上的特點，因此他有機會與上流社會的人士接觸。

他為真理大發熱心，為基督大膽地辯論，而彬彬有禮的風度，真實文雅的美德，乃是他生活行為的標誌。

保羅到處聯絡吸引熱心的人，他的心與他弟兄的心是深深相契合的。當他與弟兄離別之時，因他自己曉得將來的事，便告訴他們以後永遠不能再和他見面，他們就滿心憂傷，懇切的勸他仍然留在他們那裏，以致保羅向他們說：「你們為什麼這樣痛哭，使我心碎呢？」在這最後一次的離別，當他看見並感覺到他們的憂傷，他那富於同情之心幾乎破碎了。他們愛保羅，捨不得他離開。有哪一個基督徒不羨慕保羅的品格呢？維護真理他是堅如磐石的人，但在他朋友之間，他卻像孩子一般柔順而有愛心。

最像基督的信徒，乃是那些富於仁慈、憐憫之心，並有禮貌的人，他們的信心是堅固的，品格是堅強的，沒有什麼能使他們偏離信仰，或誘惑他們放棄責任。

每一個基督徒都必須培養一種柔和安靜的精神，他必是鎮靜、體諒他人，而又秉性溫厚的，生病時不急躁，惡劣的氣候和環境也不能擾亂的。……上帝的兒女永遠不忘行善。……他們行善是自然的，因為上帝藉著祂的恩典已經改造了他們的本性。

豐盛人生

今日
操練

社交的優雅

款待

你們要互相款待，不發怨言。
各人要照所得的恩賜彼此服事，作上帝百般恩賜的好管家。
彼得前書 4：9 − 10

殷勤待客的風氣既已停止，人心也就因自私而癱瘓了。

聖靈所提示那堪為教會負責的資格之一，乃是「樂意接待遠人」，也有命令給全體教會說：「你們要互相款待……」（彼得前書4：9−10）

很希奇，這樣的勸勉竟被忽視了。就是在自稱為基督徒的人中間也很少看到。而本會的人也不照所該行的，視款待客人為一種權利和福氣。在我們中間友誼的歡聚日漸稀少，很少有人願意毫不勉強地隨便邀請二三位來賓和自己的家人用餐。有的人推諉說：「實在太麻煩了！」倘若是你這樣說：「我們沒有什麼特別的預備，但我們歡迎你來和我們吃家常便飯。」那豈不就沒有什麼困難了。偶爾來訪的客人要感謝你誠意的歡迎，遠甚於你苦心的預備。

每次因基督的名款待客人的費用，祂自有帳目記載。祂為這事也供給我們一切所需要的。凡為基督的名款待弟兄的，盡他們所能的使來賓和自己都得益處，在上天有記錄說他們是配得特別福氣的。

當你開門接納基督因窮困受苦的兒女時，你就接納了看不見的天使。你正是邀請了天上的眾生作陪。他們必帶著喜樂平安的神聖氣氛到你家中來。他們來時，口中發出之聲，也能聽見天庭的應和。每一件仁慈的行為，都能使天上奏出悅耳的樂音來。

愉快

憐憫人的，就當甘心。
羅馬書 12：8

你有一項當行的本分，就是要使你自己愉快，並要養成無私的觀念，直到你最大的快樂，就是使你周遭的人皆大歡喜。

愉快而不流於輕浮，乃是基督徒的美德之一。

不要讓日常生活中的困惑和憂慮攪擾你的心，使你愁眉不展。否則，你就難免常有煩擾的事。人生中的憂與樂乃在乎自己，我們必尋見所欲尋求的，我們若尋憂傷與煩惱，常常故意去放大細微的困難，我們就勢必陷入重重煩惱，使之充滿我們的思想與談話。反之，若是我們抱著樂觀的態度，也可以尋得一些使我們歡喜快樂的事物。若是我們面帶笑容，旁人也回以笑容來應和；若是我們講和藹愉快的話，人也必向我們說同樣的話。

撒但的陰謀要強迫人走極端。我們既是光明之子，上帝希望我們培養愉快歡喜的精神，好叫我們宣揚那召我們出黑暗入奇妙光明者的美德。

你走到地下室裏去，就很可能談起黑暗來，說：「我看不見了，我看不見了。」請上樓來，這裏有日光普照，你無須在黑暗中逗留。請上來到基督所在之處，你就得到光明了。

虔誠的基督徒當效法耶穌，因為作基督徒的意義乃是要像基督。……你由衷地樂意事奉耶穌，就將得著愉快的宗教經驗。……在基督裏有光、有平安、有喜樂直到永遠。

豐盛人生

今日
操練

社交的優雅

仁慈的言話

主耶和華賜我受教者的舌頭，使我知道怎樣用言語扶助疲之的人。
主每早晨提醒，提醒我的耳朵，使我能聽，像受教者一樣。
以賽亞書 50：4

豐盛人生

今日
操練

社交的優雅

　　若有基督與我們同在，不論在家或在外我們都是基督徒。一個作基督徒的人對他的親戚和同事說話要謙和，也必須仁慈、重禮貌、有愛心和同情心，當訓練自己預備和天上的家庭同住。他如果真是王室的一分子，則他必須能代表自己所預備去的那個國家。他要以溫和的言語向自己的兒女講話，因為他已經感悟到這些孩子們也是上帝的繼承者，是天庭的成員。在上帝的兒女之間，是沒有苛刻嚴厲的現象存在的。

　　有人誇詡他們自己是敢言、直率大膽的，他們雖自稱坦白真誠，卻名不符實，只是一種十足自私自利的表現。

　　基督時常是鎮靜而端莊的，凡與祂同工的人，必須在他們的工作上運用恩典的膏油，使他們的言語行為有安撫之效。

　　我們必須訓練自己有憐憫、溫柔、仁慈的美德，充滿饒恕人、同情人的精神。我們要擺脫一切虛偽愚拙的言語，嘲笑和戲謔的浮詞，但這並非是要我們變為冷酷無情、不擅交際的人。上帝的靈要活在你的身上，使你像上帝園子裏，一朵散發芬芳之氣的花兒。你必須時常談論光，以及談論耶穌——那公義的日頭，直到你自己改變了，榮上加榮，品格得以完全，力上加力，愈久愈能完全地返照耶穌尊貴的形像。

　　基督常做準備要將祂的財富賦予我們，所以我們要聚攏從祂那裏得來的珍寶，等我們發言的時候，這些話可如珍寶般的從我們的嘴唇上滴落下來。

兒女與母親之間的友誼

她的兒女起來稱她有福；她的丈夫也稱讚她。
箴言 31：28

家庭對於兒童，應該是世界上最具吸引力的地方。家中的母親尤其是那其中最大的吸引力。兒童具有富於情感和愛的天性，容易快樂，也容易不快樂。

年幼的兒童喜歡同伴，他們不常歡喜獨自玩耍。他們極想得到別人的愛護和同情。他們以為凡是自己所喜歡的，母親一定也同樣感到歡喜。

母親不要因為厭煩兒童的纏擾和吵鬧的聲音，就把他們趕開，應當為他們安排一些遊戲或輕省的工作，使他們好動的手腳和思想有事可做。母親若能與兒童分憂同樂，做他們的同伴，在遊戲和工作方面處處指導他們，就必得到他們的信賴。……做母親的若有忍耐的態度和誠懇的愛護，必能把兒童的思想轉到正當的方向，在他們心中培養善良可愛的性格。

有一件事是母親所必須謹慎防範的，就是不可在教育方面使兒童養成一種倚賴的性格和專順自己的心。絕不可使他們視自己為中心，萬事都必須集中在他們的身上。有的父母在兒童身上費了不少的光陰和精力，要使他們快樂，然而他們也應該教兒童自己去尋求快樂，運用他們自己所有的心智和才能。那麼即便是極平常的遊戲，也能使他們得到滿足的快樂。遇有什麼小小的失望和艱難，當教他們以勇敢的精神去承擔。不要使他們變得受一點痛苦或傷害，就大驚小怪；要教他們以從容冷靜的態度，容忍細微的煩惱和不便之事，把思想轉移到別的事上去。要設法教訓兒童常為別人著想，求別人的好處。

在《聖經》中，我們發現一個形容快樂家庭和管理這家庭主婦的記載如此說：「她的兒女起來稱她有福，她的丈夫也稱讚她。」

父親的心轉向兒女

祂必使父親的心轉向兒女，兒女的心轉向父親，
免得我來咒詛遍地。
瑪拉基書 4：6

豐盛人生

今日
操練

家庭中的友誼

父親一天工作完畢回到家裏，不要將他的憂慮一同帶來。他要明白家庭和其中親人所在的範圍及其神聖性，不宜介入煩惱和憂慮。當他離家的時候，他沒有把他的救主和他的信仰丟棄，因為二者都是他的伴侶。他家庭完美的影響，他妻子的祝福和兒女的愛，使他的重擔輕省，讓他回家時心中能充滿了平安，向那歡歡喜喜等候、迎接他回來的妻子和兒女所說的話，都是愉快鼓勵人的。

他和兒女一起做片時的消遣，本是一種愉快的經驗。他可以陪他們到園子裏去，將特別的花兒和不同的色彩指給他們看。……他可以向他們強調上帝既是這樣眷顧樹木花草，祂必更加眷顧那照祂自己形像受造的人類。他也可以幫助他們明白，上帝喜歡孩子們去作可愛的孩子，那可愛不是出自人為虛浮的妝飾，乃是要有優美的品格，溫良仁慈的心，使他們的心歡喜而幸福地跳動。

一般喜歡尋求娛樂的輕浮者，若是將思想集中於真實事物上，他們心裏就必充滿了敬虔的意念，轉而崇拜大自然的上帝。

你若希望吸引自己的孩子們歸順耶穌，回家就絕不可面帶愁容，向孩子們說嚴厲苛刻的話。若你因工作感覺過分疲乏，就當向上帝求恩，求祂賜安息之靈，使你的心因柔和而軟化，使你的口滿有仁慈安慰的言語，要將你的兒女們緊緊的繫在你心上。要將你信仰的快樂推薦給你的兒女們。

彼此作伴的快樂

我們素常彼此談論，以為甘甜；我們與群眾在上帝的殿中同行。
詩篇 55：14

要以家庭的親情和你自己的品德來保護你的兒女。你若如此行，他們就不再那麼渴望去和年輕的同伴交往。……因為現代社會所流行的罪惡，以及必須加在兒女們身上的約束，為人父母者應該加倍注意，使得兒女與自己心心相印，使兒女們明白父母也是希望他們快樂的。

為父母的要安排晚上的時間是專為家庭的活動而用。放下一天的憂慮、煩惱和操勞。……要盡其所能地，使晚上的時間充滿了快樂。

要組織一個全家讀書的活動，使家庭各個成員能放下白天忙碌的事物，一同研究。父母親、弟兄姊妹等，都當熱心的參加這項活動，看看家庭中的教會能否大有進步。……要閱讀那些能提供真知識，能幫助你整個家庭的書刊。

假使他們（指父母而言）很能吸引孩子們，使他們與自己有親密的聯絡，證明他們愛孩子，關懷他們一切的努力，以及他們一切的活動，有的時候也要在孩子中間作孩子，就使孩子更加快樂，並能獲得他們的感情和信任。

在一個真實家庭仁慈明智的指導之下長大的兒童，就不會想著要離開真道而去尋求屬世的快樂和同伴。罪惡也不足以引誘他們。優良的家風，必能鑄造他們的品格，養成他們那種剛強的習慣和原則，以致將來他們離開家庭，在世上立足的時候，也有抵抗罪惡誘惑的能力。

年輕的心，對於同理心的接觸是反應得很快的。

豐盛人生

今日操練

家庭中的友誼

以仁愛齊家

用十弦的樂器和瑟，用琴彈幽雅的聲音，
早晨傳揚你的慈愛；每夜傳揚你的信實。這本為美事。
詩篇 92：2－3

豐美盛人生

今日
操練

家庭中的友誼

　　基督的信仰要引導我們向各種人——富足的、貧窮的、有喜樂的、受壓制的，盡一切可能的行善。它尤其要我們在自己的家庭裏表現仁慈的行為。對父母、丈夫、妻子和兒女，都要有禮貌並展現有愛心的行為，才能夠表彰基督的信仰。我們要仰望耶穌，接受祂的聖靈，住在祂的良善和慈愛的光亮中，將祂的榮耀返照給別人。

　　那以天性相連在一塊兒的人，彼此之間的要求是最強烈的。在互相接待之時，他們應該表現出祥和與慈愛來。

　　溫柔的態度，愉快的言談和仁慈的行為，使兒女的心與他們父母的心相繫，用愛心的絲帶捆在一起。在這一切使家庭為可羨慕的事上，其果效遠勝於金錢所能購買的貴重飾物。

　　彼此的親切與寬容使家庭成為樂園，吸引聖潔的天使進入家庭的範圍中，但他們卻遠避那被不愉快的談話、煩惱和爭論所充斥的家庭。

　　最有價值的家庭管理原則和社會原理，可以在《聖經》中尋求得到。……我們救主的山邊寶訓，對於無論長幼均有無與倫比的價值，其寶貴的教訓應常在家庭中不斷的誦讀，亦應該在日常生活中實踐出來。「所以無論何事，你們願意人怎樣待你們，你們也要怎樣待人。」這一金律應奉為家規，凡懷抱基督精神之人，居家必重禮儀。……他們常努力使四周的人快樂，在恩待別人的時候，就忘卻了自我。

　　基督徒的禮儀猶如金鉤子將家人在愛中契合，久而彌篤。

家庭造福於人

你擺設筵席，倒要請那貧窮的、殘廢的、瘸腿的、瞎眼的，
你就有福了！因為他們沒有什麼可報答你。
到義人復活的時候，你要得著報答。
路加福音 14：13 — 14

上帝不會稱許那基於一己的利益，常常表現「我和我家」的
這種私心。凡懷藏這種心意的家庭，必須按基督生平例證中純潔
的原則而悔改。那些專顧自己，不肯盡心盡力來接待賓客的人，
必喪失許多福氣。

我們的家庭還可以使許多別的人受惠。我們的社交不應該遵
照世俗的方式和禮節，乃應以基督的靈和祂的教訓為依據。以色
列人在一切宗教的節期和社交的宴會中，常把貧窮人、陌生人和
利未人——利未人是聖殿裏祭司的助手，也是教師和傳道士，一
併列入，同享慶祝之樂，並且這等人遇有患病或遭困難之時，也
可以得到優待和照顧。我們的家也應該接待這樣的人。那些傳道
的護士和教師，多愁多慮的，勞苦的母親或老年體衰無家可歸，
在貧困和種種苦惱之中掙扎的人，我們若能這樣地歡迎他們，是
多麼的激勵他們，可以使他們快樂啊！

你們接待這樣的客人，不致有什麼重大的負擔。你們不必設
什麼貴重奢華的筵席，不必有什麼華貴的陳設。只要你們能顯出
一種熱忱的歡迎，在你們的暖爐邊、餐桌上和家庭禮拜的時候，
給他們留一個座位，許多人就會視這舉動如同天邊透露的曙光那
樣可喜。

我們的愛心和同情心，應流出自身和家的牆垣以外。凡肯以
自己的家庭使別人得福的人，都有絕好的機會。交際的影響有莫
大的勢力。我們只要願意，就可以在交際方面濟助四周的人。

我們在世的光陰是短暫的。我們做人也只能做一世，所以我
們活著的時候，總要勉力從事，切莫辜負了這一生。

豐盛人生

今日
操練

家庭中的友誼

家庭為青年人的避難所

「凡為我名接待一個像這小孩子的，就是接待我；
凡接待我的，不是接待我，乃是接待那差我來的。」
馬可福音 9：37

豐盛人生

今日
操練

家庭中的友誼

　　我們的家庭，應該做那些受試探引誘青年的避難所。如今有許多青年子弟，是在善惡交叉的岔路口。每一分印象，每一種影響，均足以左右他們的路程，而定下了他們今生與來生的命運。

　　不要固執己見而遠離人群，好像你們是高高在上的，乃要和他們親近。邀請他們到家裏來聚會，來參加你的家庭禮拜。有千萬的人極需為他們去工作。在撒但的園子裏，每棵樹都掛滿了誘人的毒果，並且有災禍要臨到凡摘那果子吃的人。

　　罪惡向他們招手，歡迎每一個來的人，它的樂趣是多麼炫目而迷人啊！在我們的左右，隨處都有一些青年人，因為沒有家，或有家但其家不足以扶助或教導他們，以致他們徬徨無依而流入罪惡之途。我們若閉門不接納，在我們家門關閉的陰影之中，他們便逐漸墮落，而趨於滅亡。

　　這些青年人需要對他們伸出一雙同情的援手。只要真切地從我們口中說出幾句仁愛的話；只要誠懇地從我們心中發出一點顧惜之意，就足以掃除別人靈性上一切誘惑的烏雲。天生同情的真表現，能夠開啟人的心門。原來人的心是需要基督化言語香氣的慰藉，和基督仁愛精神的輕撫。若是我們肯顧惜青年人，請他們到我們的家裏來，以快樂激勵的氣氛圍繞著他們，那麼有許多人是極願意掉轉腳步走近主的。

　　要記得若只是兩個人關了門單獨相愛，是得不到真正快樂的。你們要利用每一個機會，去為周圍的人謀福利。……惟獨在克己服務之中，方能獲得真正的快樂。

請來賓參加家庭禮拜

惟有你們是被揀選的族類,是有君尊的祭司,
是聖潔的國度,是屬上帝的子民,
要叫你們宣揚那召你們出黑暗入奇妙光明者的美德。
彼得前書 2:9

就身分而論,父親是家中的祭司,每天早晚要將祭物獻在家庭的壇上。妻子和兒女也該與他同心祈禱,齊唱讚美詩歌。每早出去辦事以前,父親應把子女召集在自己身旁,跪在上帝面前,將他們交給天父看顧。到一天辛苦完畢時,一家人也當祈禱、唱詩、感謝、讚美聖父一天的看顧與祝福。……不要疏忽聚集你的家人在上帝的壇前禮拜。

在我們熱心款待客人的時候,切不可忽略我們對上帝的責任。不可因任何緣故而疏忽祈禱的時辰。不可只顧談笑歡樂,直到大家都過於疲倦,以致不能欣然參與家庭禮拜。我們這樣做,就等於拿殘缺的祭物獻給上帝。應該在傍晚的時間,就是大家能夠從容的,以敏悟的心意禱告的時候,獻上我們的祈禱,並以歡樂,感恩的讚美,高聲歌唱。

應該讓每一個訪問基督徒家庭的人,看出祈禱的時辰是一天之中最寶貴、神聖、快樂的。這些時間對於一切參與者,會發揮出一種鍛煉品格的高尚影響力,使人的心靈感到愉快與安寧。

一盞燈雖然渺小,只要長明不滅,就足以燃燒許多別的燈。看上去雖然我們勢力範圍狹窄、才能有限、機會稀少、學識淺薄,但只要我們能在家庭方面善用機會,我們就有絕大的可能。如果我們能敞開心靈領受神聖的生命原則,我們就能夠成為流出生命之力的河道。從我們家裏能流出醫治的恩泉,使一片荒蕪死灰之地,現出生命之華美與豐盛的景象來。

今日
操練

家庭中的友誼

交朋友的祕訣

濫交朋友的，自取敗壞；但有一朋友，比弟兄更親密。
箴言 18：24

豐美盛人生

今日
操練

友誼和社交

在供給選民教育的事上顯明那以上帝為中心的生活，乃是完全的生活。祂所培植的每一需要，祂都準備使之滿足，所賜予的每一才能，祂也力圖使之發展。

那位一切美的創始者，祂自己也是愛美的，亦設法使祂兒女愛美的心獲得滿足。祂又供給他們社交方面的需要，以及和愛有益的結合，因為此種結合大可培養同情並且促進生活的甜美。

上帝的子民太疏於培養基督徒的親睦之誼，……藉著交際始與他人廣為結識，建立友誼，結果此心便與上天所喜悅之愛的氣氛深相契合。

人人都要去尋求或結識自己的友伴。而且視兩者友情的厚薄，可以衡量朋友之間為善或為惡之影響。人人都必有自己的友伴，在他們身上發揮其影響力，換言之，他也必受到朋友們的影響。

出於一種神秘的連結，使人的心與心相聯繫，於是雙方的感受、興趣，以及原則等，皆密切地融合起來。這人為那人的精神所感染，而仿效他的方法，甚至連行動也與之相同。猶如蠟上留存印記一般，人心也留下了與他人交往所生的痕跡。這影響可能是無法察覺的，卻不能泯除其所生之力量。……倘若選擇那敬畏上帝之人為友，其感化力必導向真理、義務和聖潔。一個真實基督徒的生活，乃是為上帝而發的一股力量。

那真友誼的熱情，是人對於天上歡樂的預嘗。

公義使人生豐富

追求公義仁慈的，就尋得生命、公義、和尊榮。
箴言 21：21

社交的聚會，是具有高尚利益和教育價值的，必使參與之人因愛上帝而心裏火熱；他們聚會時彼此研究《聖經》，或是商討如何推進聖工並造福於人群。聖靈在這樣的聚會中成為蒙受歡迎的貴賓，而當一切所言所行不再使聖靈擔憂時，上帝就得了榮耀，聚會的人得以奮興，而力量也加強了。

青年人的思想集中於救贖的偉大及高尚的主題時，基督就歡喜了。祂要進入這等人的內心長遠的居住，使他們充滿喜樂和平安。……這樣享受祂慈愛的人，必歡喜談論上帝為愛祂之人所預備的一切。

青年男女們不要以為他們平時的遊戲，晚間的社交聚會和音樂會皆能蒙基督的嘉許。

我一再的蒙指示，知道他們的一切聚會應有信仰性質的感化力。假使我們的青年們在聚會時研究明白《聖經》，並時常自問：「我應該做什麼，才能獲得永生？」而後將自己完全的放在真理的這一邊，那麼主必以祂的福惠充滿他們的心中。

對一切年長和年輕的人，主的話是：讓上帝的真理交織在你們的心與靈之中。你們的祈禱應該是：「主啊，求你保守我的心靈，免得我羞辱了你。」

豐盛人生 今日操練 友誼和社交

215

在鄉間休息

祂使我躺臥在青草地上，領我在可安歇的水邊。
祂使我的靈魂甦醒，為自己的名引導我走義路。
詩篇 23：2 - 3

JUL 7月
21日

豐盛人生

今日
操練

友誼和社交

　　久居城市的人，可以聯合幾戶人家，放下使他們身心疲乏的日常瑣事，到鄉下，或到美麗的湖邊或叢林之間，欣賞大自然優美的環境。他們可預備簡單而有益健康的食物，最好是水果和五穀，把桌子擺在樹蔭裏，或敞露於晴空之下。在風景宜人的地方，會增進食欲，使他們快樂地享受那為君王所妒羨的筵席。

　　在這樣的場合中，父母與孩子們要擺脫一切的掛慮、操勞和困惱。父母在兒女中間要變成小孩子的樣式，盡可能地使一切事物增進他們的快樂。用一整天的時間作為娛樂的活動。戶外運動對於那些常在室內工作之人的健康極有助益。凡是自身能夠做得到的，都應該視之為所當作的一般，因為這類的活動是有益而無損的。他們可以獲得新的精力與勇氣，回來從事他們的職業。而對於抗拒疾病也有了更佳的預備。

　　只有少數的人察覺到在辦公室中負擔重任之人的工作，是怎樣的令人疲勞。他們日復一日，月復一月地困處室中，因時常消耗智力，而損害了身體的健康，縮短他們的壽命。

　　他們必須不時地有所活動，常常陪同全家人，用一整天的工夫做娛樂活動，不然他們家裏的人幾乎沒有機會和他們相處了。

彼此拜訪

那時，敬畏耶和華的彼此談論，耶和華側耳而聽，
且有紀念冊在祂面前記錄那敬畏耶和華、思念祂的名的人。
萬軍之耶和華說：「在我所定的日子，他們必屬我，特特歸我。
我必憐恤他們，如同人憐恤服事自己的兒子。」
瑪拉基書 3：16 — 17

JUL 7月
22日

　　我們各人必須向上帝負責任，我們各人皆負有他人所不能替代之工作，這工作就是要藉著訓言、個人的努力和榜樣來增進世界的幸福。我們應該提倡社交，但社交要有目標，不可單為消遣而已。有許多生命極待拯救。……我們與別人的交往應具有端莊的，屬於天國公民思想的特質。我們所談論的對象應該是有關天國的事物。

　　試問：「有什麼課題比救贖計劃更值得佔有我們的思想呢？」這乃是一個永無窮盡的題目。耶穌的慈愛，藉著祂無限的愛將救恩賜給墮落的人類。心靈的聖潔，這末日寶貴的救世真理，耶穌基督的恩典——這些能振奮人心的課題，足以使清心的人去感受，那當年門徒們因耶穌陪他們同往以馬忤斯的路上所有的喜樂。凡愛心集中於基督的人，必重視如此聖潔的交往，並從其中獲得神聖的能力。……若是上帝的真理在內心成為一種永遠存在的原則，就必像一個活水泉源一般。即使有人要試圖阻塞它，它仍必從另一個瞬間湧流出來，泉源既存，就無法阻擋使之不往外流的。真理在內心是生命的泉源，甦醒疲乏之人，軛制了污穢思想和言語，使一切盡都興盛。……他們的喜樂乃……存於……耶穌和祂的慈愛裏。

豐盛人生

今日
操練

友誼和社交

耶穌和祂在伯大尼的朋友們

耶穌素來愛馬大和她的妹子並拉撒路。
約翰福音 11：5

豐盛人生

今日
操練

友誼和社交

有一戶人家，是耶穌向來喜歡去的，那就是拉撒路、馬利亞和馬大的家，因為在那具有信心和愛心的家庭氛圍中，祂的精神是能得著安息的。

伯大尼的拉撒路是基督最忠實的門徒之一，自從他初次遇見基督之後，他對基督的信心就堅固了，他深愛基督，救主也十分眷愛他。基督所行的最大神蹟就是為他行的。救主向來賜福給一切求祂幫助的人，祂愛全世界的人類，而對於有些人也有個別親密的往來。祂的心與伯大尼的這一家深相契合，並且為他們中的一位施行了祂最奇妙的作為。

耶穌常在拉撒路家中休息。救主自己沒有家，所以祂全靠朋友和門徒的款待。祂在疲乏困倦時，就喜歡到這寧靜的人家，遠避來自那些橫眉怒目的法利賽人之猜疑和嫉妒。在這裏祂得到真誠的歡迎和純潔善良的友誼。在這裏祂能坦白的，完全自由地說話，並知道這一家人能瞭解祂的話，也將祂的話存在心裏。

我們的救主很喜愛安靜的家庭和留心聽祂講道的人。祂渴望人間的溫暖、禮貌的感情。祂隨時都樂意講述天上的教訓，凡接受的人，無不大大的蒙救主賜福，當眾人跟著基督經過田野時，祂向他們講解自然界的美麗，祂想要打開他們的心眼，使他們得以看出上帝大能的手如何托住萬有，為要引人尊重上帝的良善和慈愛起見，祂使聽眾注意到那降在好人也降在歹人身上的甘露、時雨和陽光。祂要人更充分地明瞭上帝如何重視祂所創造的人類。但是因為眾人太遲鈍了，基督就離開煩惱爭競的群眾生活，到伯大尼的這一家來休息，在這裏祂就對幾個能領悟祂的聽者講述上帝的作為。在這促膝談心之時，祂便向他們講述那些未曾向紛亂的群眾說過的道理。祂無須用比喻向祂的朋友說話。

218

保羅和提摩太的友誼

寫信給那因信主作我真兒子的提摩太。
願恩惠、憐憫、平安從父上帝和我們主基督耶穌歸於你！
……並不發明上帝在信上所立的章程。
提摩太前書 1：2 － 4

保羅從該撒的審判庭回到牢獄中的小室裏去，已知他所獲得的只不過是暫時的緩刑，也曉得他的敵人若不將他置於死地是絕不會善罷干休的。

JUL 7月
24日

他因禁在那幽暗的地牢中，心中明白只要尼祿王說一句話或點一點頭，他的生命就犧牲了，此時保羅想起了提摩太，便決意請他來。提摩太已受託要維持以弗所的教會，故此當保羅最後往羅馬去的時候，提摩太就留在以弗所。保羅與提摩太之間的情誼是非常深切而堅固的。從他悔改的時候起，提摩太就參與保羅的勞苦和憂患，所以二者之間的感情愈久就愈深厚、堅強、神聖，提摩太與年紀老邁、勞碌衰弱的保羅之間的關係，猶如兒子之於敬愛的父親一般。

在最有利的條件下，提摩太從小亞細亞動身要好幾個月的時間才能趕到羅馬城。保羅知道他性命難保，惟恐提摩太來得太晚，不能見到他最後一面。他有重要的勸勉和教訓要給這受託且負有重責大任的青年人。所以保羅一面催促他趕快來，一面口述他或許不能親自傳道的遺命，他心中充滿了對他在福音工作上作他兒子的摯愛，並且關懷著他所照顧的教會，保羅設法使提摩太體會到必須忠於其神聖委託的重要性。……保羅信上最後一句話，就將他所疼愛的提摩太交託於那位牧長的眷顧之下，因為牧人或終有倒下之時，而祂卻仍舊要牧養祂的羊群。

豐盛人生

今日
操練

友誼和社交

約拿單與大衛

英雄何竟在陣上仆倒！約拿單何竟在山上被殺！
我兄約拿單哪，我為你悲傷！
撒母耳記下1：25－26

約拿單和大衛的友誼，也是……出於上帝的旨意，為要保護這個將來作以色列王的青年。

此時正當大衛的前途黯淡無光的時候，約拿單訪查到他隱匿的地方，就特來探望。這個意想不到的拜訪使大衛非常高興；這兩個朋友見面暢訴久別情誼的時光，真是一刻千金。他們述說自己別離後的事，約拿單便堅固大衛的心，說：「不要懼怕；我父掃羅的手，必不加害於你，你必作以色列的王，我也作你的宰相，這事我父掃羅知道了。」（撒母耳記上23：17）他們彼此談論上帝對待大衛的奇妙作為，這個被迫亡命天涯的落魄之人得了很大的鼓勵。「於是二人在耶和華面前立約，大衛仍住在樹林裏，約拿單回家去了。」（撒母耳記上23：18）

大衛在約拿單來訪後，就用讚美的詩歌勉勵自己，他一面唱詩一面彈琴。

約拿單是生來繼承王位的，然而他卻知道上帝的旨意不要他作王，他以摯愛的心對待他的敵人，作他最忠誠的朋友，自己甘冒生命的危險保護大衛的性命，在他父親勢力衰退，步上窮途末路的時期，他仍然堅貞地侍立在他的身旁，最後竟倒在他的身邊——這約拿單的名字是上天所重視的，也永留在人間作為證據，證明無私之愛的存在及其能力。

我們與基督有了聯合，就藉著愛之金鏈得與同胞聯合了。

豐盛人生

今日
操練

友誼和社交

娛樂活動能恢復精神增進體力

你必將生命的道路指示我。
在你面前有滿足的喜樂；在你右手中有永遠的福樂。
詩篇 16：11

　　基督徒有權利和責任藉健康的娛樂活動來恢復精神，加強體力，以便運用自己的體力和智力來榮耀上帝。我們的娛樂活動，不應成為無益的嬉戲或近乎愚妄之舉。我們進行娛樂的方式，應該足以造就並提升一切與我們交往的人，使我們和他們都能更有效地履行基督徒的本分。

　　基督的信仰具有一種樂觀、高尚的影響。它遠遠超乎一切帶著嬉笑怒罵和輕浮的閒談。在我們的娛樂活動中，我們可以從神聖能力的源頭領受新的勇氣與能力，使我們能更成功、有效地使自己的生活達到純潔、良善和神聖的理想。

　　對於那些想像力不健全的人，宗教信仰乃是一位暴君，好像是用鐵腕來轄制他們。這種人常為自己的墮落而悲歎，臉上常是愁眉不展。天真的歡笑無論發自青年或任何人，都令他們意氣沮喪，他們視一切的娛樂活動或遊戲為有罪的，認為心志必須經常使之奮興，以達到如此嚴厲的地步，這是另一種偏激。此外還有一些人認為該儘量尋求新的遊戲和消遣，目的是為了要保持健康。他們習慣刺激性的遊戲，若是沒有就覺得浮躁不安，他們不是真實的基督徒，反倒走向了另一個極端。基督教的真實原理，已為眾人展開了一個福樂的根源，而其高深長闊是無法度量的。

豐盛人生

今日操練

娛樂與消遣

沒有人能單為自己活

我們沒有一個人為自己活，也沒有一個人為自己死。
羅馬書 14：7

JUL 7月
27日

豐盛人生

今日
操練

娛樂與消遣

　　從普通青年的行為看來，似乎他們自以為那寶貴寬容的時期——即恩典遲遲未終之日，乃是一個最大的節期。而他們自己生活在世惟一的目的便是只求自己歡樂，遂不斷地享受刺激性的娛樂。撒但加倍的努力引誘他們在屬世的消遣上尋歡作樂，同時他們還試圖為自己辯護，說這樣的消遣是無害、無罪，且有益於健康的。

　　對於刺激性消遣娛樂的欲求，乃是對上帝子民的一種試探和網羅，此事於青年人尤甚。撒但經常設法引誘人不去思想那些為將來的嚴肅大事所須做的準備。他藉著屬世的人為媒介，常常鼓勵，引誘那些毫無防護的人去參與世俗的娛樂。種種眩人眼目的秀場表演、誇誇其談的演講，和變化萬端的娛樂，都足以引誘人貪愛世界，而為了和世界聯合，信心就軟弱了。

　　屬世的娛樂有使人迷戀的作用，許多人為著暫時的享受而犧牲屬天的友誼，及其所供給的平安、慈愛和喜樂。

　　基督徒幸福的來源很多，而且他們能毫無錯誤地辨識那些娛樂是合法、正當的。凡不致敗壞心志、不降低靈性、不使人後悔徒留可悲的影響以致破壞自尊心、或不阻礙成功之路的娛樂活動，都是他們可以享受的。若他們能有耶穌與之同去，並維持祈禱的心志，則他們就是絕對安全無虞的了。

　　既是我們的青年人有如此崇高的一個呼召，……他們應該謹慎地考慮他們所要走的路，並要常常記著他們所帶領、引導的道路，別人也會跟隨。

一切良善是上帝所賜的

上帝喜悅誰，就給誰智慧、知識、和喜樂；
惟有罪人，上帝使他勞苦，叫他將所收聚的、所堆積的
歸給上帝所喜悅的人。這也是虛空，也是捕風。
傳道書 2：26

　　年輕人不可能像長輩一樣的沉著而莊重，孩子不能和父親一樣的穩健。有罪的娛樂雖然是要受譴責的，……但仍要代以無害、不玷污、不敗壞的活動。

　　娛樂活動（編按：娛樂活動又可稱為康樂活動）與消遣有別：娛樂活動名符其實，乃是為了增進健康快樂而設的。娛樂活動使我們暫時放下平日的思慮與職務，得以振奮身心，因而使我們得著新的活力，重返並面對生活的實際工作。反之，消遣只是尋歡取樂，且往往行之過度，因而消耗許多有用的精力，妨礙了人生的真正成功。

　　我們雖應遠避一切錯誤和虛偽之事，……但我們必須提供一些純潔、高尚，能鼓舞人心的娛樂來源。

　　逢年過節我們固不可仿效世上的作風，然而也不應毫不注意地打發過去。遇有這些日期……總當設法預備一些別的活動以代替有危害的遊戲。

　　那為兒童及青年造福的娛樂活動，並非僅僅有益於他們自身，而且也是能使他們有益於別人。

　　我們向上帝守節，在心中回想祂對待我們的一切好處豈不是美事嗎？……屬世的人有許許多多節慶，使得人們專注在遊玩、賭博、吸菸、喝酒等事。他們很清楚的表明了自己是站在誰的旗幟之下。……上帝的子民豈不應該有更多神聖的聚會，以感謝上帝的一切厚恩嗎？

豐盛人生

今日
操練

娛樂與消遣

行善人的道

智慧必使你行善人的道，守義人的路。
箴言 2：20

豐盛人生

今日
操練

娛樂與消遣

有一些娛樂活動的方式對於身心兩方面都是大有助益的。曾蒙光照而有辨識之力的心志，必能尋求到足可使人愉快、興奮的方法，其非但無害還富有教育意義。戶外的娛樂活動，使人默想上帝在自然界中的作為，乃是最有助益的。

我們欲求恢復精神增添體力，上帝要求我們隨時都要為那至善的目的，運用我們一切的能力。我們可以像今天在此地一樣彼此同樂，使一切所做的都歸榮耀與上帝。我們可以，而且應該要謹慎計劃我們的娛樂活動，使其能更有效地履行我們的義務，使我們的感化力愈發有益於所交接的人。尤其是像今天的場合，應該使我們大家都歡喜快樂。待我們回家時，智力便有助於加強體力恢復，預備以最好的希望，最佳的勇氣，重新盡力工作。

我相信我們有權利，只要在世上存活一日皆可以榮耀上帝，我相信我們活在世上不是單為求自己的喜悅和歡愉。我們生存的目的乃是要有益於人群，造福於社會。

我們在此地可以觀看大自然的優美，……當我們看到大自然的作為時，我們的心思就能聯想到大自然的上帝，想到創造宇宙的主宰，就崇拜那為我的益處和幸福創造這一切美物的上帝。

我們必須有休息的時間、娛樂的時間和沉思默想的時間。

不要與惡人同行

我兒，惡人若引誘你，你不可隨從。
……我兒，不要與他們同行一道，禁止你腳走他們的路。
箴言 1：10，15

屬世的娛樂比任何其他事物更容易削弱聖靈的工作，所以主為此非常的擔憂。

凡在品格和信仰經驗上矯揉造作的人，都能隨時參加娛樂的集會，同時他們的影響也誘惑了別人。往往一些正在努力照《聖經》教訓作基督徒的青年男女也被引誘去參加。他們既不甘被人視為孤僻，便易於隨從別人的榜樣，他們很可能將自己置身於一些從未受過聖靈感化之人的影響之下。如果他們曾憑祈禱的精神查考上帝的標準，去研究基督所說的，有關那結在基督徒樹上的果子，他們就會認明這些娛樂實際上就是專為攔阻人們前去參赴羔羊婚姻盛筵而設的。

有時候一些曾經在主的道理上受過悉心指導的青年，也會因常到娛樂場所，而受了世俗的蠱惑，結果對一般受過世俗的教育和感染的人，產生了認同感，他們既與這些沒有基督精神的人相聯合，就等於將自己永遠出賣為奴了。

如果你是忠於基督的，就毋須想出種種推辭的藉口，卻要坦白而謙恭地聲明你是上帝的兒女，而且你所守的真理原則，不容許你置身於不能邀主同去的地方，儘管只去一次，也是不宜的。

上帝希望祂的子民要藉著他們的生活，表現出基督教勝過屬世觀念之處，要表明他們乃是在一個崇高、聖潔的計劃之上而工作的。

豐盛人生
今日操練
娛樂與消遣

與愛上帝的人交往

凡敬畏你、守你訓詞的人，我都與他作伴。
詩篇 119：63

豐盛人生

今日
操練

娛樂與消遣

　　基督徒的娛樂活動，與世俗之人的消遣，二者之間必然呈現鮮明的對照。前者可以聽到祈禱的聲音和關於基督和神聖事物的談話，後者聽見的卻是世俗之人口中的嬉笑和閒談，他們惟一的念頭就是要熱鬧一下。他們的娛樂開始是愚妄，終了是空虛。我們集會的節目和個人的操行應該完全合乎真理，好讓我們回到自己家中的時候，對神對人都能無愧於心，並且確知我們並沒有得罪或損害我們所接觸的人，也沒有在他們身上生出不良的影響。

　　我們與那群相信自己有權在這世上天天為榮耀上帝而活的人是同等的，不可在這地上單為求一己的享樂和喜悅而活。我們在世的目的乃是要有益人群，造福社會。

　　凡真正愛上帝的人不可結交不愛耶穌的人。他們必發現與基督徒交往是培養靈性的飲食，與愛上帝之人同處，可以呼吸到天國的空氣。基督徒要彼此相愛、同情、勤勉、禮讓、幫助、教導、責備、勸戒，在基督門徒之間的基督化的忠告，勸善改過對於靈性的長進是大有助益的，因為基督徒之間的交往是合乎上帝旨意的。他們當以溫柔的心腸和珍貴的信心，去接待愛上帝的人。……他們所享受的友誼是屬世之人所不能領悟的。

8月
AUGUST

服務
的生命

My Life
Today

上帝在各樣的善事上成全我

但願賜平安的上帝，就是那憑永約之血、使群羊的大牧人——
我主耶穌從死裏復活的上帝，……直到永永遠。阿們！
希伯來書 13：20 － 21

AUG 8月
01日

豐盛人生

今日
操練

上帝藉著我作工

　　耶穌基督的宗教信仰，其意義並非出於空言。基督的公義乃是源自純潔無私之動機所衍生出的義行與善舉。基督來是為了遵行祂父的旨意。我們是否跟隨祂的腳蹤行呢？凡自稱為基督徒的人應該時常尋求與祂有更親密的認識，好使自己照著主所行的去行，並且做基督的工作。

　　我們所做的或忽略未做的工作，對於我們今世與來生的命運將產生極大的力量。上帝要我們善用每一個有用的機會。忽略這一點就必危害我們靈性的長進。我們有一偉大的事工要做。

　　主要我們履行的義務，不會是一種冷漠無意義的行動，乃是出於愛心的服務。要在你的工作上發揮最熱切的同情和最高度的努力，你就會發現有基督在其中了。有祂同在你的工作就輕省，你的心中也必充滿了快樂。你如此和諧地與上帝同工，就能顯出忠誠、愛心和正義來。我們要作誠實勤勞的基督徒，忠實地成全那交託在我們手中的工作。

　　每一位從神聖祭壇點燃他燈芯的人，要持守他的燈。不以人間的凡火點燃他的香爐，而是用那靠著上帝的能力，晝夜燃著的聖火。凡跟隨耶穌腳蹤而行，且願意終身蒙祂引導，獻身為祂服務的人，已經在器皿裏預備了油和他們的燈一同帶來。他們絕不置身於上帝未予安置之所。生命之燈常為那點燃它的手所剔淨。

要熱心為善

祂為我們捨了自己，要贖我們脫離一切罪惡，
又潔淨我們，特作自己的子民，熱心為善。
提多書 2：14

　　基督的門徒得蒙救贖，為的是要去服務。我們的主教訓我們，人生當以服務為目的。基督自己是一位工作者，並且為一切跟從祂的人宣佈了服務的定律——為上帝和人類服務。在這一方面基督向世人提出了比他們先前所知更高尚的人生概念。為服務人群而生活的，就是與基督取得聯繫的人。服務的定律成為使我們與神與人之間相繫的連結。

　　基督將祂的「家業」交託給祂的僕人們——旨在為祂而用。祂已「分派各人當作的工」。在上天所擬定的永恆計劃中，各人自有其一定的位分。各人都要與基督合作，從事救靈的工作；在天上永恆的計劃中確有為我們而預備的地方，照樣地上也有特定要我們為上帝服務的地方。

　　凡欲與上帝同工的人，必須努力使身體的各機能和心意的性質得以完全。真實的教育旨在訓練體力、智力和道德力，以便善盡各項義務，就是訓練身體、意志和心靈做神聖的服務。

　　主向每一位基督徒所求的乃是效率的增進，和各方面才能的增加。基督已經付了我們的工價，就是祂自己的寶血和所受的苦難，為要獲得我們出於甘心的服務。祂在我們這個世界給我們留下工作的榜樣，顯示在工作上所應有的精神。祂希望我們表現如何做才是最完善地推進祂的工作，在世上榮耀祂的名，使祂得著尊榮，並且以我們至大的愛和熱忱為冠冕，獻給那「愛世人，甚至將祂的獨生子賜給他們，叫一切信祂的人，不至滅亡，反得永生」的天父。

殷勤為上帝工作

無論做什麼，都要從心裏作，像是給主做的，不是給人做的。
歌羅西書 3：23

豐盛人生

今日
操練

蒙救而服務

在我們這世界上有一項大工急待完成。世上的人們要悔改，不倚靠方言的恩賜，也不仰賴行神蹟，乃是靠著傳揚基督被釘十字架。為何要延遲而不願努力使世界變得好些呢？何必等待有什麼奇蹟出現，或者有什麼重大發明呢？……在我們所做的一切事上，無論是在工廠、農田、或在辦事處，我們都要盡力。

此生充滿了天賜的機會，使你可以運用上帝所賦予的才幹去造福於人，而且如此做的時候你自己也必蒙福，無須考慮自己將有何變故。往往那無足輕重的小事，就為那行不逾矩且素來維護正義的人成就了確實的福氣。你要培養一種完全的品格，使你一切所做的，不管有沒有人賞識，你都要為榮耀上帝而做，因為你是屬於上帝的，祂以自己的命作為代價救贖了你。在小事上要忠心猶如大事上一樣的，要學習講實話，常常實踐真理。你的心要完全的順服上帝。你若是受祂的恩典所左右的，就必有仁慈的行為，盡你所當盡的義務，使你的人生和品格有愉快的表現，在你人生的道路上發出仁慈和福氣。你的工作要存留到永遠。你一生的工作要在天國展現，並且因蒙上帝為寶貴的，要在無窮的歲月中永存不朽。

要記著，凡值得去做的事情，要竭盡心力做好。

你要發光

你們是世上的光。城造在山上是不能隱藏的。
人點燈,不放在斗底下,是放在燈檯上,就照亮一家的人。
你們的光也當這樣照在人前,叫他們看見你們的好行為,
便將榮耀歸給你們在天上的父。
馬太福音 5:14 — 16

你們若行在光中,你們每一個人都可以做世上的擎光者。不要企圖單單為了成就一種偉大的事業而忽略了眼前較小的機會。在我們日常生活方面,有許多可以做的事情來顯明真理。這樣發揮出來的感化力是難以磨滅的。人或許要抵擋反對我們的理論,拒絕我們的勸勉,但是有聖潔宗旨的人生,和出於無私之愛的服務,乃是支持真理的論據,是他們所無法否定的。謙卑、獻身、良善的生活,要遠超過那單單靠講道而缺少善行的生活所能成就的。你當努力建立教會,勉勵你的弟兄,使你的祈禱如銳利的鐮刀,和同工一塊兒到禾場裏去。每一個人應該警醒,猶如時刻身負重任,為工作的勝利和成果而警醒禱告。

你也可以本著溫柔的心,引領別人來重視上帝聖言中寶貴的真理。或許有些青年人不會在講臺上述說真理,但他們大可以挨家挨戶地去向人指出那除去世人罪孽的上帝羔羊。漫天錯誤的塵埃與垃圾已經將真理的珍寶掩蓋了,但主的工人能除去這些遮蔽,使更多人以歡喜和敬畏的心情來觀看它們。

有各式各樣的工作,供給思想不同、才幹不一的人去做。在上帝的大日,則沒有一個人因專注於一己之私而能推卸責任的。而且只有藉著為別人服務,你才可以維持自己靈性的生存。……殷勤不自私的努力,必能為耶穌收聚禾捆。……主是一位大能的幫助者。

豐美盛人生

今日操練

蒙救而服務

231

在家和在外都要彼此相愛

願上帝——我們的父和我們的主耶穌一直引領我們到你們那裏去。
又願主叫你們彼此相愛的心並愛眾人的心
都能增長，充足，如同我們愛你們一樣。
帖撒羅尼迦前書 3：11 － 12

在家裏也要做傳道的工作。那領受基督的人要在此顯示出恩典為他們成就的一切事。有一種神聖的感化力影響著真實的基督徒，而且這感化力普及到整個家庭之中，有益於全家人在品德上的完美。

忠誠地履行家中的義務，對家庭以外的人自有一種感化力，我們在家中靈性方面的長進，會在對外傳道的事工上顯明出來。在你父家要表現出你堪為教會服務的資格。家庭的各個分子要以謙卑誠懇的心證實有基督居住在心裏。如此他們才可以裝備妥當出去對外服務。

這樣努力使之成為理想的家庭——一個天上家庭的象徵——使我們預備服務更廣大的範圍。從溫和的、彼此相顧的心所獲得的教育，使我們得知如何去觸及需要學習真實宗教精神之人的心。教會極需能培養的一切屬靈能力，使教會的各個成員，尤其是主家裏的少年人，都得到謹慎的照顧。在家中所實踐的真理，對外表現出來就是無私的服務。凡在家裏實行基督教訓的人，不論在什麼地方都是明亮閃耀的光。

一家人在家裏的工作上愈親密的聯合，則為人父母的和作兒女的在家庭以外所發生的感化力，就愈能具有提升與幫助別人的效用。

小使女為上帝作見證

亞蘭王的元帥乃縵在他主人面前為尊為大，
……他又是大能的勇士，只是長了大痲瘋。先前亞蘭人成群地出去，
從以色列國擄了一個小女子，這女子就服事乃縵的妻。她對主母說：
「巴不得我主人去見撒瑪利亞的先知，必能治好他的大痲瘋。」
列王紀下 5：1 － 3

一個小女孩成了奴婢，遠離了自己的家鄉，然而像她這樣的
小女孩竟然成了上帝的一個見證人，不知不覺間成就了上帝揀選
以色列作祂子民的旨意。她在外邦人的家中服務時，對她的主人
生出了同情之心，她想起了以利沙先知行醫的奇妙神蹟，就對她
的主母說：「巴不得我主人去見撒瑪利亞的先知，必能治好他的
大痲瘋。」她知道有上天的能力和以利沙同在，她也相信靠著這
能力乃縵必可獲得痊癒。

這個小奴婢的行為自她介入那外邦人的家中之後，乃成為一
個強而有力的見證，說明她幼年家庭教育的力量有多麼大。再沒
有什麼責任，比委託父母看顧教養他們兒女的責任更為高尚了。

我們不曉得自己的兒女將來要蒙召在哪一方面服務。或者他
們一生必不離開家庭的範圍，而從事人生最平凡的職務，或者要
被派往異邦成為傳福音的教士；然而他們都一同蒙召為上帝作傳
道者，作傳恩慈給世人的使者。

當這一位希伯來女孩的父母，將有關上帝的知識傳授給她的
時候，他們並不知道她將來要遭逢的命運，但他們卻忠於他們的
委託，所以他們的女兒在敘利亞這將軍的家中，就能夠見證她幼
年所學習，所尊敬的上帝。

豐盛人生

今日
操練

蒙救而服務

上帝所預備的資源

門徒進前來，說：「請叫眾人散開，他們好往村子裏去，自己買吃的。」耶穌說：「……你們給他們吃吧！」門徒說：「我們這裏只有五個餅，兩條魚。」耶穌說：「拿過來給我。」……望著天祝福，擘開餅，遞給門徒，門徒又遞給眾人。……把剩下的零碎收拾起來，裝滿了十二個籃子。
馬太福音 14：15 — 20

AUG 8月
07 日

五餅二魚的比喻對於上帝的工人實含有深遠的屬靈教訓。……耶穌因完全信賴上帝而接受了那少數的麥餅，雖然這一點點食物根本不夠祂的門徒們食用，祂也沒有請他們吃，卻開始擘開分給他們，囑咐他們轉分與民眾。這食物在祂的手中增加了，而門徒們的手，伸向基督，這身為生命之糧的祂——總不落空。那少量的食物足可供他們所有人食用，等到民眾的需要滿足之後，將零碎的收拾起來，基督和祂的門徒就享用這上天所賜的寶貴食物。

當時門徒是基督與眾人之間溝通的管道。這事對於祂今日的門徒應該是一個最大的鼓勵。基督是偉大的中心，是一切能力的根源。祂的門徒必須從祂那裏領受所需要的一切。……我們不斷的施予，就必持續的領受，而施予的愈多，則領受的就愈豐富。

請注意那接受天上的雨水而沒有出口的池子，誰也不能從它得著福惠。但它沉滯而自私的毒氣，卻污染了周遭的空氣。且看那沿山徑而下的清流，滋潤了它所經過的乾旱之地。它所帶來的是何等的福氣啊！或有人想，它如此慷慨的施捨難免要耗盡了它的資源。實則不然，在上帝的大計劃中，施捨的河水總沒有缺乏。日復一日，年復一年的常流不息，時時領受，時時施捨。

豐盛人生

今日
操練

蒙救而服務

重修路徑

那些出於你的人必修造久已荒廢之處；你要建立拆毀累代的根基。
你必稱為補破口的，和重修路徑與人居住的。
以賽亞書 58：12

上述的這幾句話中，所列舉的工作乃是上帝要求祂子民去做的。這是上帝親自指派的工作。在這維護上帝誡命，並修補祂律法破口的工作上，我們必須為受痛苦的人類展現惻隱之心。我們對於上帝必須表示至上的愛，我們要將那曾被不聖潔足跡所踐踏過的紀念物高舉起來，而同時對於墮落的人類，我們必須表現慈悲、仁愛和最深切的憐憫。「你要愛鄰舍如同愛自己。」我們這一個團體的人，應當著手去做這樣的工作。對於受痛苦的人類所顯示的愛心，能使得真理更有意義、更有力量。

將福音傳遍天下，乃是上帝委託給奉祂的名前進之人的要務，他們要與基督協力同工，向將要淪亡的人顯明祂溫慈憐憫的愛。上帝呼召千萬人去為祂工作，並不是要將真理一再的講給那些已經明白真理的人聽，乃是要警告那些從未聽見這最後恩典信息的人。要存誠摯之心，為人的靈性而工作，也要從事醫藥佈道工作，你就可以深得人心，這也就是預備更進一步向他們解明真理的途徑，你也必發現如此做能減輕他們肉身的痛苦，這就給了你寶貴的機會能為他們靈性的需要而服務。

在這工作上，上帝必使你成功，因為福音若能滲入實際的生活之中——實行出來，這就是上帝救人的大能了。像基督一樣為肉身而工作，以及像基督一樣為靈性作工而彼此聯繫起來，那就是福音的真實意義了。

豐美盛人生

今日
操練

蒙救而服務

耶穌來為要服務

因為人子來，並不是要受人的服事，
乃是要服事人，並且要捨命作多人的贖價。
馬可福音 10：45

豐盛人生

今日
操練

步武耶穌

許多人認為能親遊聖地，走訪基督在地上生活時的古蹟與名勝，一觀祂曾踏過的道路，看看祂喜愛在那裏教導人的湖邊和祂所時常欣賞的山谷，實在是無上的特權。但是我們不必到拿撒勒、迦百農、或是伯大尼去，才算是跟隨基督的腳步。在病人的床邊、窮人的茅舍、大都市擁擠的小巷中，在每一個需要安慰的地方，我們都可以找到基督的腳蹤。我們行耶穌在地上所行的事，就是跟著祂的腳蹤行了。

且看億萬人被無知和罪惡的鎖鏈捆綁，行將滅亡，他們從來沒有聽過基督對他們所有的愛。假使我們和他們易地而處，則我們會希望他們為我們做些什麼呢？想到這裏，我們就有義務在能力所及的範圍之內，鄭重的為他們服務。基督所定的人生原則，就是決定我們每人在審判大日存亡的原則，而這原則就是：「無論何事，你們願意人怎樣待你們，你們也要怎樣待人。」

救主捨去祂寶貴的生命來建立教會，為的是要照顧憂傷和受試探的人。有些信徒或許貧窮、沒有學問亦無名望，然而在基督裏，他們對家庭、在鄰里之間或教會裏、甚至在「以外的地方」的工作，其效果將要存到永遠。

許多初作門徒的人，只有基督徒經驗的開端，卻從來沒有成長，就是因為他們忽略了這種工作，當耶穌向他們說：「你的罪赦了」之時，在他們自己心中所發的光亮，就可以藉助別人的需要愈照愈明。青年人好動的活力固然時常造成危險，但若引入正軌，則必成為福惠之渠。他們就會以忘我的精神，熱誠為他人謀福了。

解除人類的痛苦

又差遣他們去宣傳上帝國的道，醫治病人。
路加福音 9：2

基督在加利利碧草如茵的山坡上，以及其他有疾病痛苦的人可以親近祂的地方，設立了祂臨時的醫院。在祂所走過的每一個城邑、市鎮、鄉村，皆以慈憐如父愛一般的手，按在痛苦的人身上，醫好他們的疾病。基督亦已授權祂的教會從事同樣的工作。

在地上的任務終結之時，祂就鄭重囑咐祂的門徒：「要往普天下去傳福音給萬民聽，」祂清楚說到有病的人要得痊癒以證實他們的工作，又說：「你們手按病人，病人就必好了。」（馬可福音16：15，18）因奉祂的名，醫好了人身體上的疾病，他們就可證明出祂醫治靈性疾病的能力來。

救主所吩咐祂門徒的使命，乃是包括一切信徒自當年直到世界的末了。……從來世上對於教導和醫療的工作，其需要沒有比現今更大。世上充滿著需要幫助的人——軟弱、無助、無知識和墮落的人。

上帝的子民要做真實的醫藥傳道者。他們要學習如何去為人心靈與身體的需要而服務，他們要知道怎樣使用那最有效、且能減輕痛苦，醫治疾病的簡單治療法；他們要熟悉衛生改良的原理，以便教導別人如何藉著正當的飲食和衣著習慣，以避免疾病，恢復健康，……那位偉大的醫師……必賜福於凡謙卑信賴祂，並努力傳揚現代真理的人。

從特別的意義來講，醫治有病的人是我們的工作。

豐盛人生

今日操練

步武耶穌

給人們生命之水

人若喝我所賜的水就永遠不渴。
我所賜的水要在他裏頭成為泉源，直湧到永生。
約翰福音 4：14

豐盛人生

今日操練

步武耶穌

　　基督對撒瑪利亞婦人講道的時候，只介紹那上好之物的益處給她，並不在她面前說雅各井的壞處。祂說：「你若知道上帝的恩賜，和對你說給我水喝的是誰，你必早求祂，祂也必早給了你活水。」祂把話題轉到祂所能賜的寶物上面，給那婦人一種比她自己手中的一切都要更好的事物。就是那活水——福音的快樂和希望。

　　基督對於這一個婦人是多麼的關懷啊！祂的言詞是多麼的誠懇動人啊！當這位婦人聽了之後，她便放下了打水的器皿進城裏去向她所遇見的人說：「你們來看，有一個人將我素來所行的一切事，都給我說出來了，莫非這就是基督嗎？」經上記載說，那城裏有很多的撒瑪利亞人就都信了祂。誰能預先估算這句話，歷代以來在牧人的工作上發揮了多麼大的影響呢？

　　耶穌親自與人接觸交往。祂並沒有袖手旁觀或遠離那需要祂幫助的人。祂到人們家裏去，安慰傷心的人，醫治有病的人，勸告疏忽的人，周遊四方行善。若是我們要跟隨耶穌的腳蹤行，我們就必須效法祂所做的。我們必須幫助人像祂所做的一樣。

　　主希望祂恩典的道要傳給所有人聽。就一般而論，這工作是必須靠個人的努力方能成功。這也是基督工作的方法。祂的工作，一大部分是在個別晤談中進行的。祂非常重視個人的聽眾。往往藉著那一個聽眾，消息就傳揚給千萬人聽了。……有無數的人，除非把福音帶給他們，他們是永遠無法與福音接觸的。

要為小孩子服務

耶穌說：「讓小孩子到我這裏來，不要禁止他們；
因為在天國的，正是這樣的人。」
馬太福音 19：14

救主慈祥的面容與溫和仁愛的態度，無論在哪裏都能得到孩子們的敬愛和信任。

本來只有一個母親領著孩子離開家去找耶穌，但她在路上將自己去找耶穌的事告訴了一個鄰居。這個鄰居也想請耶穌為她們祝福，於是便有好些作母親的都帶著自己的小孩子一起來了。其中有幾個孩子已經超過嬰兒的年齡，已經是童年和少年的時期了。……但祂等著要看門徒怎樣對待他們，等到祂看見他們打發這些母親走開，而他們以為這樣的行為是體貼祂。祂卻指出他們的錯誤說：「讓小孩子到我這裏來，不要禁止他們，因為在天國的，正是這樣的人。」於是祂將孩子們抱在懷中，按手在他們頭上，並賜給他們特來要求的福氣。

上帝希望每一個小孩子都作祂的兒女，在祂的家中成長。他們雖然年幼，卻仍然可以成為信徒家裏的一分子，享受那寶貴的經驗。……基督要使他們作小傳道士。他們的思想或許要有所改變，甚至他們會認出罪惡不是一種快樂的享受，乃是應當對其憎惡而避之。……主必使這些小孩子在傳道的事業上有經驗。

只要我們為他們而工作，就可以引領成千上百的孩子們來歸向基督。

應當教導小孩子要同情年老和有病痛的人，要盡力去救助貧窮困苦的人。也當教他們殷勤地做傳道的工作，並且從他們幼年的時期就要教導他們，為別人的利益而克己犧牲，使基督的事業興旺，那樣，他們也可能就與上帝同工了。

豐盛人生

今日操練

步武耶穌

為顯要的男女作工

> 耶穌說這話的時候,有一個管會堂的來拜祂,說:
> 「我女兒剛才死了,求你去按手在她身上,她就必活了。」
> 耶穌便起來跟著他去;門徒也跟了去。
> **馬太福音 9:18-19**

祂(基督)為一切願意聽祂道的人工作——不僅只是為稅吏和被遺棄的人,同時也為有財富有學問的法利賽人、猶太的貴族、百夫長和羅馬官吏工作。我屢次蒙指示,這乃是當作之工。

奇怪的是那上層人士竟被我們忽略了。因為真理的一貫性;因為福音高貴品質的印記,所以我們在居高位的人當中,會發現很多人是願意相信真理的。而且在順服了真理以後,肯毅然獻上才幹,參與上帝聖工的大有人在。

執政掌權的人,受託負責處理要務的人,以及各界有思想的人們,都專注於我們周遭所發生的事。他們注視著各國間所有緊張不安的情勢,也看到地上各方面所有急迫的情形,就知道將有重大和確定的事故發生——世界已瀕臨於極大危機之中了。

我們不要忘記……許多律師、牧師、國會議員和法官們,在他們中間有不少人是成了不節制習慣的奴役。我們應當不惜任何的努力,促使他們明白自己的靈魂是值得救贖的,永遠的生命是值得去追求的。

世界最偉大的人,無一不屬於上帝奇妙工作的大能之下。人既悔改歸主,有許多就能在上帝的指導之下為自己同等的人出力。……只有永久的來世才能顯明這種工作所有的成就——許多處在疑惑中,厭倦了世俗紛擾的人們,就能尋見那位極願拯救一切到祂跟前來之人的大醫師。基督是一位復活了的救主,祂具有醫治之能。

濟助困乏的人

耶穌走遍各城各鄉，在會堂裏教訓人，
宣講天國的福音，又醫治各樣的病症。
馬太福音 9：35

　　基督的生活是何等的忙碌啊！天天都可以看到祂出入於卑微、貧苦、有憂患之人的家，向沮喪的人說有希望的話，向困苦的人說平安的話。時常注意貧窮和困難的人，連小孩子們都愛祂。祂深切的同情之心吸引了他們，祂簡明而又能表達其愛心的話，常常在他們中間，為他們分憂解惑。祂也常常將孩子們抱在膝上，同他們談話，深得他們的敬愛。

　　謙遜、親切、慈悲而滿懷惻隱地，祂周遊四方行善，給饑餓的人吃飽，扶持被欺壓的人，安慰傷心的人。沒有一個求助於祂的人會得不到祂的幫助。沒有一絲自私自利交織在祂所要留給祂兒女效法的榜樣中。祂所過的生活是祂希望凡信祂的人要過的，祂的食物乃是遵行祂天父的旨意。凡求助於祂的人祂必賜予信心、希望和生命。祂無論往那裏去都帶著福氣。

　　我們的救主對於墮落、痛苦的人類動了悲憫同情之心。你們若想作祂的門徒，也必須培養悲憫和同情之心。原來對於人類的災禍患難漠不關心的，而今對於他人的痛苦要代以真切的關懷。寡婦、孤兒和有病垂死的人常常需要幫助。這乃是傳揚福音的機會——當高舉基督為全人類的盼望和安慰。當那受痛苦的身體得到了救助，對患難之人也表現了誠懇摯切的關懷時，他的心門就敞開了，於是你就能將自天而來的香膏傾注其中，你若仰望耶穌，從祂吸收知識、能力和恩典，你就可以將祂的安慰分賜於別人，因為保惠師是與你同在的。

豐盛人生

今日
操練

步武耶穌

安息日行善

人比羊何等貴重呢！所以，在安息日做善事是可以的。
馬太福音 12：12

豐盛人生

今日
操練

步武
耶穌

按第四條誡命，安息日原是分別為身心休息和信徒聚會之用，一切世俗的工作都當停歇。但一切憐憫人的慈善工作，與上帝的旨意相符的，這樣的行為並不受時間或地方的限制。救助痛苦的人，安慰傷心的人，都是仁慈的服務，並且是加榮於上帝聖日的。

生活的需要必須照料，患病的人必須看顧，窮苦人的缺乏必須供給。凡在安息日不幫助受苦之人的，上帝必不以祂為無罪。上帝的聖安息日原是為人設立的，因此仁慈的行為，乃是與祂的宗旨相符的。無論是什麼痛苦，若是在安息日或任何一日所能解救，上帝絕不願意祂所造之物多受苦片時。

安息日並非是懶惰無所事事的日子。上帝的律法，禁止人在祂的安息從事屬世的工作；那謀求生計的辛勞必須停止。凡是追求世俗快樂或利益的事，在這一天都是不合宜的。上帝既歇了祂創造的工，在安息日安息，並賜福予這一日；因此人也當擺脫他日常的職務，專注在這成聖的光陰，做有助健康的休息，敬拜上帝，並為聖事而用。故基督醫治病人的工作與律法完全相符，也是尊重安息日的。

我們的救主宣稱一切解救人類痛苦的事，乃是慈悲的行為，並不能視為干犯了安息日。

我們不可忽略受苦之人的需要。救主藉著祂的榜樣已指示我們，在安息日盡力解救別人的痛苦是應該的。

誰是我的鄰舍

那人要顯明自己有理，就對耶穌說：「誰是我的鄰舍呢？」
路加福音 10：29

「誰是我的鄰舍呢？」在猶太人之間這個問題掀起了無休止的辯論。他們對於外邦人和撒瑪利亞人素來的看法是毫無疑問了；那些都是陌生人，是仇敵。然則在自己本國人之中，和社會各等階級之間究竟要如何來區分呢？在「良善的撒瑪利亞人」的比喻中基督回答了這個問題。祂指明鄰舍的意義不僅包括與我們同樣信仰，同樣教會的人。這個問題更與種族、膚色或等級無關。每位需要幫助的人，是我們的鄰舍。每位被仇敵傷害欺壓的人，是我們的鄰舍；凡屬於上帝產業的人都是我們的鄰舍。

凡有困乏痛苦的人，都是我們的鄰舍。每一個誤入迷途的亞當兒女，被眾生之敵所擄掠，捆綁於敗德錯誤習慣中的男女都是我們的鄰舍。

我們的鄰舍不單是我們的同事和最要好的朋友，也不僅是本會的教友，或思想與我們相同的。我們的鄰舍是整個的人類，我們要向眾人行善，尤其是對於信徒一家的人。我們要向世界表明遵守上帝誡命的意義。我們要愛上帝為至上，也要愛鄰舍如同自己一樣。

今日上帝給人們機會來表明他們是否愛他們的鄰舍。凡以真誠愛上帝，及愛人的人，就是向貧窮、痛苦、受傷、垂死的人表現憐憫的人。上帝命令每一個人都當負起自己所忽略了的工作，竭力在人類的身上恢復創造主的形像。

對鄰舍說話誠實

你們所當行的是這樣：各人與鄰舍說話誠實，
在城門口按至理判斷，使人和睦。
撒迦利亞書 8：16

今日
操練

親睦
鄰里

　　我要對凡與基督一同作工的人說，你們何時有機會能與人圍爐談話，便當善用此一良機；拿出《聖經》來，在他們面前講解其中的偉大真理。你們能否成功，並不在乎學問造詣，乃在乎能否得著人心。藉著社交與人接近，就能改變人思想的傾向，比用最專業的討論來得更容易。在人的家裏，火爐旁，及在私宅內少數人聚集之時，宣講基督，往往比在公共的場合裏，往來的人群中，甚至比在教堂裏所作的講道，更能夠有效地引人歸主。

　　要攜帶印刷品（傳單、刊物和書籍之類）並請他們閱讀。當他們看出你是忠誠的，他們就不會輕視你的努力。就是心腸最剛硬的人，也總有方法與他取得聯絡。只憑著純樸、誠實和謙卑的態度，就能幫助我們接近那些基督為之犧牲的生靈。

　　每次要利用機會，要去拜訪你們的近鄰，並以同情之心和仁慈的行為感化他們，要去探訪病重的人，對他們表現親切的關懷。若屬可行，要盡力使他們更為舒適一些。這樣你們便能得到他們的心，並為基督作了見證。只有永恆方足顯明這樣的服務所生的影響是何其遠大。

　　那些不肯去服務他人的人，就像一般漠不關心的人一樣，不久必失去他們起初的愛心，而逐漸開始譴責、批評、論斷自己的弟兄了。

　　凡以救主的精神出去將真理傳給別人的人……愈是獻身為上帝服務，就愈加有活潑的能力。能對其他人解釋《聖經》乃是一種快樂的工作。

0# 救人就是救自己

你要謹慎自己和自己的教訓，要在這些事上恆心；
因為這樣行，又能救自己，又能救聽你的人。
提摩太前書 4：16

我曾讀過關於一個人在冬日大雪中旅行的事，他因受凍而全身僵住了，在不知不覺中他的身體機能幾乎都結冰了，在瀕臨凍死，想要放棄那掙扎求生之念時，他聽到一個同路的旅人，也是凍得幾乎要死而發出呻吟之聲，他動了同情之心，決意去救那人。他按摩那位不幸者的四肢，經過相當久的努力，才把那人扶起來。但是那位遭難者自己還是不能站立，因此他就用兩臂托住他，扶他走過那一段路，就是他先前以為自己一個人絕不能走過的雪堆。

等到他把那同路旅客帶到了安全的地方之後，他忽然明白救了鄰舍，也等於救了自己。因他盡心盡力去救助別人，結果使自己快要凝凍的血液大為流動，全身及四肢就發熱了。

傳道人應當用訓誨及榜樣，不住的督促青年信徒，明白幫助別人就是幫助自己，好讓他們在基督徒的經驗上可得到最好的效果。凡灰心失望的，就是心想永生之路是辛苦艱難的人，最好去作工幫助別人。這種努力配合著祈求神聖之光的禱告，就必使他們的心因上帝恩典激奮之力而跳動，他們自己的愛心，也必因更多神聖之熱忱而熾旺起來。他們整個基督徒生活便要更篤實、懇切、虔誠了。在安息日聚會時所做的見證就必充滿能力了。他們必快樂的見證為別人作工而得的經驗是何等的寶貴。

存憐憫的心以恩慈相待

並要以恩慈相待，存憐憫的心，彼此饒恕，
正如上帝在基督裏饒恕了你們一樣。
以弗所書 4：32

今日
操練

親睦
鄰里

　　甚願耶穌在祂自己寶貴的人生中所彰顯的柔和與憐憫，能成為我們待人的模範。有許多人在人生奮鬥中，遭遇失望而沮喪，他們只需要一句仁慈愉快的勉勵話語，便能使其力量倍增而作得勝的人。我們以溫柔仁慈的話語，以及像基督那樣盡力去減輕他人的重擔，其所能產生遠大的效果，是我們所無法預測的。要使那些在錯誤中的人恢復過來，除了用溫柔慈愛的精神和愛心之外，別無他途可循。

　　在你與周遭的人來往之時，不可忘記對方原是上帝的產業。要以恩慈、憐憫和禮貌相待。當尊重上帝所贖取之生命的地位，待人要溫良有禮。

　　你心裏若懷藏著仇恨、嫌惡、嫉妒、猜疑，你有責任將這一切事改正過來。要承認自己的罪，要與你的弟兄和好。要稱讚他們。不可背地裏說人長短，引起別人心中的猜疑。你當盡一切所能維護他人的名譽，如同你盼望他們保護你的名譽一樣；要愛他們，猶如你希望耶穌愛你一般。

　　上帝的恩典能幫助人，在與別人交往之時，能夠常為對方設想。祂的恩典能幫助人，使之不專顧自己的事務，也要顧到別人的。祂的恩典也要幫助他們表現出溫柔、同情和仁慈的態度。培養正直的精神，度一種聖潔的人生——這就是與基督相似的意思。

　　願你的生活為《聖經》寬宏的原則所管理，就是以善意、仁慈和禮貌為你生活的原則。

存智慧的心

我就應允你所求的，賜你聰明智慧，
甚至在你以前沒有像你的，在你以後也沒有像你的。
列王紀上 3：12

在所羅門早年的生活上，可以看出上帝教育方法的成果。所羅門年輕時選擇他父親所選擇的。他不求一切世俗的利益，只求上帝賜他一個智慧與能夠辨別是非的心。耶和華不但將他所求的賜給他，更將他所沒有求的富足與尊榮賜予他。他的理解力，他知識的範圍，以及他作王時的榮耀，竟成了世上的奇蹟。

耶和華的名在所羅門時代的初期大得尊榮。王所顯現的智慧和公義，向萬邦證明他所事奉的上帝其卓越的特質。有一個時期以色列猶如世上之光，彰顯了耶和華的偉大。所羅門在位最初幾年所享受的榮華不在乎他優越的智慧，豐足的財富，或他無遠弗屆的勢力與名望，乃在乎他聰明地運用上天的恩賜，並其給予以色列上帝之名的尊榮。

年復一年，所羅門的名聲持續增長，他就竭力培養自己的智慧和靈力，不住的將自己所領受的福惠轉賜予別人，藉以榮耀上帝。沒有人能比他自己更明白，他所擁有的權力、智慧和理解力一切都是出於耶和華的恩賜，而且要他藉著這些的恩賜將關於萬王之王的知識傳揚於世界。

人順服了真理之後，他在品格改造上的工夫就會持續不斷的進行。他既是一個順從上帝的人，他的理解力就有所增長。上帝的旨意變成他自己的意志，而且因他時刻仰望上帝的教訓，理解力也就加強了。人的意志若能無條件的順從上帝聖靈的引導，就必在各方面都有所擴張。

豐盛人生

今日操練

親睦鄰里

存憐憫的心

正直人在黑暗中，有光向他發現；
他有恩惠，有憐憫，有公義。
詩篇 112：4

今日
操練

親睦
鄰里

　　何處有愛和同情的表現，以及造福人群的善意，就有上帝的聖靈在那裏運行。迷信的異教徒，從來不知道《聖經》所記載的上帝律法，也沒有聽過基督的名字，不知道他是如此地恩待他的僕人，甘心冒著自己生命的危險，來保護他們。他們的行為顯出了神聖之能的運行。聖靈將基督的恩典放置在未感化之人的心中，使他產生與他本性和受世俗影響所相反的同情心。

　　基督希望提拔凡願意與祂自己相交的人，使我們與祂合而為一，正如祂與天父合而為一一樣。祂准許我們遭逢苦難和災禍，目的在除去我們自私自利的意念。祂竭力在我們內心培養祂自己品格的特質——憐憫、溫柔和慈愛。我們接受了祂的服務，就等於列身於祂的門牆，預備進入上帝的院宇。

　　藉著與自天國而來的使者協力合作，完成他們在地上的工作，就是準備在天上我們可以和他們作伴。天上的使者既是「服役的靈，奉差遣為那將要承受救恩的人效力」，所以那些在地上不是「受人的服事，乃是要服事人」的人最受歡迎。在這有福的友誼中，我們得到永遠的快樂，並對於關於「誰是我的鄰舍」這一個問題，便愈發謹慎注意了。

　　每一樁慈愛的行為，每一句親切的言語，以及每一次為遭受痛苦欺壓之人所獻的祈禱，都會呈報到永恆的寶座前，記載於天上永遠不滅的記錄冊之中。

和鄰舍一同唱詩禱告

希西家王與眾首領
又吩咐利未人用大衛和先見亞薩的詩詞頌讚耶和華；
他們就歡歡喜喜地頌讚耶和華，低頭敬拜。
歷代志下 29：30

　　基於愛心和同情挨家挨戶地去宣揚真理，原是與基督初次差遣祂的門徒出去傳道的指示相符的。藉著讚美上帝的詩歌，和謙卑誠懇的祈禱，在別人的家中以簡明的方法解釋《聖經》的真理，可以感化許多人。神聖的幫助者亦將蒞臨其間，使人心受感動。祂曾應許說：「我就常與你們同在。」既有了這樣的一位幫助者與我們同在的保證，我們自當憑著希望、信心和勇氣而努力工作。

　　有歌唱天賦的人是很被看重的；詩歌是使人心感受屬靈真理影響的最有效方法之一。往往聖詩的詞句是啟迪人悔悟和信心的根源。……信徒之中無分老少，都當受訓出去向世人宣揚這最後的信息。若是他們帶著謙卑的心出發，上帝的天使會和他們同在，教導他們如何揚聲禱告，如何引吭高歌，並如何宣揚現代的福音信息。

　　要學習唱一些最簡單的詩歌。這可以幫助你從事挨家挨戶的佈道工作，人心也必響應聖靈感化之能。基督常常聽見讚美的聖詩，祂的心裏很快樂。《聖經》也告訴我們當罪人悔改的時候，天上的使者也大有喜樂，而且主也因祂的教會唱聖詩而喜樂。

　　當你們像門徒一樣到處宣揚救主之愛的故事時，必有人歡迎你們，樂意與你們為友，且要看見你們勞苦的果效。

豐盛人生

今日操練

親睦鄰里

要看顧孤兒寡婦

在上帝我們的父面前，那清潔沒有玷污的虔誠，
就是看顧在患難中的孤兒和寡婦，並且保守自己不沾染世俗。
雅各書 1：27

豐盛人生

今日
操練

純正信仰的意義

　　在一切需要我們扶助的人中，孤兒寡婦應該得到我們最溫柔慈愛的同情和照顧。

　　那懷抱著信心去世的父親，倚靠著上帝永遠的應許，離開他所愛的人卻滿心相信上帝必照顧他們。試問，上帝如何去照顧被撇下的人呢？祂並不行神蹟使嗎哪從天上降下，祂也不吩咐烏鴉叼食物來給他們吃，但祂在人的心中施行了神蹟，祂從人的心中排除自私的意念，開啟仁慈善行的泉源。祂試驗自稱為祂門徒之人的愛心，將有苦難，貧窮之人和孤兒寡婦託付於他們仁慈的照顧之下。

　　許多可憐的寡婦帶著她那已失去父親的孩子，在那裏掙扎奮鬥，背負雙重的擔子，在不能勝任的勞苦之中拼命苦撐，要撫養她的子女，她沒有工夫訓誨他們、教導他們、少有機會為他們培養光明遠大的環境。她是需要同情、鼓勵和確實的扶助。上帝叫我們儘量在可能的範圍之內，補足這些孤兒所缺乏的父愛。切不可遠遠地站著，指責他們的不是，卻應想各種方法去幫助他們。要設法幫助那壓在重擔之下的母親，減輕她的負擔。

　　在生活安適富足的家中，在五穀豐盈的倉裏，在布帛堆積的櫃中，在金銀斂藏的庫內，上帝都使我們有力量可以供養這些貧乏的人。祂要我們替祂廣施鴻恩。

　　那些憐憫……寡婦、孤兒和窮乏之人的人。基督稱他們為守誡命，要承受永生的人。

要把你的餅分給饑餓的人

不是要把你的餅分給飢餓的人，將飄流的窮人接到你家中，
見赤身的給他衣服遮體，顧恤自己的骨肉而不掩藏嗎？
以賽亞書 58：7

什麼是清潔無玷污的虔誠呢？基督曾經告訴我們那清潔沒有玷污的虔誠乃是要在家中、教會裏，以及在社會中實行憐憫、同情和愛心。

我們要顧念、照料那需要我們愛護、憐憫，和照顧的人。我們應該時常記著自己既是基督的代表，就當將祂所給予的福惠分贈予人，不是要分給那些能夠報答我們的人，乃是要給那能明白這幫助他們身體和靈性缺乏的人們。設宴款待那很少享受快樂的人，使生活黯淡的人重獲光明，解救他人的貧困和痛苦，乃是不自私的行為，也是合乎基督教訓的。

我們到處都可以看到貧乏和痛苦。全家缺乏食物，孩子們啼饑索食，貧窮人的家裏缺少適當的傢具和被褥，許多的人住在幾乎毫無設備的茅屋裏。貧窮人的哀聲上達於天，上帝不但看見，祂也聽見了。

照顧並支援持那缺乏的人……這乃是相信現代真理的每一個教會久已該作的事情。我們要顯出像良善的撒瑪利亞人般的憐憫和同情來，幫助其他人在肉身的需要，將食物給饑餓的人吃，將貧窮遭棄的人接到我們的家裏招待，從上帝那裏天天領受恩典和能力，使我們可以觸及人類最深的痛苦，幫助那些無力自助的人。在進行這工作的時候，我們就有最好的機會來表揚被釘十字架的基督了。

使赤身露體的人有衣服穿

因為……我赤身露體，你們給我穿。
馬太福音 25：35 － 36

豐盛人生

今日
操練

純正信仰的意義

　　基督說道：「那餓了，渴了的是我，作客旅的也是我；那病了的是我，在監裏的也是我。當你們坐在豐富筵席上時，我正在茅舍或街頭捱餓受饑；當你們在豪華的宅第中享樂時，我卻沒有枕頭之地；你們的衣櫥中掛滿了華麗的衣服，我卻赤身露體；當你們追逐宴樂時，我卻在監裏憔悴呻吟！

　　當你們吝嗇的拿出一點食物給饑餓的窮人時，當你們把薄紙似的衣服給他們遮體抵禦嚴寒時，你們曾否想到你們是在施捨給榮耀的主呢？在你們一生的年日中，我在這些受苦人之間離你們不遠，可是你們沒有尋找我。你們不願與我相交，所以我不認識你們。」

　　我們所謂基督教的世界中，那耗費於炫耀國度，購買珍寶妝飾的錢財，足供我們城鎮所有一切饑餓，赤身露體的人溫飽所需；而且這般自稱跟從柔和謙卑耶穌的人，自己並不缺乏什麼足夠的食物或合適的衣服。當上帝的大日來到，這些信徒將面對那些值得幫助的貧窮人、困苦的孤兒寡婦、需用物品的困乏之人；而這班自稱是跟隨基督的人為購買過多的衣服，以及那些《聖經》明白禁止的、不需要的裝飾所浪費的錢，已夠補足應付這一切的需要而有餘了，那時，他們將有什麼話可說呢？

　　〈以賽亞書〉第八章明白指出上帝的子民效法基督的樣式所該做的事工。他們要折斷一切的軛，把餅分給饑餓的人，見赤身露體的人給他衣服穿。……若他們在仁慈的行為上能履行上帝律法的原則，就可以將上帝的品格表彰於世，自己也必蒙受上天所賜最豐富的福惠了。

要解救受欺壓的

學習行善，尋求公平，解救受欺壓的；
給孤兒伸冤，為寡婦辨屈。
以賽亞書 1：17

親愛的救主耶穌，我們的模範，祂對於那關於真理和義務的問題，是堅定如磐石的。而且祂的生活是在真實禮儀上，一個完全的例證。仁慈與溫順使祂的品格有馨香之氣。祂時常以慈愛的眼目關注有缺乏及被欺壓的人，時時向他們說出安撫慰藉的話。

當你遇見那困於勞苦、備受欺壓，而不知向何處求援的人，要竭力去幫助他們。上帝的旨意並不是要祂的兒女閉關自守，不去關心比他們更不幸之人的福利。你當記著基督是為他們而死的，正如祂為你捨生一樣。安慰和仁慈將為你開啟幫助他們的門路，以獲得他們的信任，鼓舞他們的盼望和勇氣。

不要讓交易買賣的關係，奪取了仁慈的心。仁慈的話語，和悅的面容，及謙遜的態度，是最有價值的。以真誠禮儀與人相交，是最能吸引人的。如此的情感用在受到困苦欺壓，被疾病和貧窮壓倒之人的身上，是多麼具有恢復和提攜他們的感化力啊！我們是否吝嗇不肯藉這樣的厚待，去安慰他們呢？

每一件公平，憐憫，和慈善的行為，都會使天上樂音高歌。天父在祂的寶座上垂顧那些憐憫他人的人，並將他們列在祂最貴重的珍寶之中。「萬軍之耶和華說，在我所定的日子，他們必屬我，是特別歸我的。」每次向貧窮困苦的人所表現憐憫的行為，上天都會將其視為是做在耶穌身上的。當你解救貧窮人，與困難受欺壓的人表同情，做孤兒的朋友之時，就使自己和耶穌有更親密的聯絡了。

豐盛人生

今日操練

純正信仰的意義

為瞎眼與瘸腿的服務

我為瞎子的眼，瘸子的腳。
約伯記 29：15

豐盛人生

今日
操練

純正信仰的意義

要小心警醒，恆切禱告，以防自己全神貫注於重要買賣上，卻將真實的虔誠忽略了，此舉終將使愛心全然泯滅。明知自己必須作上帝的助手去服侍瞎眼的，以及其他一切不幸的人，卻全都棄而不顧了。那最為孤獨無依的人，是最需要加以注意的。要用你的時間和精力去學習如何時常使心裏火熱；行公義、好憐憫，「常常服事主」。要記著基督的話說：「這些事你們既作在我這弟兄中一個最小的身上，就是作在我身上了。」

上帝希望祂的子民，要比現今所做的更加倍地去憐憫體貼一切不幸的人。上帝希望瞎眼的和因身體殘廢而受苦的人，要與寡婦孤兒所得到同樣的照顧。在這個時代，無私的慈善確是罕見的。希奇的是，自稱為基督徒的竟如此忽視上帝聖言中明確的教訓，而不受良心的責備。上帝將這份照顧不幸的、瞎眼的、瘸腿的、以及孤兒寡婦的責任，放在他們身上，但許多人卻毫不注意這份責任。

在這個世界上，將有一個大工極待完成，而且我們雖已臨近世界歷史的終點，這工作的範圍一點也沒有因而縮小。而等到上帝完全之愛充滿人心時，必有驚奇的大事要成全。

救助窮乏的人

我為窮乏人的父;素不認識的人,我查明他的案件。
約伯記 29:16

有憑據證明約伯的公義是像基督的。藉著耶穌,人能具有一種溫慈的憐憫,對於有需要和被欺壓的人。祂使自己降卑蒙羞到極點,並存心順服以至於死,且死在十字架上,使祂能高舉我們與祂自己同作後嗣。全世界的需要,是惟有基督才能賜予而滿足。凡到祂面前向祂求援的人,祂沒有什麼退避或不予以幫助的。祂不像現在許多人所做的說:「巴不得人不因他們自己的事來攪擾我,我要積攢錢財,預備投資地產房屋。」天上尊榮之君耶穌,撇棄了祂天家的榮耀,以祂心中所懷仁慈的意念,向全世界的人類彰顯上帝的品格。

若沒有貧乏,我們就無法通曉上帝的憐憫和慈愛,亦無從認識有憐憫有同情的天父。

你先要解決應付貧困之人肉體方面的需要,救助他們的缺乏和痛苦,然後必發現有深入他們心中的通路,使你可以栽種品德和信仰的善種。

福音優美的現象,在那些缺乏與需要之地,顯得更加優美。《聖經》的真理透入農夫的茅舍,光照了貧窮人原始的村落。……那公義的日頭所照射出來的光,給痛苦有病的人帶來了喜樂。上帝的天使也在那裏。……曾經被厭惡被撇棄的人,因信心和蒙赦免得以提拔享有上帝兒女的尊嚴。

基督的信仰乃是貧窮人的慰藉。

豐盛人生

今日
操練

純正信仰的意義

向信徒一家的人行善

所以，有了機會就當向眾人行善，向信徒一家的人更當這樣。
加拉太書 6：10

今日
操練

純正信仰的意義

　　基督特地把照顧眾人的責任，放在教會的身上。祂容許窮人到教會裏來，而且窮人必常在我們中間。所以各信徒的身上，都有一種上帝所交託給他們的責任，要照顧他們窮困的弟兄。如同一個普通家庭裏的成員，彼此眷顧，服務病者，扶助弱者，教導愚昧的，教育閱歷淺薄的，照樣，「信徒一家的人」也要留心其中有需要及束手無策的人。對於這些需要幫助的人，是絕不可置之不理的。

　　每一個教會有責任慎重而賢明的安排、照顧教會內所有貧窮及有疾病的人。

　　自稱跟隨基督的人，對於解救弟兄姊妹所負貧乏及被欺壓的軛，其疏忽不盡責的行為，都會在天國的冊上被記錄下來。既是做在聖徒的身上，就彷彿是做在基督的身上。將來主要向著曾將祂的教訓傳給人，卻忽視比自己更不幸、更沒有成就的主內弟兄，以及缺乏溫慈同情和愛心的那些人，所要討的債是何等的大啊！

　　真實的基督徒是貧窮人的朋友。他對待困惑不幸的弟兄，如同人看待一種美妙、柔弱、敏感的植物一樣。上帝希望祂的工人，在有病受苦的人中間做為祂恩典和慈愛的報信者。祂時常眷顧我們，要知道我們彼此如何相待，在和處高位的、卑賤的、富有的、貧窮的、自由的和為奴的交往上，是不是像基督一樣。

　　對於屬上帝的貧乏之人，毫無疑問；凡是與他們有益的事上，都當予以幫助。

加強靈力，增進健康

這樣，你的光就必發現如早晨的光；你所得的醫治要速速發明。
你的公義；必在你前面行；耶和華的榮光必作你的後盾。
以賽亞書 58：8

　　這豈不是我們所渴求的嗎？啊！遵行我們天父的旨意必得到健康和平安。你的公義，必在你面前行；耶和華的榮光，必做你的後盾。那時你求告，耶和華必應允，你呼求，祂必說，我在這裏。你若從你中間除掉重軛，和指責人的手勢，以及發惡言的事，你心若向饑餓的人發憐憫，使困苦的人得滿足，你的光就必在黑暗中發現，你的幽暗必變為正午。耶和華也必時常引導你，在乾旱之地，使你心滿意足，骨頭強壯。你必像澆灌的園子，又像水流不絕的泉源。

　　你若給赤身露體的人衣服穿，將流浪的人接到你家中，把你的餅分給饑餓的人，你的光就必發現如早晨的光，你所得的醫治，要速速的發明。善行是最好的治病良藥。

　　行善、幫助別人會使心情愉快，使血液循環通暢，增進智力和體力的健全。

　　清潔沒有玷污的虔誠，不只是一種情感而已，乃是一種有憐憫有仁慈的行為。這樣的虔誠是享受健康幸福必須的條件。它進入被玷污心靈的殿，用鞭子將闖入的罪孽驅除。它既登上寶座，就因它的臨到使一切成為聖潔，並光照了人的心。……它向天敞開心靈的窗戶，使上帝慈愛的光線照進來。隨之而來的是鎮定從容，並且在體力、智力和道德力都有增進，因為天國的氣氛，像一種活潑有生命的元素，充滿了心靈。

豐美盛人生

今日操練

服務的報賞

要發光如星直到永遠

智慧人必發光如同天上的光；
那使多人歸義的，必發光如星，直到永永遠遠。
但以理書 12：3

豐盛人生

今日
操練

服務的報賞

那照著各人的才幹，「分派各人」當作之工的主，絕不會不獎賞忠心服務的人。每次帶有忠誠及信心的服務，必要得著上帝特別的恩眷和嘉許。有應許給每位同工說：「那帶種流淚出去的，必要歡歡樂樂的帶禾捆回來。」（詩篇126：6）

無論我們服務的期限是多麼的短暫，工作的種類多麼卑微，若我們憑著單純的信心來跟隨基督，就必得著賞賜。最偉大、最有智慧的人所不能獲得的，最軟弱、最謙卑的人就要得著了。天國的金門絕不為自高的人敞開，它也絕不為心高氣傲的人高舉。但那永遠的門戶必為小孩子顫動的手大大的敞開。以單純的信心和愛心為上帝效勞的人，必享受恩典和福氣為報償。

如此服務的人，額上常戴有犧牲為冠冕，但他們終必得著他們的報償。

這樣的思想應該鼓勵每一個為上帝工作的人。往往我們終身為上帝的聖工勞碌，似乎是無效的。也許我們誠懇地恆切行善，卻無法蒙允許能親眼看見我們勞碌的果效，在我們看來這一切的努力似乎全歸於徒然了，但救主向我們保證，上天已經記錄了我們的工作，將來的賞賜是絕對可靠的。

雖然他的生活似乎是艱苦和克己的，⋯⋯但在上天看來乃是一種成功的人生，他將被列為上帝的兒子之一。「智慧人必發光，如同天上的光；那使多人歸義的，必發光如星，直到永永遠遠。」（但以理書12：3）

成聖
的生命

My Life
Today

要全然成聖：身、心、靈

願賜平安的上帝親自使你們全然成聖！
又願你們的靈與魂與身子得蒙保守，
在我主耶穌基督降臨的時候，完全無可指摘！
帖撒羅尼迦前書 5：23

《聖經》所提及的成聖，乃是關乎整個人——身心靈，其真意即全然的獻上。保羅祈禱希望帖撒羅尼迦的教會能夠享受這宏大的福惠便說：「願賜平安的上帝，親自使你們全然成聖，又願你們的靈、魂與身子，得蒙保守，在我主耶穌基督降臨的時候，完全無可指摘。」

真實的成聖，乃是完全地順從上帝的旨意。叛逆的思想和情緒被馴服了，耶穌的聲音喚醒了一種充滿於全人的新生命。凡已真實成聖的人，絕不再以自己的意見為是非的準則。他們不再是固執或自以為義的人；他們是深自警惕，惟恐已有應許給他們而他們來卻不及回應那為應許所立的基本條件。

豐盛人生

今日
操練

成聖

《聖經》所提示的成聖並非是一種狂熱的、強烈的情緒。有許多人在這方面被引誘入了迷途，他們以感覺為標準。當他們感覺愉快高興之時，他們就自稱已全然成聖了。殊不知愉快的感覺，實不足以作為成聖與否的憑據。沒有所謂「立即成聖」的事。真實的成聖乃是每日的工夫、畢生持續不間斷的工作。凡天天與試探奮鬥，制勝自己犯罪的傾向，尋求身心聖潔的人斷不會自誇已經成聖了。他們是饑渴慕義的。在他們看來罪惡是極其可憎的。

真實的成聖……無非是天天向著自己死，並且天天順從上帝的旨意。

一個實際成聖的例證

你們作丈夫的，要愛你們的妻子，正如基督愛教會，為教會捨己。
要用水藉著道把教會洗淨，成為聖潔，可以獻給自己，
作個榮耀的教會，毫無玷污、皺紋等類的病，乃是聖潔沒有瑕疵的。
以弗所書 5：25－27

《聖經》在此處所提的「成聖」，並不僅是一種對外的表現。這樣的成聖，乃是通過真理的管道而領受的，就是心中接受了真理而在日常生活上實行出來。耶穌，就其為人而論，是一位完人，然而祂在恩典上也是逐漸長進的。在〈路加福音〉2章52節說：「耶穌的智慧和身量，並上帝和人喜愛祂的心，都一齊增長。」即便是最完全的基督徒，在認識和敬愛上帝的事情上，也可以持續有長進。

「你們卻要在我們主救主耶穌基督的恩典和知識上有長進。願榮耀歸給祂，從今直到永遠。阿們！」（彼得後書3：18）

成聖的工夫不是一時、一刻或一天之中可以一蹴即成的。成聖乃是繼續不斷地在恩典中求長進。我們今日不曉得明日的爭戰會是如何的激烈。撒但是活躍的，而且是積極的，我們必須天天懇切地求告上帝賜能力幫助我們抗拒他。只要撒但猶執掌霸權之時，我們就須克服自我，勝過試探，而無可間歇，沒有任何時候可以說我們已經完全成功了。

基督徒的人生，是一種繼續前進的行程。耶穌坐著要熬煉潔淨祂的子民，直等祂的形像能在他們的身上完全返照出來的時候，他們才是完全而聖潔的，可以預備升天國了。

每一個基督徒必須每天在神聖的生活上有所長進。當他追求完美之時，每天都要悔改歸向上帝；在他尚未擁有一個完全的基督徒的品格，並預備妥當領受永生之前，他都不能算是達到完全的境界。

今日
操練

成
聖

因順從得以成聖

所以你們要自潔成聖，因為我是耶和華——你們的上帝。
你們要謹守遵行我的律例；我是叫你們成聖的耶和華。
利未記 20：7 - 8

亞當和夏娃擅自違背了主的命令，他們犯罪的可怕後果應該做為我們的鑑戒，不要效法他們悖逆的榜樣。……除非順從真理，否則別無其他獲得真實成聖之途。凡全心全意愛上帝的人，也必愛祂一切的誡命。成聖的心是與上帝律法的原則完全和諧的，因為這些原則是聖潔、公義、良善的。

真正敬畏上帝的人，不會持續地違犯上帝的任何一條誡命。當人犯了罪就被律法定為有罪，而律法對於他乃是一種奴僕的軛。不論他自稱為基督徒與否他並沒有成義，意思就是沒有蒙赦免。

豐盛人生

今日操練

成聖

「耶和華的律法全備，能甦醒人心。」（詩篇19：7）身、心、靈之成聖，都源於順從。成聖是一種日漸積累的工作，是從一個完全的階段進展到另一個階段。

要有活潑的信心，彷彿金線交織在所履行的本分之中，連最微不足道的義務也當如此。因而日常的工作便促進了基督徒的成長，時時刻刻地繼續仰望耶穌。因愛祂使一切所從事的工作活潑而有力，並且藉著正當地運用我們的才幹，藉著這金鏈使自己與那更高的世界有了聯繫，這便是真正的成聖。因為成聖的意義，乃是在日常的義務上欣然地完全順從上帝的旨意。

人若有心聽從上帝，並努力去做，耶穌必視這樣的心意和努力為世人最佳的服務，至於其欠缺不足之處祂願意以自己神聖的功勞彌補之。

成聖的果效

你們要靠主常常喜樂。
我再說，你們要喜樂。
腓立比書 4：4

　　亞當墮落的兒子得以藉著耶穌而成為「上帝的兒子」。「因那使人成聖的，和那些得以成聖的，都是出於一，所以祂稱他們為弟兄，也不以為恥。」（希伯來書2：11）基督徒的生活應當是信心的生活、得勝的生活、和在上帝裏面喜樂的生活。「因為凡從上帝生的，就勝過世界，使我們勝了世界的，就是我們的信心。」（約翰一書5：4）上帝的僕人尼希米說得好：「因靠耶和華而得的喜樂是你們的力量。」（尼希米記8：10）保羅說：「你們要靠主常常喜樂，我再說你們要喜樂。」「要常常喜樂，不住地禱告，凡事謝恩，因為這是上帝在基督耶穌裏向你們所定的旨意。」（帖撒羅尼迦前5：16-18）

今日
操練

成
聖

　　這就是《聖經》所顯示的，悔改和成聖的果子。

　　他（真實的義人）的本性是如此，他全心全意貫注於愛上帝和愛世人，並欣然樂意地去從事基督所做之工。

　　一切在他影響所及範圍以內之人，都察覺到他基督徒人生的優美與芬芳，而他自己卻無此感覺，因為他人生裏的一切都與他的習慣及喜好和諧一致。他祈求神聖的光照，而且喜歡行在光中。他的食物是遵行他天父的旨意，他的生命和基督的生命一同隱藏在上帝裏面，然而他卻不以此誇口，甚或視為理所當然。上帝向那些謙卑的，緊緊跟隨救主腳蹤而行的人，顯露出祂的笑容。天使樂意挨近他們，喜歡徘徊在他們的道路旁。或許一般自稱有偉大成就，喜愛大肆宣揚自己善行的人，以為不屑一顧而越過他們，但天使卻親切地護衛他們，在他們的四圍像火牆一樣環繞他們。……人類蒙此特權得稱為上帝的後嗣，和基督同作後嗣。

基督為我的緣故，自己分別為聖

你怎樣差我到世上，我也照樣差他們到世上。
我為他們的緣故，自己分別為聖，叫他們也因真理成聖。
約翰福音 17：18 － 19

SEP 9月
05 日

豐盛人生

今日
操練

成聖

　　基督宣稱祂使自己分別為聖，好叫我們也可以成聖。祂披上了我們的人性，成為人類毫無缺點的模範。祂完全沒有錯誤，因而我們也可以做得勝的人，並以得勝者的身分進入祂的國。祂祈求使我們因真理可以成聖。什麼是真理呢？祂說：「我的道就是真理。」祂的門徒要因順從真理而得以成聖，祂說：「我不單為這些人祈求，也為那些因他們的話信我的人祈求。」（約翰福音17：20）那一次的祈禱原是為我們獻上的。我們相信基督的門徒所作的見證。祂祈求要祂的門徒合而為一做為證據，使世人相信祂差遣了我們，也證明我們已經領受了祂的恩典。

　　我們要與世界的救主有一種神聖而親密的關係，我們要與基督合而為一，如同祂與天父合而為一一般。上帝的子民得與上帝的兒子合而為一，是何等奇妙的改變啊！我們的嗜好、傾向、欲望和情緒都要受控制，令這些與基督的旨意和精神相符。這也正是主為信祂的人所樂意做的事。我們的生活和品格要在世上發揮一種陶冶的作用。基督的精神要控制著祂信徒的人生，使他們說話行事能像祂一樣。基督說：「你所賜給我的榮耀，我已經賜給他們。」（約翰福音17：22）

　　基督的恩惠在領受之人的生活和品格上，要形成一種神奇的變化，而我們若是基督的真門徒，世人必看出神聖的能力在我們身上所有的成就，因為我們雖仍在世上，卻不是屬於這世界的。

謙卑的男女

因為耶和華喜愛祂的百姓；祂要用救恩當作謙卑人的妝飾。
詩篇 149：4

SEP 9月
06日

最珍貴的成聖之果，乃是謙卑的美德。人有這樣的恩賜在心靈中作主，性格就必受其陶冶。因而常常靜待主前為要得知上帝的旨意；自己的意志也順服於祂的旨意之下了。他的悟性及理解力可以接受一切神聖的真理；意志既順服了每一句神聖的訓誨，自無疑惑亦無怨言。真誠的謙卑要軟化人心使之歸順，且預備人的思想去接受真理，它也使人的思想和意念歸順於耶穌基督；並啟迪人心接受上帝的聖言，如同呂底亞的心得蒙啟迪一般。它使我們和馬利亞一樣，坐在耶穌腳前向祂學習。祂必按公平引領謙卑人，將祂的道教訓他們。

謙卑人的言談，決無矜誇之嫌。他們像幼年的撒母耳一樣，祈禱道：「請說，僕人敬聽。」當約書亞接受委託，擔任以色列最高統帥之尊榮職位時，他心中充滿了承擔重責大任時的豪俠之氣，而向上帝一切的仇敵挑戰。可是仍有譏諷的話說，當上天有信息時，他就像孩子般順從一切命令。他說：「我主有什麼話吩咐僕人？」（約書亞記5：14）

在基督的學校中存謙卑的心，乃是聖靈所結的果子之一。這種使人成聖的恩賜乃是出於聖靈，使享有這恩賜的人能時常控制他輕率急躁的性情。

謙卑是一種內在的裝飾，是上帝眼中視為最有價值的。……那位曾經以宇宙的光體裝飾穹蒼的主，藉著祂的靈應許「祂要用救恩當作謙卑人的裝飾。」那披戴主耶穌基督，以謙卑柔和的心與祂同行的人，在天上眾使者記錄中他們乃是裝飾最美的。

今日
操練　成聖生活的例證

但以理的節制

但以理卻立志不以王的膳和王所飲的酒玷污自己，
所以求太監長容他不玷污自己。
但以理書 1：8

豐盛人生

今日
操練

成聖生活的例證

　　但以理的生活是一個激勵人心的例證，深入說明了成聖之人的品格特質，也是當前給眾人的一個教訓，尤其是對青年人。嚴格地遵守上帝的要求，將有益於身體和心靈的健康。為要達到最高的道德和知識的標準，人必須從上帝那裏尋求智慧和能力；並且要嚴守節制的生活習慣。但以理和他同伴的經驗便是一個先例；證明堅持原則可以勝過食欲的試探。此外，他的經驗亦證明靠著信仰的原則，青年的男子能戰勝肉體的情欲。忠於持守上帝的要求，即使要付上重大的犧牲，也是值得的。

　　但以理是至高者的忠心僕人。他得享高壽，乃是由於事奉他恩典之主的功高勳績。他純潔的品格和忠貞不移，與他的謙卑和在上帝面前的痛悔是相稱的。我們要再三的強調，但以理的生活是一個鼓勵人的例證，說明了成聖之人品格的特質。

　　凡是真正成聖的人，不論他們在哪裏，都會保持正當的生活習慣，以便提高道德標準，並要像但以理一般向別人顯示出節制和克己的榜樣來。

　　基督徒是應該何等慎重地整治他們的生活習慣，藉以保持各種才智的能力獻上為基督服務啊！

　　凡珍視上帝所賜，關於健康習慣改良之亮光的人，在因真理而成聖的工作中有一個重要的助力，使之預備好，可以承受永生。

以諾成聖的生活

以諾生瑪土撒拉以後，與上帝同行三百年，並且生兒養女。
創世記 5：22

雖然那時罪孽充斥，但仍有一群聖潔的人，藉著與上帝交往培養成為高尚尊貴的人，他們在世上好像是與上天為鄰為友。這些人有高超的智力和非常的造詣。他們負有重大而神聖的使命——要發展公義的品格，將敬虔的教訓不但傳給當時的眾人，也要留給將來的世代。

據《聖經》記載，以諾活到六十五歲，生了一個兒子，此後又與上帝同行了三百年。在起初幾十年中，以諾就已敬愛上帝，並遵守祂的誡命。……他曾從亞當的口中聽到人類墮落的黑暗歷史，並在上帝的應許中看出恩典的快樂信息，於是他便信賴那將要來的救贖主。等到以諾生了第一個兒子之後，他的經驗達到了更高的境地；他與上帝的關係也更加親密了。他充分明白自己作上帝兒子的本分和責任。他看到兒子對父親的愛，以及兒子對他單純的信靠；同時感覺自己心中對這頭生的兒子極其疼愛，就得了一個寶貴的教訓，明白了上帝賜下祂的兒子給世人的大愛，以及上帝的兒女對天父所應有的信靠。上帝藉著基督所顯明的廣大無邊，不可測度的愛，已成了他晝夜深思默想的主題，於是他就用心靈中一切熱情，將這大愛向他四圍的人表現出來。

以諾與上帝同行，並不是在夢境或異象中，乃是在他日常生活的各種職責上。……他在家庭中並在與世人交往上，無論作丈夫、父親、朋友、平民，他自始至終都是上帝堅定不移的僕人。

豐盛人生

今日
操練

成聖生活的例證

忠心的三位希伯來青年

尼布甲尼撒王……對謀士說：
「我們捆起來扔在火裏的不是三個人嗎？」他們回答王說：「王啊，是。」
王說：「看哪，我見有四個人，並沒有捆綁，在火中遊行，
也沒有受傷；那第四個的相貌好像神子。」
但以理書 3：24 － 25

豐盛人生

今日
操練

成聖生活的例證

這三位希伯來人是真正成聖的人物。真正的基督教原理是不計較後果的。從不問我若這樣行，別人對我將做何想法？或者我若那樣做，則我屬世的前途又將如何？上帝的兒女是多麼迫切地希望知道祂要他們做些什麼，使他們的行為能夠榮耀祂。主已經有了豐足的安排，使祂門徒的心意和行為受到神聖恩惠的約束，叫他們在世上做為明燈。

這些忠貞的希伯來人富有天分，他們已領受了高深知識的培育，而今已享有尊榮的地位；但這一切並不會使他們忘記上帝。他們的才能都已歸服於神聖恩惠使人成聖的感化力之下。藉著他們始終不易的正直，宣揚了那召他們出黑暗入奇妙光明者的美德。他們特為蒙恩奇妙地脫離了危險，在廣大的群眾面前彰顯了上帝的全能和威嚴。在火窯裏，耶穌親自出現在他們的身邊，藉著祂榮耀的臨格，使那傲慢的巴比倫王不得不承認祂是上帝的兒子。天上的光輝從但以理和他同伴的身上散發出來，好讓他們的同伴也都瞭解那使他們人生高貴，品格優美的宗教信仰。

對於那些在上帝的聖工上灰心喪氣，躊躇不定，膽小懦怯的人而言這是一種何等的教訓啊！……這等忠貞不二的人格乃是成聖的見證，而當時他們並沒有存心為自己爭取這樣的尊榮。

每一個基督徒都可以享有成聖之福。

約翰的愛心和忠誠

上帝愛我們的心，我們也知道也信。
上帝就是愛；住在愛裏面的，
就是住在上帝裏面，上帝也住在他裏面。
約翰一書 4：16

在約翰的生活與品格中，所表現信賴的愛心和無私的忠誠，給當代的基督教會以無比珍貴的教訓。或者有的人竟說他所表現的愛心是與神聖的恩典無關的，但實際上約翰的本性有許多的缺點：他原是驕傲且野心勃勃的人物，常因別人的侮辱和傷害立刻就生出怨憤來。

約翰很想效法耶穌，所以在基督改善人心之愛的感化下，他就變成一個柔和謙卑的人了。自我隱藏在耶穌裏。他緊密地與活的葡萄樹取得了聯繫，因而就與上帝神聖的性情有分了。這乃是與基督交往必有的結果。也就是真正的成聖。

人的品格上或許有顯著的缺點，然而當他做了耶穌真實的門徒之後，神聖恩惠的能力就使他成為新造的人。基督的愛改變了他，使他成聖。但若有自稱為基督徒的人，他們所信仰的宗教，並未使他們在各方面改變，做比先前更為良善的男女——在性情和品格上堪為基督活潑的代表——那麼，我們就不是屬於祂的了。

約翰得享真實成聖的福氣。但是請注意，使徒並未自稱是無罪的，他乃是藉著行在上帝聖容的光輝中努力追求完全。他也見證說，自稱認識上帝而仍然違背神聖律法的人，就是否認了自己的見證。……我們既愛耶穌為之犧牲的生命，且為他們的得救而努力，就絕不可與罪惡妥協。我們不可與悖逆之人聯合，而視這樣的行為為愛心。上帝要祂的子民在這個世代，如約翰在他的時代一樣，毫無畏懼地堅持正義，反對敗壞靈性的一切謬論。

今日
操練

成聖生活的例證

約翰與猶大的人生對照

這世界和其上的情慾都要過去，
惟獨遵行上帝旨意的，是永遠常存。
約翰一書 2：17

豐盛人生

今日
操練

成聖生活的例證

約翰和其他的門徒都曾在以基督為教師的學校中學習。……約翰珍視所學的每一項課題，力求使自己的人生與神聖的楷模相符合。耶穌的教訓清楚地指示出溫柔、謙卑，和愛心為恩典上的長進，及預備承擔任務的先決條件；在約翰看來是極為有價值的。

約翰與猶大在品格方面這顯著的對照是富有教育意義的。約翰是一個活著成聖的例證。反之，猶大則徒具敬虔的外貌，他的品格中，屬於撒但的成分多於屬上帝的。他口頭上自稱是基督的門徒，但他在言語行為上卻否認了祂。

猶大和約翰一樣享有寶貴的機會，來學習效法那神聖的模範。他聽了基督的教訓，並且他的品格亦可能蒙神聖恩典的改變。然而當約翰兢兢業業地與自己的錯誤交戰，而努力仿效基督之時，猶大卻違背了良知而屈從試探，養成那將來要使他變成撒但形像的，那慣於說謊的習慣。

這兩位門徒代表基督教界。信徒都自稱是基督的門徒，但是當某些人行事謙卑溫和，向耶穌學習之時，另一些卻證明他們是只聽道而不肯行道的人。這一等人是因真理成聖的，但另有一等人，對神聖恩典改造人心之大能卻毫無所知。前者天天將自己看做是死的，並且戰勝了罪惡；而後者卻放縱自己的情慾，變成了撒但的奴隸。

主使守安息日的人成聖

又將我的安息日賜給他們，好在我與他們中間為證據，
使他們知道我──耶和華是叫他們成為聖的。
以西結書 20：12

約翰上述所說的主日乃是安息日，就是耶和華上帝創造工作完畢而安息的日子，因祂在那日安息了，並賜福予這日定為聖日，約翰在拔摩海島上嚴格地遵守了安息日，正如他在民間傳道的時候一樣。那些圍繞著他的頑石，使他想起了多石的何烈山，並回憶上帝在那裏向民眾頒布祂律法時，祂曾說：「當紀念安息日，守為聖日。」

上帝的兒子從山頂上向摩西說話。上帝以岩石為祂的聖所。祂的殿宇是永固的高山。那位神聖的立法者，降臨在多石的山上，在全會眾面前頒布祂的律法，使他們因目睹祂可怕的威嚴和權能的顯現，就畏懼不敢違犯祂的誡命。……耶和華的律法是不能更改的，並且祂所寫的法版，原是鐫刻於堅固的石版上，表明祂律法永遠不變的特質。多石的何烈山，對一切敬愛上帝律法的人竟成了聖地。

當約翰觀看何烈山的景象時，那使第七日分別為聖者的靈就降在他的身上。他默想亞當違犯誡命的經過，及其可怕的後果，上帝為拯救墮落的人類，犧牲了祂愛子顯示無窮的慈愛，其偉大是言語所無法形容的。所以他在所寫的書信中就呼求教會和世人要注意這一點。

凡以安息日為上帝與自己之間證據之人，……就要表彰祂政權的原則。他們在日常生活行為上要遵行祂國度的法律。他們每日必須祈求安息聖日使人成聖的福分降臨在他們的身上。

豐盛人生

今日
操練

成聖生活的例證

基督就是真理

耶穌說:「我就是道路、真理、生命;
若不藉著我,沒有人能到父那裏去。
約翰福音 14:6

豐盛人生

今日
操練

真理使人成聖的能力

　　當基督受洗之後,跪在約但河岸上,那時天就開了,聖靈彷彿鴿子的形狀,又像磨光的精金,在榮耀中環繞著祂,而且從高天之上有上帝的聲音說;「這是我的愛子,我所喜悅的。」(馬太福音3:17)基督為世人祈禱而開啟了天國的門,天父也表示願意接受墮落的人類所有的請願,耶穌祈禱的時是我們的代替者和中保,而今人類之所以能來到天父的面前,乃是靠著祂愛子的功勞。這個世界因犯罪而從天庭的神聖領域中被剔除了。人與他創造主之間的交通本已斷絕,而今歸回父家的道路卻已重新暢通了。

　　耶穌是「道路、真理、生命」。天國的門已經敞開,並且上帝寶座榮耀的光輝,照澈愛祂之人的心靈,雖然他們如今仍住在這因罪孽而受咒詛的地上。那往昔環繞上帝聖子的光輝,如今照在一切跟隨祂腳蹤而行之人的路上。我們斷無灰心的理由,因為上帝的應許是堅定可靠的。

　　「又說,你們務要從他們中間出來,與他們分別,不要沾不潔淨的物。我就收納你們。我要作你們的父,你們要作我的兒女。這是全能的主說的。」(哥林多後書6:17)你們渴望做至高者的兒女嗎?……你可以依賴祂兒子的名到父面前,你的祈求雖默然無力,耶穌必以呈獻到那無窮權能之寶座前,而照在祂身上的光,必反映在你的身上。你在祂的愛子裏得蒙悅納。

真理使人成聖

求你用真理使他們成聖；你的道就是真理。
約翰福音 17：17

　　上帝的真理要使人心靈成聖。「我也要賜給你們一個新心，將新靈放在你們裏面。」（以西結書36：26）真理使人心成聖的力量要居住在心內，在所辦的一切事務上做行為的標準，尤其是在人與人之間的交往上更要發生它的作用。真理也要居住在我們的家中，在家裏各個分子的生活和品格上，發揮它服人之力。

　　我必須時常勸勉自稱相信真理的人，要認清實行真理的必要性，意思就是要成聖，而成聖的意思乃是培養並訓練各種才能，好為上帝服務。

　　要教導你的兒女愛惜真理，因為真理要使他們成聖，預備他們不久的將來在檢視的時刻來臨時，決定他們有無資格擔當更高尚的工作，成為王室的分子，天上大君的兒女。

　　《聖經》裏的寶貴真理，在心靈和品格上有使人成聖的感化力。為自己，為我們的兒女，有一種工作要完成。人原來的心是充滿憎惡真理的念頭，如同厭惡耶穌一樣的。假若父母們在兒女的幼年時期開始，沒有盡他們一切所能的，引導兒女的腳步走向公義的道路，那麼結果他們必選擇了錯誤之途，而不走在正道上。

　　成聖的功夫要自家庭開始。在家中作基督徒的，在教會裏和社會上也必是基督徒。

豐盛人生

今日操練

真理使人成聖的能力

真理有提拔人的能力

如今我把你們交託上帝和祂恩惠的道；
這道能建立你們，叫你們和一切成聖的人同得基業。
使徒行傳 20：32

豐盛人生

今日
操練

真理使人成聖的能力

上帝在我們心中所培養的珍貴信心，將賦予這些能力尊貴的品格。愈思念祂的良善，祂的憐憫和祂的慈愛，就愈清楚的瞭解真理，並以更崇高，更聖潔的心願，渴求心靈的清潔與思想的純淨。居於聖潔思想氣氛中的心靈，藉著和上帝交往，研究祂的道而轉變。因為真理的範圍是如此的無遠弗屆，如此的寬闊而深邃，遂使自我的觀念也消泯了。於是心靈軟化，馴服於謙遜、祥和與慈愛之中。

因聖潔的順從能使天賦的能力得以擴張。研究生命之道的人，其思想必日益擴大，高超而優越。……他們的思想既是清潔的，亦必趨於健全。他們智力的各種才能也必活潑有力。他們可以自我培育長進，使一切在他們影響範圍所及的人，都能發現凡與智慧和能力之源的上帝有了聯絡，其所能塑造的人格和成就將如何。

上帝的真理絕不會使接受的人降低了身價。真理在接受它的人身上有不斷提升的影響。

因真理成聖的人乃是活生生的見證，證明真理的大能，他們也必是復活之主的代表。基督教的信仰要改變人的喜好，聖化其判斷力，提高並潔淨其心靈使之高雅，很快地基督徒便愈來愈配與天上的使者為伴。

上帝吩咐我們當以偉大清潔的思想充滿我們的心靈。一個有心認識《聖經》訓言的人，每讀一段經文皆能從其中獲得對於思想有所助益的內容。

真理有潔淨的作用

你們既因順從真理，潔淨了自己的心，
以致愛弟兄沒有虛假，就當從心裏彼此切實相愛。
彼得前書 1：22

　　湖中的睡蓮，它的根深入湖底的淤泥中，以它多孔的莖稈吸收助它成長的養分，而它毫無污點的花兒安臥在湖面上。

　　它拒絕一切能污損那完全優美的可能。惟願我們的青年人要以那般敬愛上帝的人為友伴，因為這般具高貴堅穩之品格的人可以藉那在湖面上開花的純潔蓮花為象徵。他們拒絕接受任何敗壞德行的感化力，一心一意聚集一切能夠幫助其培養清潔高尚品格的元素。他們力求使自己適合那神聖的模樣。

　　在上帝看來，一顆清潔的心比俄斐耳的純金還珍貴。清潔的心乃是上帝所居住的宮殿，是基督永久居留的聖所。清潔的心超越一切卑劣、毫無價值的事物，是一盞明亮的燈，一種供給聖善及那富激勵言語的寶庫。它是個認識上帝形像之所；在那裏最大的喜樂乃是瞻仰祂的形像。這顆心惟一的喜樂和報償都在上帝裏面，它的思念、志趣和目的都有敬虔活潑的能力、這樣的心乃是一個聖潔的地方，是一切品德的庫房。

　　清心之人的思想都順服了基督。他們時時思念如何能最妥善地將榮耀歸給上帝。

　　如此我們必自然而然的尋求清潔成聖……猶如光耀的天使自然而然的成全那託付他們的仁愛的使命一樣。

非美盛人生

今日
操練

真理使人成聖的能力

真理啟迪人的悟性

並且照明你們心中的眼睛，使你們知道祂的恩召有何等指望，
祂在聖徒中得的基業有何等豐盛的榮耀。
以弗所書 1：18

今日
操練

真
理
使
人
成
聖
的
能
力

　　認識上帝乃是一切真知識與實際發展的根源。我們無論是從身體、心智、或靈性任一方面去觀察，除了被罪惡所損害的以外，無論什麼都能顯明這種知識。我們所從事的各種研究，只要專心一致以追求真理為目的，就能與那位在冥冥中超乎萬有，且在萬有之內運行的全智全能者相接觸。人的心智藉此可與上帝的心智相交，達到有限者與無限者之間的相通。這種相通對於身、心、靈各方面所產生的影響，實是無法估計的。

　　最高等的教育也是經由這種交通而來。這原是上帝親自訂定的發展方法，祂給予人類的信息就是「你要認識上帝。」（約伯書22：2）

　　在人類研究並默想那些「天使也願意詳細察看」之課題時，他就可和他們來往。他也可以追隨那位從天而來之教師的腳蹤，聽祂往日在山上、平原與海邊教訓時所說的話。他可以住在此世而置身於屬天的氣氛中，將具有希望的思想與渴慕聖潔的意念分給在地上憂傷而遭受試探的人，他自己也得與那位看不見的主有愈發親近的契合，正如那昔日與主同行的人一般，日漸接近永存世界的門，直到那門開了，他便可以進去。他會發覺自己不是陌生的賓客。那歡迎的聲音乃是他在地上那位肉眼看不見的同伴，眾聖者的聲音——這些聲音乃是他在此世已經學會辨明而且喜愛的。凡藉著上帝的聖言而與天國交通的人，將來置身於天國友伴之中，就必有回歸故鄉之感。

　　蒙「真理的聖靈」所引導的人，將明白一切的真理。……這人在上天看來是極其尊貴的。

真理改造人心

耶和華啊，誰能寄居你的帳幕？誰能住在你的聖山？
就是行為正直、做事公義，心裏說實話的人。
詩篇 15：1 － 2

　　我們必須提供真理的原則，使之在眾人的內心發出作用。我們可隨心所願，無數次的折下樹上的葉子，不致於使那樹枯死；因為到了一定的季節，葉子仍要同樣生長繁茂。但若用斧子砍樹根，不只葉子要自動掉落，同時這棵樹的生機也就此終止了。凡接受真理的人，因愛真理而向世界宣告死去的，他們的心志必變為柔和謙卑，亦如他們神聖的救主。只要內心正直，服裝、言語、和行為都要與上帝的聖言符合。我們都需要謙卑，順服在上帝全能的手下。惟願祂幫助我們，將我們的腳在永恆的真理上能夠站立得穩。

　　真理改造人心的能力要使心靈成聖。這人就喜愛上帝的誡命。他的畏懼和有罪之感全失散了。基督的愛，彰顯在祂救人的偉大犧牲上，祂已拆毀了一切障礙。上帝的愛充盈了人的心靈，那原來又冷又硬的心腸就生出感謝之念。基督被釘死，基督為我們的公義，獲得了由心發出的順服使之悔改。這個課題是那麼簡明，連兒童都能理解的。博學的智慧者讚歎其美妙，承認其中的智慧、慈愛、和權能的深奧是他們無法測透的。我們要將這寶貴的真理傳給那被罪孽捆綁的人聽。要讓眾人明白基督因他們的過犯受死，知道祂希望拯救他們。

　　我們當記著，成聖的筆和成聖的舌頭都是需要的。等我們眾人的人生表現蒙上帝悅納之時，我們必看見祂聖靈非凡的動作。當那時候必有許多工夫要行在未曾聽見真理之人的身上。

　　我們對於真理的價值，神聖的性質和權威，應存有一種深遠持久之感。

真理要在榮耀裏得勝

敞開城門，使守信的義民得以進入。
以賽亞書 26：2

上帝的真理必須銘記在心；我們若盼望在最後與真理一同得勝，就必須決志為主而戰；因為真理將要在榮耀裏得勝。……你若竭力為別人造福，上帝必賜福予你。我們應該儘量的行善，以便榮耀上帝並造福人群。

教會是上帝宣揚真理的工具，是從上帝授權要成就一種特別的工作。教會若忠於祂，遵守祂一切的誡命，那麼在她裏面必有神聖恩典的優美存在著。她若忠於盟約，她若尊榮以色列的上帝，就沒有什麼力量能與她相抗衡了。

為上帝工作的熱心感動了門徒，他們全力以赴去見證福音。同樣的熱誠豈不應該激勵我們的心，使我們決志去宣揚救贖之愛的故事，就是基督和祂被釘的故事嗎？每一個基督徒有權利不單只是仰望，而是要催促救主的復臨。

教會若披上基督的義袍，與屬世的聯盟完全斷絕關係，那光明榮耀之大日就快要在她面前破曉。上帝給她的應許是永遠可靠的。祂必使她為永遠的榮華，世世代代的喜樂。

真理要越過蔑視拒絕她的人最後得勝。雖然有時似乎受到阻攔，但她仍然繼續不停地前進。上帝的信息遇到反對時，祂為她加添能力，使之更能發揮其感化力。既蒙恩賦予神聖能力，她必打破最堅固的堡壘，戰勝一切的障礙。

豐盛人生

今日
操練

真理使人成聖的能力

終身的工作

親愛的弟兄啊，我們既有這等應許，就當潔淨自己，
除去身體、靈魂一切的污穢，敬畏上帝，得以成聖。
哥林多後書 7：1

養成一個正直的品格乃是終身的工作，是祈禱和默想配合著高尚目標的自然結果。你品格上所有的優美，必是你自己努力得來的，朋友或許可以勉勵你，但卻不能代替你自己的努力。期盼、感歎、和夢想，絕不能使你變為偉大、良善。你自己必須力求上進。

我們在爐邊的談話，我們所編修的書籍，以及所經營的事業，都是品格成就的因素，久而久之，便決定了我們永恆的命運。

智力和才學並非品格，因為往往具有這些特質之人，其品格是與良善相對的。名望亦非品格，真實的品格乃是靈性中的特質，是藉著行為而表現出來的。

一個按著神聖的形像而塑造的品格，乃是我們惟一能從這個世界帶到另一世界的財寶。凡在此世受過基督訓誨的人，他們每一分神聖的造詣，必隨著他們帶入天上的住處。就是到了天國，他們還要不斷地求進步。

以良好品格作為資本，其價值遠勝於金銀。它不受經濟不景氣，銀行倒閉的影響，而且當屬世的財物被掠奪一空之日，它必給你以豐厚的利息。正直、堅決，和恆久忍耐是大家所應當致力培養的品格；因為它們賦予人一種無可抵禦的能力——就是一種行善，抗拒罪惡，忍受患難的能力。

豐美盛人生

今日操練

品格的完全

按建宮的樣式鑿成的品格

我們的兒子從幼年好像樹栽子長大；
我們的女兒如同殿角石，是按建宮的樣式鑿成的。
詩篇 144：12

豐盛人生

今日
操練

品格的完全

青年人若能體會到建立品格的重要性，就必看出他們所做的一切都需經過上帝的審查試驗。藉著恆切抗拒試探，並尋求由天而來的智慧，即便是最卑微軟弱的人亦能達到如今看來似乎不可能到達的崇高境地，不過這樣的成就若非有堅決的意志並在小事上忠心就無法成就。必須不住的留意，免得令不正當的習慣有了根深蒂固的可能性。青年人也可有正直的品德；因為耶穌曾來世上做為我們的榜樣，祂要賜一切青年人和所有老少予神聖的幫助。

這世界乃是上帝的工廠，而且每一塊能做為建造天上聖殿的石頭，都必須先予以琢磨，直等到成為合適的寶貴石頭，配用在主的房屋上。但我們若拒絕受教與守紀律，就必如不肯被琢磨的石頭，最後視為無用而被棄絕。

或許有許多工夫正等待著在你身上實現……彷彿你是一塊粗糙的石頭，必須先塑造成形並加工琢磨，使你配放在上帝的聖殿建築裏。上帝若用錘子與鑿子打掉你品格上的尖角，好讓你預備擔任祂所分派你的任務。這樣的工作並非人所能做成的，惟有上帝才可以成就這事。你也可以確信祂絕不會無故的多打你一下。祂每次的擊打是出於愛心，為著你永遠的幸福。祂洞悉你的缺點，因此祂所做的一切目的是在恢復，而非破壞。

按建宮的樣式鑿成的品格，要在上帝的院宇發光直到永遠。

義人有永生

因為蛀蟲必咬他們，好像咬衣服；蟲子必咬他們，如同咬羊絨。
惟有我的公義永遠長存，我的救恩直到萬代。
以賽亞書 51：8

在我的衣服中，有幾件毛衣外表看來是完好無破綻的，但是拿出來抖了一抖後，就會發現蛀蟲所做的破壞。我們若沒有仔細的檢查，就無從發現牠們的掠奪破壞。蛀蟲這個動物是那麼微小，肉眼幾乎看不見，但牠存在的憑據是無庸置疑的；而且牠在皮衣和毛衣所有的破壞上，證明牠雖在暗地工作無人注意，但牠的確是一個實際工作者。

想到這些蟲子所做的陰險破壞，就聯想起自己認識的幾個人。往往我們殷切寄望有善果的人，就因他們行為突如其來顯露久已隱藏的品格，就大失所望而感覺傷心了！等到以《聖經》的亮光觀察的時候，他們的品格顯然和蟲蝕的衣服一樣，這衣服被抖了並檢查，就顯出多年在暗地進行的破壞工作。

蛀蟲在暗中無聲無息的破壞工作，也需要一些時間；照樣一個兒童或青年要安樂無慮的持續一種騙人騙己、暗中犯罪的行為，也需要相當的時間方可。一次的行為，或善或惡，不會立刻塑造品格，但所放縱的思想和情緒就為類似的行為預備了道路，要謹慎不讓你的腳在罪惡的路上走出第一步路。你若以清潔道德的行為奠下品格的基礎，祈求上帝的力量和幫助，你的品格就不像蟲蝕的衣服，乃是堅穩牢固的。

上帝喜愛優美的品格

願主——我們上帝的榮美歸於我們身上。
願你堅立我們手所做的工；我們手所做的工，願你堅立。
詩篇 90：17

豐盛人生

今日
操練

品格的完全

上帝喜愛優美的事物，但祂所最喜愛的乃是優美的品格。品格的優美是不會朽壞，乃要長存到永永遠遠。

那位卓越的美術大師，竟為百合花耗費了心思，使它們比所羅門的榮華更美麗。這樣看來，人既是上帝的形像和榮耀，上帝豈不更要看顧他們嗎？上帝渴望祂的兒女，能在品格上表現祂的形像。太陽的光線怎樣將各種鮮豔的色澤賦予花卉，照樣上帝也將祂自己品德的優美給予世人。

凡選擇基督仁愛、公義、和平之國，並重視天國超過一切的人，就是與上天相連結，今生所需的種種恩惠，都是他們的了。在上帝的生命冊中，我們每個人都有一頁紀錄。這一頁記載著我們一生詳細的歷史，連頭髮也都數過了。上帝的兒女是絕不會被上帝所遺忘的。

世俗的榮耀，無論如何威武，在上帝的眼中都是沒有價值的。上帝看那永久和肉眼看不見的事，要比一切有形和短暫的事可貴得多。不過短暫和有形的事，若是足以表現那永久和看不見的事，那才算是可貴的。世上最精美的藝術品也無法與那品格的美——聖靈在人心中做工的結果——相比的。

基督來到這個世界上，滿帶著永遠的愛站在人們面前，這就是我們藉著與基督聯絡所要接受並顯示，還要傳給別人的寶物。

我們須與世俗分別，上帝已把祂的印記放在我們身上，祂在我們身上顯出祂愛的品格。

所要達到的標準乃是完全

所以，你們要完全，像你們的天父完全一樣。
馬太福音 5：48

惟獨那些有高遠志向的人能為上帝所悅納。祂的旨意是每個人均負有盡力行善的義務。祂所求於每一個人的就是道德上的完全。我們萬不可降低公義的標準來迎合傳統和習慣養成的錯誤傾向。我們必須要明白品格上的缺點就是罪。品格中各種公義的因素都集中於上帝，構成一個完整和諧的體系，並且每位接受基督為他個人救主的人，都有權利享受這一切品格的特質。

凡願意與上帝同工的人，必須全力以赴，務求身體各部分的機能以及心志的才識皆達於完全。真實的教育乃是訓練體力、智力、和道德，以履行諸般的義務；是鍛煉身體、心思、和心靈，好做神聖的服務。此種教育要一直存留到永生。

可是基督並未保證我們完全品格的塑造是一蹴即成的事。一種高貴均衡的品格並非得自傳統，也不是出於偶然。高貴的品格乃是個人的努力，靠著基督的恩典和功勞得來的。上帝賦予人才能和智力，品格卻要靠自己去成就，乃是經過嚴格的自我爭戰形成的，必須時時不斷地戰勝傳統的傾向。我們務要嚴謹地批評自己，不容許一點劣習未予改正。

不要說我無法糾正我品格上缺點。……困難的實際來源乃是出自未成聖心靈的敗壞，和那不願意降服於上帝管理的心意。

順服基督的旨意，就是完人的恢復。

今日操練

品格的完全

穿上公義的禮袍

就蒙恩得穿光明潔白的細麻衣。
（這細麻衣就是聖徒所行的義。）
啟示錄 19：8

豐盛人生

今日
操練

品格的完全

　　婚筵的禮服……是代表基督真實門徒所具備的，清潔無玷污的品格。賜給教會有權利「得穿光明潔白的細麻衣」，「毫無玷污皺紋等類的病。」《聖經》說：「這細麻衣是聖徒所行的義。」基督的公義，祂自己無玷污無瑕疵的品格，藉著信心要歸給每位接受祂為他們個人救主的人。

　　這在天國織機上織成的禮袍，沒有一根線是出於人意的，基督在肉身裏便成就了一個完全的品格，而祂願意將這樣的品格賦予我們。

　　當我們歸順基督的時候，我們的心與祂的心相聯合，我們的意志和祂的旨意相融和，我們的思想全都降服於祂，則我們所度的人生就是祂的人生。這就是披上了祂公義禮服的意義。

　　公義乃是公正的行為，而我們眾人都要照著個人所行的受審判。我們的行為便顯示出我們的品格來。

　　當教導青年和孩子們為自己選擇那在天庭的織機上所織成的王袍——就是那「潔白的細麻衣」，是地上一切聖者將來要穿的。這袍乃是基督自身那無瑕疵的品格，是白白賜予每一個人的。凡接受這衣袍的人，也必在今世接受它並披上它。

　　披上了基督榮耀公義的禮袍，他們就得以在王的筵席上有分。他們亦有權參與那同樣以血潔淨之群眾的行列。

聖民得國享受

然而，至高者的聖民，必要得國享受，直到永永遠遠。
但以理書 7：18

上帝迎接到天國去的只有那些在今生靠著基督的恩典成聖的人，就是在他們的身上能夠見證基督的人。等到基督的愛在我們內心成為永久堅定的原則時，我們才發現我們已經和基督一同藏在上帝裏面了。

只有那些藉著祈禱，警醒和愛心去做基督所所之工作的人，上帝才能以歌唱為他們歡喜。上帝愈清楚看出祂愛子的品格彰顯在祂子民身上，就愈因他們滿意而喜樂。上帝親自和天上的使者為他們歡喜歌唱，有信心的罪人蒙宣告為無罪，於是他的罪孽就歸在基督的身上。基督的公義就歸在欠債之人的帳上，而在他的名字上寫著：蒙赦免，有永生。

「你們是上帝所耕種的田地。」如同人歡喜修理花園，照樣上帝也喜悅祂有信心的兒女。花園需要人不住的照料。野草必須剪除，還要栽培新的花木，過於繁茂的枝條必須予以修整。主亦是如此為祂的花園而勤勞，並修理祂所栽種的植物。所有的發展若不顯明基督品格的優美，就絕無可能使祂喜悅。基督的血已使人人成為上帝所委託的珍寶。……有的植物極其微弱，幾乎無生命可言，但主卻仍是特別眷顧他們。

只有那些在恩典時期養成天庭氛圍相稱之品格的人，才得以進入天國。進入天國的聖徒，必須先在地上作聖徒。

豐盛人生

今日
操練

品格的完全

藉著上帝的應許與祂的性情有分

因此，祂已將又寶貴又極大的應許賜給我們，
叫我們既脫離世上從情慾來的敗壞，就得與上帝的性情有分。
彼得後書 1：4

豐盛人生
今日
操練

與上帝的性情有分

　　上帝聖書中所記載的每個應許，都勉勵我們同樣具備與上帝性情有分之指望；這乃是可能的——要依靠上帝，相信祂的話，作祂的工，而我們若分享基督的神性，這一切都是可能成全的。這樣的可能性對我們而言，要比世上一切財富更有價值，世上沒有什麼可與之相比。當我們握住這份賜予我們的能力，我們就同時心生堅固的盼望，以致能完全倚靠上帝的應許，也因而成全了在基督裏所有的可能性，我們便得以成為上帝的兒女。

　　那真正相信基督的人，就與上帝的性情有分，每逢試探之時他就有足以抗拒的能力。他受試探時必不跌倒，也不致被棄而失敗。受試驗時他要握住諸般的應許，藉以遠離世上從情慾來的敗壞。

　　為了要使我們與上帝的性情有分，天國犧牲了它最有價值的珍寶。上帝的兒子脫下了祂的王袍和冠冕，像小孩般的來到我們的世界。祂立意自嬰孩直到成年時，要去度一個完美無缺的人生。祂誓言要在一個墮落的世界上做祂父親的代表。而且祂要為淪喪的人類替死。這是何等的工作啊！……我們很難知道該如何去指出這些要點，這真是不可思議的奇妙！

　　藉著祂克己的人生和蒙羞的死亡，基督使我們有權與祂的性情有分，脫離世上從情慾來的敗壞。……你若與上帝的性情有分，就必天天預備自己，為了在將來得以享受與上帝相稱的生命。你務須天天單純地信賴基督，效法祂的榜樣，變成祂的樣式，直到你得以完完全全地站在祂的面前。

有基督住在我裏面

耶穌說：「我實實在在的告訴你們，你們若不吃人子的肉，
不喝人子的血，就沒有生命在你們裏面。吃我肉、喝我血的人就有永生，
在末日我要叫他復活。我的肉真是可吃的，我的血真是可喝的。
吃我肉、喝我血的人常在我裏面，我也常在他裏面。」
約翰福音 6：53－56

吃基督的肉，喝基督的血，就是接受祂為個人的救主。相信
祂赦免我們的罪，並相信我們在祂裏面得以完全。我們若能仰
望、默想、談論、接納祂的愛。便與祂的性情有分了。基督與心
靈的關係，必須像食物與身體的關係一樣，如果我們不吃食物，
我們的身體沒有吸收到其中的營養，那麼食物對我們就沒有益
處，照樣我們若不認識基督為個人的救主，則祂對我們是沒有什
麼幫助的。徒具理論的知識，與我們並沒有益處，我們必須「吃
祂的肉」，接受祂進入心中，使祂的生命，成為我們的生命。我
們必須被祂的愛，和祂的恩典所感化。

我們單單相信基督能赦免我們的罪是不夠的，也必須經常要
藉著信及祂的話，從祂領受屬靈的力量和供養。……「我對你們
所說的話，就是靈，就是生命。」（約翰福音6：36）耶穌領受了祂
父的律法，在自己的生活上實行了這律法的原則，把律法的精神
表現出來，並顯明它在人心上所有向善的力量。……跟從基督的
人，必須與基督的經驗有分。他們必須領受並消化上帝的話，以
致祂的話能成為他們生活行為的原動力。他們必須靠著基督的能
力變成祂的形狀，來返照上帝的品德。

由於接受那在髑髏地的十字架上，為我們流出寶血的生命，
我們才能度聖潔的生活，我們接受這生命，是由於接受祂的話，
並實行祂所吩咐的事。這樣，我們就與祂合而為一了。

豐盛人生

今日
操練
與上帝的性情有分

287

弟兄和睦相處

看哪，弟兄和睦同居是何等的善，何等的美！
詩篇 133：1

豐美盛人生

今日
操練

與上帝的性情有分

　　基督徒的合而為一是大有能力的工具。它強烈表達了像這樣合而為一的人乃是上帝的兒女。它在世上有一種不可敵對的影響力，表明世人能與上帝的性情有分，脫離世上從情欲來的敗壞。我們要與基督合而為一，並且在基督裏也要與上帝和好。如此「你們在祂裏面也得了豐盛」，這句話在我們身上也就合宜了。

　　救贖的計劃中有為每一個人所指定的地位。人人皆有受託的工作。沒有人能做基督身體的肢體而仍然無事可做。……上帝子民分擔的工作責任或許有所不同，但其中只有一位靈能供給所需的原動力，一切為主所做的事都要與整項大工相關，工人要齊心努力吸引他們四圍的人來歸向基督。大家必須像一部組織完善的機械，各部零件互相配合彼此相助，然而各自仍有自由的行動。每一個人要站在所指定的崗位上，去做他所分派的工作。上帝召祂教會的信徒來接受聖靈，要有同情之心，合而為一的團結起來，以愛心彼此相顧。

　　沒有任何其他的事像彼此的不睦與紛爭那樣，能明顯的弱化教會。更沒有什麼其他的事，能像不睦與紛爭的風氣那樣，與基督和真理相衝突。

　　有基督居住在心內的人，要認識基督也居住在他弟兄的心中。基督總不會同基督爭戰。基督也不會發揮什麼影響來抵擋基督。基督徒不拘做何事，彼此都要在聖靈中合而為一，建立整個的團體。

從上頭來的能力

但那等候耶和華的必重新得力。
他們必如鷹展翅上騰；他們奔跑卻不困倦，行走卻不疲乏。
以賽亞書 40：31

青年人若緊握住上帝聖言所賦予的保證，其前途是無可限量的。他們既與上帝的性情有分，此後所有的靈性成就，幾乎就全是人的智力所無法理解的。他們大大糾正錯誤，獲得勝利，就在基督裏成長，成為有智慧、有能力的男女。

凡與上帝的性情有分的人，曉得自己已是天國的子民。他受了基督之靈的感染就奮然而起。他的心靈與基督一同藏在上帝裏面。撒但不能利用這樣的人暗暗潛入上帝的殿，污穢祂的聖所。這樣的人步步都要戰勝。他的心靈充滿高尚的意念。他視每一個人為珍貴有價值的，因為基督是為眾人而死的。

「那等候耶和華的，必從新得力，他們必如鷹展翅上騰。」等候耶和華的人依靠祂的能力而成為剛強，有力量忍受強大的壓力而仍然屹立不搖。他容易受感動，去協助慈悲憐憫的事，因為基督也站在那一方。歸順上帝的心靈，常準備按上帝的旨意而行，而且他殷勤謙卑的尋求，為要得知上帝的旨意。他接受管教，不敢憑自己有限的判斷力行事，他與上帝交往，是一個天上的國民。

人與那無窮者聯合就得與上帝的性情有分。邪惡的箭在他的身上沒有影響，因為他已經穿戴了基督公義的全副軍裝。

今日
操練

與上帝的性情有分

人若賺得全世界，賠上自己的生命，有什麼益處呢？
人還能拿什麼換生命呢？
我來了，是要叫人得生命，並且得的更豐盛。
——馬太福音16：26；約翰福音10：10

敬虔
的生命

My Life
Today

孝順父母

當孝敬父母，
使你的日子在耶和華──你上帝所賜你的地上得以長久。
出 20：12

要教訓兒女孝敬父母，最好的方法之一就是讓兒女有機會看見父親對母親體貼的照顧，以及母親恭敬地看待父親。兒女在父母的表現上看見了愛的實踐，進而受感動遵守第五條誡命。

我們對於父母的義務和責任並無終止的一天。我們對於他們的愛和他們對於我們的愛不能以年限或距離來衡量，我們的責任永不能推卸。當萬國要聚集在基督的審判台前時，只有兩種人在其中──與基督和受苦的人類表同情的人，和蔑視上帝對他們的要求、傷害別人、侮辱上帝的人。他們能否得著永生，要根據他們在基督和祂聖徒身上所有已作與未作之事做決斷。

父母所應得的親愛和恭敬的程度，是別人無權享有的。第五條誡命不單單要求兒女應恭敬、孝順、聽從父母，亦同時要向父母表示親切的感情，來減輕他們心中的掛慮，維護他們的名譽，並在他們老年時幫助並安慰他們。

父母在世上之日，作兒女的應以尊敬、孝順雙親為樂；當盡其所能地使父母的晚年充滿了喜樂和溫暖；當修平通往天國之途。在這世上沒有什麼比兒女對父母的孝敬更值得推薦的，更沒有什麼堪與天上的記錄冊中記錄了他們對父母的敬愛和孝順相比的了。

豐盛人生

今日
操練

在我生活中學習尊重

尊敬長輩

在白髮的人面前，你要站起來；
也要尊敬老人，又要敬畏你的上帝。我是耶和華。
利未記 19：32

我們若遵守上帝的誡命，對於別人便有想服務他人的心，若完全為自己而活，隨時為自己設想，凡事為自己打算，這樣的人做上帝的僕役是毫無用處的。

在我們當中，有太多浮躁不安、好說閒話、自命不凡、自我推崇、目無尊長、藐視有經驗和居高位者的人。今日的教會因為缺少與此相反之人的幫助，而困難橫生——就是缺少謙遜、安靜、敬畏上帝、肯負擔所加在他們身上不合己意之責任的人。這等人並非是為了自己沽名釣譽，乃是為要服事代他們受死的救主，有如此品格的人斷不以為肅立在老年人的面前，恭敬那白髮的長者是有貶自尊之事。

上帝喜歡敬畏祂尊榮的人。人竟蒙提拔為天地之間的連結。藉創造主之手所造的人類原有其均稱的品格，天賦予他們發展的可能性，甚至神聖的感化力再加上人的努力，幾乎可能將他們提拔到天使一般的境地。然而當他們享受了如此的提升之後，反而毫不感覺自己的良善和偉大。

上帝曾特別吩咐人要敬愛老年的人。祂說：「白髮是榮耀的冠冕；在公義的道上，必能得著。」（箴言16：31）白髮斑斑代表的是人所經歷的戰鬥及其所獲的勝利，以及所背負的重擔與所抵抗的試探。它提著疲乏的腳步已漸近休息之地，所占的地位即將騰讓出來了。當幫助兒童思想這事，他們就必以尊敬和禮貌來使老年人腳前的道路平坦，並因聽從那「在白髮人的面前，你要站起來，也要尊敬老人」的吩咐，得使自己的幼年生活溫文而優美。

豐盛人生

今日
操練

在我生活中學習尊重

敬重掌權者

務要尊敬眾人，親愛教中的弟兄，敬畏上帝，尊敬君王。
你們作僕人的，凡事要存敬畏的心順服主人；
……就是那乖僻的也要順服。
彼得前書 2：17 — 18

豐盛人生

今日
操練

在我生活中學習尊重

　　使徒很明白地指示信徒們對於國家權威所應保持的態度，說：「你們為主的緣故，要順服人的一切制度，或是在上的君王，或是王所差派賞善罰惡的臣子。因為上帝的旨意原是要你們行善，可以堵住那糊塗無知人的口。你們雖是自由的，卻不可藉著自由遮蓋惡毒，總要作上帝的僕人。務要尊敬眾人，親愛教中的弟兄，敬畏上帝，尊敬君王。」

　　我們有遵守國家一切法律的義務，除非這些法律與那最高的誡命，就是上帝親自在西奈山（或譯西乃山）上以人能聽見的聲音所頒布，而後用自己的指頭寫在石版上的律法有所衝突。……耶和華上帝的十條誡命是一切公義良善的法律基礎。凡敬愛上帝誡命的人，必會遵守國家的一切良善的法令。

　　我們要承認國家的權威是出於神聖的安排，也要教訓人遵守國家合法範圍以內，要求為神聖的、應盡的義務。但當它的要求與上帝的要求有所衝突時，我們必須順從上帝，不順從人。我們必須承認《聖經》的權威是超乎一切人為的法令之上的。不能除掉「耶和華上帝如此說」而代之以「教會如此說」或「國家如此說」。要高舉基督的冠冕遠超於屬世君王的冠冕之上。

　　我們也不必與國家的權威敵對。我們的言詞，或講或寫，事前應該慎重地考慮。

　　要教導眾人，若不與上帝的律法有所衝突，就要凡事順從他們國家的法令。

敬畏上帝

祂在聖者的會中，是大有威嚴的上帝，
比一切在祂四圍的更可畏懼。
詩篇 89：7

　　還有一種寶貴的美德是應當戒慎恐懼的，那就是敬畏之心。真正的敬畏上帝之心，是因感覺到上帝的無比偉大並承認祂的無所不在而油然生出的。當使每一個兒童的心中深深地感覺到有一位不能看見的主。當教導兒童看祈禱和公認禮拜的時間與地方是神聖的，因為有上帝在那裏。人既在態度和舉止上顯出敬畏的心，就必在他的心中留存著引起敬畏的感覺。

　　不論年長或年幼的人，最好都能研究、思想、並常常背誦《聖經》中論到人當怎樣看待上帝特別臨格之地的話。

　　上帝在那焚燒著的小樹旁吩咐摩西說：「當把你腳上的鞋脫下來，因為你所站之地是聖地。」（出埃及記3：5）

　　雅各看見天使的異象之後說：「耶和華真在這裏，我竟不知道！……這不是別的，乃是上帝的殿，也是天的門。」（創世記28：16）

　　凡到上帝面前來的人，態度必須謙卑恭敬。我們可以奉耶穌的名，憑著信心來到上帝面前，但是我們不可以擅自大膽地就近祂，好像祂與我們同等一樣。有人竟隨意稱呼至大全能聖潔的上帝，就是那住在人不能靠近之光裏的主，好像是與同等的人，甚至低一級的人談話一樣。有人在上帝聖殿裏的舉止，是連在地上元首的會客室裏都不敢做的。這些人應當記得，他們是站在那撒拉弗所敬拜、眾天使所掩面不敢正視的上帝面前。上帝是應該大受尊榮的，凡真正認出祂臨格的人，就必謙卑地在祂面前屈膝。

豐盛人生

今日
操練

在我生活中學習尊重

敬畏耶和華的名

祂的名聖而可畏。
詩篇 111：9

豐盛人生

今日
操練

在我生活中學習尊重

上帝的聖名也當敬畏，切忌輕率或不假思索地妄稱祂的名，即使在禱告的時候，也應當避免無謂地重複多用祂的名。

凡與上帝有了盟約關係的人，已經許願要以最恭敬、最虔誠的態度提及祂的名。

賭咒發誓和一切類似立誓的言詞都是褻瀆上帝的。上帝看見、聽見，絕不以有罪的為無罪。上帝是輕慢不得的。凡妄稱耶和華名的人，必發現落在永活上帝的手中，實在是一件可怕的事。

我們若在普通的談話之中漫不經心地提起上帝的名，或在瑣碎的事上憑祂起誓、或時常疏忽地反覆提祂的聖名，這都是侮辱祂的行為。

可惜一般人對於上帝神聖性的認識竟如此模糊，敢於妄稱祂聖而可畏的大名，而毫無警覺！他們所說的是上帝，是大而可畏的上帝。在祈禱中也有人用許多輕浮不敬虔的話語，使上帝柔和的聖靈擔憂，並使他們的祈求被關在天庭之外。

「祂的名聖而可畏。」我們不可在任何一方面輕視神聖的尊稱和名號。藉著祈禱我們得以進入至高者的內室，所以我們應該以神聖敬畏的態度來到祂的面前。天使在祂的台前都蒙上了臉，基路伯和光耀神聖的撒拉弗，以嚴肅敬畏的態度挨近祂的寶座。這樣一來，我們這般有限、有罪的人類，豈不更應該以恭敬的態度來到主我們創造者的面前嗎？

敬重上帝的話

我只吩咐他們這一件說：「你們當聽從我的話，
我就作你們的上帝，你們也作我的子民。
你們行我所吩咐的一切道，就可以得福。」
耶利米書 7：23

你我都需要更清楚、更敏銳的屬靈眼光，使我們能夠看清救贖的計劃是以前所沒有的。我們的心應該去感受救主之愛的偉大動機。在查考《聖經》，領受生命之糧的時候，要明白這是上帝向人的心靈說話的聲音。朋友的聲音有時也許會使我們困惑，但在《聖經》裏我們有上帝的指示，對於一切關乎我們永恆福利之事，以及對於屬世的事物我們也能獲得不少的教訓。它的教訓每每都能吻合我們當前的狀況，足能使我們預備忍受試煉，配承受上帝所指派的工作。

能感覺到這一點，我們應以何等的敬畏之心翻開上帝的聖言、當如何殷勤地查考其中的教訓呢？研讀或默想《聖經》，要將其視同覲見那無窮者一般。

我們要存敬畏之心翻開上帝的聖言，誠心地祈求明白上帝為我們而設的所有旨意。如此，由天而來的使者必引導我們去查考上帝在祂的《聖經》中向我們所說的話，我們已進入至高者的內室，是在上帝的面前，於是基督也進入內心了。

要證明你尊敬自己的信仰。論及聖物要用敬虔的話語，在引用《聖經》的言詞時，不可說一句輕浮的、無足輕重的話。當你將《聖經》拿在手上時，要記著你是站在聖地之上。

豐美盛人生

今日
操練

在我生活中學習尊重

在家中要有尊敬的態度

因此，耶和華——以色列的上帝說；
「我曾說，你和你父家必永遠行在我面前；
……因為尊重我的，我必看他；藐視我的，他必被輕視。」
撒母耳記上 2：30

要盡自己所能地，使家庭生活像天國一樣。要在家庭裏奠定教會興旺的基礎，在家庭中所有的感化也當在教會裏發生作用。因此在教會中所應盡的義務也要先在家庭裏開始實行。

凡按正規管理自己家庭的人，在教會裏也必然會有一種井然有序及尊敬的感化力。

那些在家庭裏以上帝為首的父母們，教導自己的兒女知道敬畏耶和華是智慧的開端，就在天使和世人的面前榮耀上帝。基督在他們的家裏不是陌生人，全家人都知道祂的名字，是為他們所尊敬所榮耀的。天使喜愛有上帝作主、並兒女們也受教尊敬《聖經》和他們創造者的家庭。這樣的家庭可承受「尊重我的，我必看重他」的應許。

與上帝交往的神聖權利，清楚地彰顯為愛上帝、尊敬祂誡命所預備的榮耀事物。我們必須在日常生活上運用敬虔的美德。

在我們日常的生活中，滲入了太多庸俗而瑣細的事物，結果便看不見那似乎隱而未現的主。這樣可能使我們的信仰經驗損失了許多豐盛的福惠。

真實的敬虔是藉著順從表現出來的。上帝所命令的沒有一樣是不重要的，而蒙祂喜悅的種種可敬表現，莫過於聽從祂所說的一切話。

豐盛人生

今日操練

在我生活中學習尊重

尊敬上帝所差派的使者

耶和華——他們列祖的上帝因為愛惜自己的民和祂的居所，
從早起來差遣使者去警戒他們。
……以致耶和華的忿怒向祂的百姓發作，無法可救。
歷代志下 36：15 － 16

當尊敬上帝的代表——就是那蒙召代祂說話行事的一般牧師，教師和父母們。若向這些人表示尊敬，便是尊榮祂。

青年人所受的教育和訓練，其品質足以高舉神聖事物，增長純潔忠誠的心以對上帝的家盡忠。有許多自命為天上大君兒女的人，卻絲毫未察覺到永恆事物的神聖性。

他們很少受教知道傳福音的人乃是上帝的欽差，並知道他所傳揚的信息是上帝所命定、做為救人的媒介，而且對於凡有權利聆聽這信息的人，若非做為一種活的香氣叫人活，便是死的香氣叫人死。

有許多人……以崇拜聚會的內容為家庭中閒談的資料，贊成某些節目，反對另一些節目。……論及聖所崇拜的儀式，若主講的人有缺點，你該謹慎地不要隨意議論。你只可提及他所做的善事，他所獻上的美好思想，你也該領受這一切，一如是藉著上帝的代表所傳來的。

若不向眾人強調真實崇拜和真實敬虔的正確觀念，勢必將有神聖永恆的事物被置於平凡事物地位的傾向，以致自稱相信真理的人就冒犯了上帝，羞辱了信仰。他們的意志既沒有受鍛煉，就永不會欣賞一個清潔聖善的天國，變成沒有預備好參與天庭的崇拜者。在那裏一切都是清潔而完美的，在那裏每一個生靈都是完全敬畏上帝，並尊重祂聖善神性的。

保羅論及上帝欽差的使命，形容說那就是把各人在基督裏完完全全地引到上帝面前的工作。

豐盛人生

今日
操練

在我生活中學習尊重

敬重上帝的聖所

你們要守我的安息日，敬我的聖所。我是耶和華。
利未記 19：30

上帝是崇高而聖潔的，對於謙卑有信心的人，祂在地上的聖所，以及祂的子民聚集崇拜的所在，一如天國之門。讚美的歌聲、基督的使者所講的道，是上帝所命定的工具，要預備一群人來參加天上的聖教會，做更崇高的敬拜。

來敬拜的人進入聚會場所時，應該有適當的態度，安靜地就座。……世俗的言談、耳邊的密語和笑謔之聲，在聚會的場所是不該有的，就是聚會的前後亦當如此。親切火熱的敬虔，應該是崇拜之人的特質。

若因故必須等待片刻方能開始聚會，就該以靜默維持真實崇拜的精神，在心中常常仰望祈求上帝，賜福這次聚會，使自己心靈能受益，並使他人也受感動而悔改。當記住有自天庭而來的使者與他們一同在聖所。我們卻因自己的不安寧，沒有片刻的默想和祈禱，因而失去了許多與上帝甜蜜的交往。

要在你們兒女的心意之中高舉基督教的標準，幫助他們將耶穌融入各人的經驗裏，教導他們尊敬上帝的聖所，要使他們明白進入祂的聖所時，因常念上帝在此，這是祂的聖所。我必須存心清潔，動機高尚，……這乃是上帝與祂的子民相聚並賜福予他們的地方。心靈就軟化順服了。

父母不但要教導兒女以端正敬虔的態度進入聖所，也當命令他們勢要如此行。

要實踐敬虔，直到敬虔變成你自己的一部分。

尊敬安息日

當記念安息日，守為聖日。
出埃及記 20：8

　　第四條誡命的第一句話乃是「當記念……」。為人父母者，你們自己也必須記念安息日，守為聖日。並且你們若這樣做，就給兒女們以適宜的教訓，他們就必定尊敬上帝的聖日。……一週的時間中要時常思念安息聖日，因為這一天要分別出來專為事奉上帝之用。在這一天，人的手應當停止屬世的操勞，而要特別重視人在靈性的需求。

　　安息聖日啊！務要使其成為一週當中最甘甜、最有福的日子，作父母的可以、而且應當注意自己的兒女，為他們讀《聖經》中最有趣的歷史，教導他們尊敬安息聖日，照著誡命來遵守。若是他們行事得當就可以使安息日為可喜樂的日子，可以引起兒女的興趣讀一些良好的書刊，或與他們談論自己靈性得救的問題。

　　在這一天應分配一部分的時間使全家有一個戶外活動的機會。……讓他們稚嫩的思想在大自然的優美中可思想到上帝，指導他們注意祂的創造物怎樣顯示祂是如何地疼愛人類。……他們如此注視上帝為人類的幸福所創造的美物，就蒙引導認識祂也是一位柔和仁慈的父親。……上帝的品格既披上慈愛、良善、優美和動人的特質，他們便被吸引來愛祂。

　　安息聖日是一顆精金的鈕子，將上帝和祂的子民緊緊地扣合起來。

　　向上帝遵守安息日為聖，其意義便是永遠的得救。

祂是一位永活的上帝

惟耶和華是真上帝，是活上帝，是永遠的王。
祂一發怒，大地震動；祂一惱恨，列國都擔當不起。
耶利米書 10：10

「我必親自和你同去。」（出埃及記32：14）這便是上帝在曠野的旅程中所賜的應許。因為這樣的保證有耶和華上帝在品格上奇妙的彰顯，使摩西能向以色列宣揚上帝的良善，更清楚地教導他們關於所不能看見的君王。

在他一生漫長堅忍的服務時期中，不斷地勸告以色列民眾要注目仰望他們神聖的統治者。

摩西是多麼有把握地向以色列民保證關於耶和華的仁慈！在曠野居住的時期中，他也屢次為錯誤的以色列民呼籲上帝，上帝也寬恕了他們。

先知曾提及上帝為祂的選民所行奇妙的神蹟，所賜寶貴的應許，最後一個最有力的論據，乃是他強調上帝對墮落的人類所有的大慈愛。……「求你照你的大慈愛，赦免這百姓的罪孽，好像你從埃及到如今，常赦免他們一樣。」（民數記14：19）

上帝很仁慈地答覆他說：「我照著你的話赦免了他們。」接著祂便用預言的方式向摩西表明祂的旨意和祂選民最後勝利的光景，說：「然我指著我的永生起誓，遍地要被我的榮耀充滿。」（民數記14：21）……上帝的榮耀、祂的品格、祂的恩典和慈愛——就是摩西為以色列所求的一切，將要向全人類顯現。耶和華這一次的應許是起誓證實的，因此便更加確信，倍覺可靠。上帝既然永存作工，必有一天「在列邦中述說祂的榮耀，在萬民中述說祂的奇事。」（詩篇96：3）

上帝是我的天父

你看父賜給我們是何等的慈愛，使我們得稱為上帝的兒女；
我們也真是祂的兒女。世人所以不認識我們，是因未曾認識祂。
約翰一書 3：1

這愛，是多麼無可比擬的愛，如我們這般罪人和局外人，竟
能歸向上帝，蒙接納作祂家中的兒女！我們可以對祂用那親切的
「我們在天上的父」的稱呼，表明我們對祂的愛，保證祂對我們
仁慈的眷顧和密切的關係，並且上帝的兒子注視著承受救恩的
人，就「稱他們為弟兄，也不以為恥」。他們與上帝的關係要比
沒有墮落的天使更加神聖。

人類歷代傳下來的父愛，一切在世人心中所開啟的仁慈的泉
源，若與上帝無窮盡之慈愛相比較，就如同涓涓細流與無邊無際
的海洋相比一樣。言語無法形容的，筆墨也是不足以表達的，即
使你以一生的日子來默念；即使你殷勤地查考《聖經》，或用盡
了上帝所賦予你的智慧和才智，企圖理解天父的慈悲仁愛，對於
那無窮盡的慈愛仍不能完全了然。

在祂一切兒女的身上，上帝能看出祂獨生子的形像。祂對於
他們的愛，窮盡這世上的言語亦是無法形容的。祂用祂慈愛的膀
臂懷抱著他們，上帝便因祂的子民而喜樂。

祂救贖我們脫離這無足眷戀的世界，揀選了我們作王室的一
份子，作天上大君之兒女。祂邀請我們深切信靠祂，過於兒女信
靠他們世上的父親。

上帝對我們而言，是一位溫柔仁慈的天父。

上帝與我同在

萬軍之耶和華與我們同在；
雅各的上帝是我們的避難所！
詩篇 46：7

豐盛人生

今日操練

在我生命中的上帝

「以馬內利，上帝與我們同在。」（馬太福音1：23）這句話對我們具有莫大的意義，它為我們的信心奠下了何等寬廣的基礎啊！它擺在有信心之人的面前，是何等偉大、可享受永生的盼望啊！上帝在基督耶穌裏一步一步地陪著我們走天國的路。聖靈與我們同在，做我們的保惠師，做我們困惑中的嚮導，安慰我們的憂傷，做我們試探中的保障。「深哉，上帝豐富的智慧和知識。」

上帝曉喻摩西吩咐以色列人說：「又當為我造聖所，使我可以住在他們中間。」（出埃及記25：8）於是祂便住在聖所，祂的子民中間，在曠野那漫長疲憊的飄流生活中，上帝與他們同在的記號，始終沒有離開他們。照樣，基督在我們人類的陣營中，支起了祂的帳幕，以便住在我們中間，使我們熟悉祂神聖的品格和生活。

耶穌既來與我們同住，我們就知道上帝熟悉我們的試煉，同情我們的憂傷。亞當的每一個子女，都可以明白我們的創造主乃是罪人的良友。

「上帝與我們同在」，乃是我們從罪惡裏被拯救出來的確據；是我們有力量遵守天國律法的保證。

基督竭力教導我們所必須學習的偉大真理，乃是上帝與我們同在，做每一家的賓客，洞悉地上所有一切的活動。祂知道腦海中所產生，心中所贊同的意念；祂聽見人類嘴唇上的每一句話；祂參與我們一生所行的一切；祂洞悉每一個計劃、並度量每一個方法。

上帝眷顧我

夏甲就稱那對她說話的耶和華為「看顧人的上帝」。
因而說：「在這裏我也看見那看顧我的嗎？」
創世記 16：13

上帝留心察看人類的行動。天上地下所有的一切事物，創造主全都知道。沒有祂的許可，無論何事都不能發生。祂——「拯救君王」做「世界盾牌」的那一位，時刻不倦地看顧負擔國家命運重任的人。而且貧窮者與寶座上的君王，都同蒙祂那慈悲的眷顧。

上帝不斷為祂所創造的眾生造福。上帝無數次親自解救，免得人在撒但謀害的禍患中死亡。上帝保護男女老幼的安全，免受諸般災害。

這個世界很明顯地蒙了上帝所賜的許多福惠，人類享受了無數的恩典，上帝看顧並保護了他們，天國庫房的珍寶傾降在他們身上。

上帝認識你的姓名，祂知道你一生所行的。

上帝知道人一切的意念、目的、計劃和動機。……畫家怎樣將人的容貌全都描繪於畫布上，照樣，每一個人品格上的特點也都已銘記在天國冊子上。上帝有每個人品格完美的照片。

上帝希望你認識祂神聖的臨格。祂的平安、安慰、恩典和喜樂，要將死亡的幽暗變為明亮的清晨、有福的陽光。……敬虔的心可以明白必須依靠上帝的能力方能保守心思意念。服役的天使開啟人的心眼，使他們在神聖的律法上，在大自然和聖靈所啟示關於永恆的事物上，都能看出其中的奇妙來。

豐美盛人生

今日操練

在我生命中的上帝

上帝顧念我

你不要害怕，因為我與你同在；不要驚惶，因為我是你的上帝。
我必堅固你，我必幫助你；我必用我公義的右手扶持你。
以賽亞書 41：10

　　主與祂全宇宙的各個部分都時常保持活潑的交往。有話論到祂說，祂俯身垂顧世界和其上的居民。祂垂聽人們所講的一切話；祂聽到了每次的歎息；祂傾聽每次的祈禱；祂察看每一個人的動作和意念。

　　上帝向來顧念祂的子民。基督教導祂的門徒知道上帝注意某一件事物的程度，原是與這一件事物在上帝創造系統中的重要性相符的。祂指著天空的飛鳥要他們注意。祂說，若是我們的天父不允許，就連一隻麻雀也不能掉在地上。若是祂眷顧小小的麻雀，當然基督替死的生命在祂看來乃是貴重的。上帝對人類所估量的價值，就在髑髏地的十字架上顯明了。

　　上帝對於墮落人類的仁慈並沒有停止，祂不持續地給予，也沒有從世上轉向別處。

　　不錯，失意的事物必定來臨，患難也在意料之中。但我們應當將一切，無論事情大小，都交託給上帝。祂不會因我們所懷的許多不平而感到困惑，也不會因我們的重擔而被壓倒。祂的眷顧普及每一個家庭，也包含了每一個人。祂關心我們一切的事務和所有的憂患；祂關注每滴眼淚；祂體恤我們的軟弱。我們在世上所遇見的患難與試煉都是祂所應許的，為要成全祂對我們慈愛的旨意──「使我們在祂的聖潔上有分，」（希伯來書12：10）得以享受在祂面前滿足的喜樂。

豐盛人生

今日
操練

在我生命中的上帝

上帝是至上的

你們要追念上古的事。因為我是上帝，並無別神；
我是上帝，再沒有能比我的。
以賽亞書 46：9

在天國上帝乃是至上的。在那裏一切都是聖潔的；沒有什麼可破壞那與上帝完全和諧的情景。若我們真是朝著那方向走的話，則天國的精神在此世就必存在我們的心中。但是如果我們現在並不喜歡思念天上的事，也不注意去尋求關於上帝的知識，不樂意瞻仰基督的品格；如果聖潔不能引起我們的羨慕——那就可以斷定我們對天國的盼望是徒然的。基督徒所當時常持守的崇高目標，就是要完全符合上帝的旨意。他必喜愛談論上帝、談論耶穌、談論基督為愛祂的人所預備的，那快樂聖潔的家鄉。使徒形容思考這些事物，就是在心靈上享有上帝有福的應許，是一種飽嘗「來世權能」的經驗。

上帝在基督身上所顯明的知識，是一切蒙救的人所必須有的知識。這知識就是改革品格的知識，一經接受，就能按著上帝的形像重建生命，並使全人都受一種神聖的靈力。

保羅曾說：「因此，我在父面前屈膝，（天上地上的各家，都是從祂得名），求祂按著祂豐盛的榮耀，藉著祂的靈，叫你們心裏的力量剛強起來。使基督因你們的信，住在你們心裏，叫你們的愛心，有根有基，能以和眾聖徒一同明白基督的愛，是何等長闊高深，並知道這愛是過於人所能測度的，便叫上帝一切所充滿的，充滿了你們。」（以弗所書3：14－19）

上帝就在大自然中

諸天述說上帝的榮耀；穹蒼傳揚祂的手段。
詩篇 19：1

今日
操練

在我生命中的上帝

上帝以大自然的美景環繞我們，要吸引我們的心，使之感到興趣。祂定意要教我們將大自然的榮美與祂的品格相提並論。我們若忠誠地研究大自然的課本，就必發現其中有默想上帝無窮慈愛和權能的豐富資料。

那位偉大的藝術家在天上不斷變幻的畫布上描畫了夕陽的榮美。祂以金色和紫色使天空光耀，好像天上的門敞開了，使我們能瞻仰它閃爍的榮光，在想像之中意會天國內在的榮耀。許多人輕率地忽略這上天所繪的美景，他們忽略在蒼穹間無上的榮美中，探索上帝無窮的慈愛和能力，但在觀賞描摹那偉大藝術家作品的一隅時，他們卻是驚喜若狂。

世界的救贖主選擇天地作為祂施救的場所。……祂選擇樹林和海濱，祂可以縱覽山水風景，藉上帝在大自然中的作為來說明關於上帝國度的重要道理。

當觀察大自然美妙的事物，思想這一切是如何奇妙地適應人類和其他生物的需要與幸福。那使大地、山嶽、海洋和平原復甦暢快的日光和雨水，都向我們述說創造者的慈悲。那使芽苞開花，使花朵結實的乃是上帝。那供應祂所造一切生物平日需用的，也是祂。

當我們默想大自然中的上帝時，我們的心就必復甦，受到清新而深切之愛的鼓舞，並融合了敬畏之念。

在基督裏有豐盛的生命

我來了，是要叫羊得生命，並且得的更豐盛。
約翰福音 10：10

　　一切活物的生存都有賴於上帝的旨意和權能。他們所領受的乃是上帝兒子的生命。不論他們如何多才多藝、能力如何宏偉，他們全仰賴那生命之源不斷地注入他們新的生命氣息。祂乃是生命的泉源。惟獨那位自有永有，住在眾光和生命之中的神，才能論及生命時說：「我有權柄捨了，也有權柄取回來。」（約翰福音 10：18）

　　基督已被授權可賜予永遠的生命。祂所安置於人體中的生命，祂曾取回來又賜予人類。祂說：「我來了，是要叫羊得生命，並且得的更豐盛。」

　　凡與基督合而為一的人因信祂而獲得的經驗，便是存到永遠的生命。……「因為我活著，你們也要活著。」

　　基督與人類成為一體，使人類得以在心靈和生命上與祂合而為一。藉著因順從上帝的話而得著這樣聯合的功勞，祂的生命便成了他們的生命。祂向悔罪的人說：「復活在我，生命也在我。」基督認為死乃是睡覺——靜寂、黑暗、睡眠。祂論到死亡似乎是一種無足輕重的事。祂說：「凡活著信我的人，必永遠不死。」……在信的人看來，死亡的確是一件無關緊要的小事，就祂而言，死不過是睡覺罷了。

　　那使基督從死裏復活的大能，也必使祂的教會復生，同得榮耀做基督的新婦，與祂同得榮耀，遠超過一切執政的、掌權的和有名的，不但在今世，就是在天庭、在世上，也是如此，在那復活的早晨，那已經睡了的聖徒必獲得光榮的勝利。

豐盛人生

今日
操練

基督與我的生活

基督是我全備的模範

你們蒙召原是為此；因基督也為你們受過苦，給你們留下榜樣，
叫你們跟隨祂的腳蹤行。祂並沒有犯罪，口裏也沒有詭詐。
彼得前書 2：21 － 22

豐盛人生

今日
操練

基督與我的生活

　　在一切事上基督都是我們的模範。依照上帝的旨意，祂幼年的生活是在拿撒勒城度過的；祂因該城居民所有的特質而經常遭受試探，以致需要時時謹防，好讓自己在罪惡充斥之地，保持清潔毫無玷污。基督自己並沒有揀選這個地方，是祂的天父為祂選擇的，目的在從各方面來試驗祂的品格。基督幼年時期的生活經受了嚴重的考驗，歷經諸般的艱難和奮鬥，使祂養成了一個完全的品格，堪作兒童、青年和成人的完全模範。

　　基督的生活足以證明清潔、堅毅和忠於原則的品格，並不在乎生活中全無困難、貧窮、和逆境。許多青年所抱怨的試煉和貧乏，基督都毫無怨言地忍受了。青年所需要的正是這樣的鍛鍊，好使他們的品格具有堅毅的特質，並使他們能像基督一樣，有堅決抵抗試探的精神。他們若撇開一切引誘他們走入歧途並敗壞德行的影響力，就不致於被撒但的詭計所勝。藉著每日向上帝祈禱，他們必從祂那裏獲得智慧與恩典，能忍受人生的爭戰和嚴酷的現實，並且得勝而有餘。只有藉著警醒和禱告，才可以維持忠貞和心思意念的穩定。基督的人生乃是堅忍努力的模範，是不容許被辱罵、嘲笑、貧乏或艱難削弱的。……他們的剛毅、堅強和忍耐的能力，正如他們在灰心之時，依舊能維持品格正直的程度一般增長，他們的精神也必愈發堅強。

基督是我的長兄

所以，祂凡事該與祂的弟兄相同，
為要在上帝的事上成為慈悲忠信的大祭司，為百姓的罪獻上挽回祭。
希伯來書 2：17

我們人類的「長兄」在永遠的寶座旁。祂留心看著每一個轉臉向著祂，以祂為救主的人。從經驗方面，祂明白人類的軟弱何在，我們的需要是什麼，和我們最大的試探在哪裏；因祂「也曾凡事受過試探，與我們一樣；只是祂沒有犯罪。」祂是在照顧你這上帝軟弱的子民。你受了試探嗎？祂能拯救你。你感覺軟弱嗎？祂會使你堅強。你缺少見識嗎？祂必使你心智開潤。你受傷嗎？祂必醫治。耶和華「數點星宿的數目」，卻也「醫好傷心的人，裹好他們的傷處。」（詩篇147：3）

你無論有什麼憂慮，或受了什麼試探，盡可以去向上帝訴說，你的精神要受到鼓勵堅持下去。上帝必替你開路，使你脫離束縛和艱難的網羅。你愈覺悟自己的軟弱無力，就愈可以藉著主的力量成為剛強。你的擔子愈重，就愈可以因有基督的負擔而得莫大的安息。

環境或許要使朋友隔絕；汪洋大海，廣潤天空，或許能使我們與地上的親友天各一方。但是沒有任何環境、任何距離，能使我們與救主隔絕。我們無論到什麼地方，祂總是在我們的右邊，攙扶我們、維持我們、供給我們、鼓勵我們。基督對於祂贖取之人的愛，比母親對孩兒的愛還大。我們有一種特殊的權利，可以在祂的愛裏得著歇息；可以說：「我要信靠祂，因祂為我捨命。」

人的愛會改變；可是基督的愛是永不改變的。我們只要求祂幫助，祂就會伸手拯救我們。

祂希望我們明白祂已經以我們「長兄」的身分回到天上，並且那賜給祂的無限權能，已然預備等候我們能夠自由使用了。

耶穌的兒童時期

孩子漸漸長大，強健起來，充滿智慧，
又有上帝的恩在祂身上。
路加福音 2：40

豐盛人生

今日
操練

基督與我的生活

「孩子漸漸長大，強健起來，充滿智慧，又有上帝的恩在祂身上。」這短短幾句話描述耶穌幼年的記載，卻是意義非常。在祂天父的榮顏照耀之下，「耶穌的智慧和身量，並上帝和人喜愛祂的心都一齊增長。」（路加福音2；52）祂的心思是活潑而深入的，祂的審慎和智慧已超越了年齡。祂的品格發展勻稱，顯得格外美麗。體力和智力也循著兒童期的成長規律，漸漸發育起來。

耶穌在幼年時，就顯出一種特別可愛的性情。祂那樂意幫助人的雙手，是隨時準備為人服務的，祂所表現的忍耐，是沒有任何事足以煩擾的，祂的信實是絕不犧牲正直的，祂堅守原則猶如穩固的磐石，祂的生活隨時都表現著大公無私而有禮貌的風度。

耶穌的母親很關心祂才能的長成，並注意到祂品格上完美的特徵。她很高興地設法鼓勵祂那伶俐而易於受教的心。

從她口中和先知的書卷中，祂學得了有關天上的事。祂這時在母親膝前所學的，正是祂自己從前藉著摩西所傳給以色列人的話。祂從童年到青年時代，從來沒有進過拉比的學校。祂不需要從這種來源獲得教育，因為上帝是祂的導師。

祂既然像我們一樣獲得知識，祂對於《聖經》的理解淵博純熟的程度，就說明祂早年時是如何勤讀上帝的話了。……祂從知識初啟之時，就在屬靈的美德與真理的知識上，不斷地有長進。

基督存心順服

他就同他們下去，回到拿撒勒，並且順從他們。
……耶穌的智慧和身量，並上帝和人喜愛祂的心，都一齊增長。
路加福音 2：51 ─ 52

　　雖然基督負有神聖的使命，而祂自己也完全能感受到祂與上帝之間崇高的關係，但祂並不拒絕履行人生實際的義務。祂是世界的創造主，然而祂還是接受祂對於世上父母所有的義務，而克盡子職，祂依從父母的願望，在五旬節之後從耶路撒冷和他們一同回去，順從他們的心意。

　　祂服從父母權威的約束，承認為兒子、兄弟、朋友和公民所有的義務。以恭敬的態度履行祂對於地上父母的義務。祂原是天上的大君。在天國身為元帥，天使喜愛聽從祂的吩咐，如今祂卻甘心做僕人，做欣然順從的孝子。

　　耶穌拒絕受任何影響，去阻擋祂忠心履行作為兒子所當盡的服務。祂絕不意圖做什麼非凡之事而使祂和其他的青年有別，或宣告自己是由天而生的。就是祂在親屬和朋友之中的那些年，他們也看不出祂神性的任何特徵。基督向來是鎮定、克己、溫柔、快樂、仁慈，而且存心順服的。

　　《聖經》對於基督的兒童和青年時期如此保持緘默，乃要給一般父母和兒女一個重要的教訓。祂凡事都給我們作模範。祂幼年和青年的生活如此低調不使人注意，為要給父母和兒女一個示範，說明兒童和青年時期愈是平靜不被注意，愈是自然不受人為的過度刺激與興奮，則兒女就愈安全，亦更有利於養成純潔而有真實道德價值的品格。

今日
操練

基督與我的生活

基督凡事受過試探，與我們一樣

因我們的大祭司並非不能體恤我們的軟弱。
祂也曾凡事受過試探，與我們一樣，只是祂沒有犯罪。
希伯來書 4：15

OCT 10月
23日

今日
操練

基督與我的生活

基督親自到我們的世界來，不單對於這個世界而言，就是對於上帝宇宙中間的諸世界來說，也是一件重大的事。祂來雖要取得人類的性格，凡事受試探與我們一樣，但祂仍要給我們留下一個完全聖潔而毫無玷污的品格，作為我們的模範。祂既然凡事受過試探，與我們一樣，祂就知道怎樣與我們表同情；祂知道怎樣憐恤並幫助兒童和青年；因為祂自己也做過兒童，曉得兒童所要遭遇的每一試煉和試探。

祂的眼神帶著那促使祂離開天庭來到世上替罪人受死的愛。……祂不但憐愛那愛祂、順從祂的人，也同樣地愛那任性剛愎的人。耶穌沒有改變；祂昨日、今日，直到永遠都是一樣的，祂仍舊憐愛有錯誤的人，竭力要吸引他們來歸祂，使祂可以給他們神聖的幫助。祂曉得每一個人的心靈中有一股惡勢力在掙扎著，想要戰勝；但耶穌來打破撒但的權勢，釋放一切被囚的人。

天父的品德在基督的身上彰顯出來了。當兒童們看見祂的面容時，他們就看到祂目光所顯現出來的清潔和良善。祂的容顏所表露的乃是良善、溫柔、仁慈和道義之心的融合。雖然祂的一言、一行，以及祂臉上的每一表情都表示祂至上的神性，但祂的態度行為卻顯出謙卑的特徵。祂來只有一個目的，就是要拯救失喪的人。

基督在我心裏成了榮耀的盼望

上帝願意叫他們知道，這奧祕在外邦人中有何等豐盛的榮耀，
就是基督在你們心裏成了有榮耀的盼望。
歌羅西書 1：27

「基督在你們心裏成了有榮耀的盼望。」人若知道了這個奧祕就得到了其餘的一切奧祕的關鍵。這奧祕能向人心靈開啟宇宙的寶庫，使人有無限發展的可能。

這種發展乃是由於上帝的品德──《聖經》的榮耀與奧祕──持續不斷地向我們顯明所致。假若我們可能徹底明白上帝和祂的聖言，那麼我們就不會再發現什麼真理，也不會有更高的知識，更不會再有什麼進展了。上帝從此也不能算為會高，而人類也就不會再有什麼進步了。感謝上帝，情形並非如此。上帝既是無窮的，所積蓄的一切智慧既都在祂裏面藏著，我們即使永遠尋求、不斷考察，也絕不能窮究智慧、善良和祂的能力。

尋求上帝救恩的人，若以尋求屬世財富那般的殷勤誠懇去尋求，那麼目的就必達成。

凡在地上得以分享祂救恩，並盼望分享將要來臨之國的榮耀的人，必須和基督一同聚斂。每一個人必須明白他要為自己的案件負責。……這些人若繼續與基督同行，耶穌就必在他們心裏成了榮耀的盼望，他們就必歡喜讚美，因此自己也得以甦醒。在他們看來，他們救主的工作乃是親切寶貴的。……每一個基督徒必須繼續前進，力上加力，在上帝的工作上竭盡他一切的力量。

真實信徒的生活必顯明有救主住在心內。……他整個的人生乃是為基督恩典的能力作見證。

今日操練

基督與我的生活

315

護衛我的天使

因祂要為你吩咐祂的使者，在你行的一切道路上保護你。
詩篇 91：11

豐盛人生

今日
操練

天使與我的生活

　　每一個跟從基督的人，都有一位護衛的天使奉命來幫助他，這些天上的守望者常保護義人脫離惡者的權勢。撒但在以下的一句話中也承認了這一個事實：「約伯敬畏上帝，豈是無故呢？你豈不是四面圈上籬笆護衛他和他的家並他一切所有的嗎？」（約伯記1：9-10）詩人用以下的話說明上帝所用來保護子民的方法：「耶和華的使者在敬畏祂的人四圍安營，搭救他們。」（詩篇34：7）

　　我看上帝對祂子民的慈愛，這愛的確是偉大無比的。我看見天使巡邏飛翔於聖徒上空，展開翅膀護庇他們，每個聖徒都有一位護衛他的天使。若是聖徒因灰心而哭泣，或遇有危險，那經常護衛他們的天使就疾速的往上飛去通報信息，於是城裏邊的天使就停止歌唱。……他們將這信息往上稟報時，城中的天使就都哭泣，然後以大聲音一同說「阿們！」但是聖徒若定睛注視前面所要獲得的獎賞，並以讚美的聲音榮耀上帝，天使就必將這喜信報告城裏，於是城裏的天使就彈他們的金琴，大聲合唱：「哈利路亞！」使全天庭充滿他們美妙的歌聲。

　　祂的天使受命看顧我們，而且我們若將自己交託在他們的護衛之下，那麼每逢遇到危險之時，他們就必在我們的右邊。假若我們在無意之間散發出不具善良之力的危險，天使就要臨近我們身旁，提示我們更美的途徑，替我們選擇當說的活，並左右我們的行動。這樣，我們的感化力是一種無聲無息、不知不覺、卻具有強大的力量，能吸引他人歸向基督和天上的世界。

常與我同在的天使

耶和華的使者在敬畏祂的人四圍安營，搭救他們。
詩篇 34：7

今天……自天而來的使者正走遍全地各處，盡力安慰傷心的、保護無能為力的，吸引人們的心歸向基督。我們雖看不見他們，然而他們還是與我們同在，引領、指導、保護。

這些光明的天使在我們心靈的四周造成一種屬天的氣氛，提拔我們更加靠近那未見的永恆事物。我們的肉眼看不見他們的形體；惟有藉著屬靈的眼光才能看得見天國的事物，惟獨屬靈的耳朵才能聽見天庭歌詠隊美妙的歌聲。

天使曾經不斷地像朋友一般，與人們說話，引領他們到安全的地方去；天使也會講鼓勵人的話，振奮困乏信徒的精神，提升他們的思想超越屬世的事務，使他們因信得以見著那些得勝之人圍繞著白色的大寶座時，所要領受的白袍、冠冕和象徵勝利的棕樹枝。

天使的任務是要親近遭受試探的人。他們不倦地為基督所替死之人效勞。

天使時常在急迫需要之際出現。他們與凡要從事最艱苦爭戰的人同在，也與那些必須和與生俱來之傾向及遺傳爭戰的人，以及家庭環境最令他灰心的人同在。

自天而來的使者受命要盡他們服役的使命——引導、護衛、並協助那將要承受救恩的人。……忠心守望者時常警醒著要引人走正路。

今日
操練

天使與我的生活

天使與我同作救靈的工作

天使豈不都是服役的靈、奉差遣為那將要承受救恩的人效力嗎？
希伯來書 1：14

〈希伯來書〉第一章第十四節的喜信是關乎眾人的。全章有奇妙的鼓勵要傳給疲倦受試探的人。「所有的天使，上帝從來對哪一個說，你坐在我的右邊，等我使你仇敵作你的腳凳？天使豈不都是服役的靈，奉差遣為那將要承受救恩的人效力嗎？」這些信息代代流傳，直到我們現今世界，要給那些將承受救恩的人。天使來到我們的世界；他們並非是看不見的，他們有時會遮掩自己天使的形狀，化成人的樣式與人們說話，啟迪人們。

當有些人處於猶豫不決、心意不定時，那些真誠專心的天上僕人，就與基督聯合，前來幫助這些有需要的人們。

假使天使在推進福音工作上居於人們所居的地位，就絕不會有任何地方被撇在死蔭幽暗之下，這工作乃要像《聖經》所形容的，有天使飛在空中將永遠的福音傳給住在地上的人。但人若不與主合作，祂是無計可施的。若是天使對人類有深切的關懷，就能以人的聲音發揮出來，那麼我們將能聽見何等熱切的勸告，正設法將上天所傳給他們的信息，傳給別人呢？

上帝使人在救恩的工作上與祂自己合作，就顯明祂對人類的愛。凡領受自天而來的靈糧之人都被授予了福音。「我們是與上帝同工的，」蒙召作慈愛的欽差代表祂。我們要與天國的代表合力協助他們的工作。

上帝藉著天使的服役將光傳給祂的子民，並藉著祂的子民將這光再轉送給世人。

—

天使利用我的手成就祂的工作

聽從祂命令、成全祂旨意、有大能的天使，都要稱頌耶和華！
你們作祂的諸軍，作祂的僕役，行祂所喜悅的，都要稱頌耶和華。
詩篇 103：20 - 21

OCT 10月
28日

豐盛人生

今日操練

天使與我的生活

　　天使雖是看不見的，卻想要與看得見的人類合作，與人類組成一種拯救聯盟。世人竟能做為看得見的工具，將天使所賜的福惠傳於人，這豈不是一種鼓勵奮興人的思想嗎？我們既如此地與上帝合作，這工作就帶有神聖的印記。全天庭以何等的欣喜和快樂注視著這完全的感化力——就是天庭所承認的感化力啊！人類乃為天國媒介的左右手，因為天使利用人的手去從事實際的服務，他們無私的服務行為，使他們得以在所成就的救濟工作上有分，這乃是上天施用救贖能力的方法。屬天工作者的智慧與行動，配合了地上工作者的智慧與能力，便救助了那些被欺壓與不幸的人。

　　那一群天使便是當初撒但在天庭之上妄圖奪位時，與上帝同一陣線並獲勝的天使；他們亦是那一群親眼見證我們世界的創造、和我們始祖受造的天使，他們從高超地位發出歡呼，……十分熱心並且樂意與墮落卻蒙拯救的人類合作，為要發展上帝所賜之能力，好幫助每一位願意與天使合力尋找，並拯救行將沉淪在罪惡中之人。

　　屬世的人蒙召做幫手，利用天使的智慧，運用他們的能力；藉著與這些無窮的能力聯合，我們就必因他們那更高尚的教育和更豐富的經驗而獲得助益。……如此的合作所要成就的事工，必將榮耀、尊貴和威嚴歸於上帝。

彼得蒙天使的拯救

彼得醒悟過來，說：「我現在真知道主差遣祂的使者，
救我脫離希律的手⋯⋯。」
使徒行傳 12：11

豐盛人生

今日
操練

天使與我的生活

　　彼得被囚在石砌的監牢裏，監門也牢牢鎖上了。⋯⋯但這些能有效阻擋人力援助的門閂、鐵門和羅馬士兵，只是使上帝在拯救彼得的事上獲得更加完全的勝利。

　　就在彼得將要受死的前一個晚上，一位大有能力的天使受命自天而來要拯救彼得。⋯⋯他進到監裏，發現彼得躺在那裏，安怡地享受著全心信賴之人所享的酣眠。

　　等到他感覺有天使的手拍他，又聽見有聲音說：「快快起來！」彼得才醒了過來，但見牢房裏有天上的光輝照耀，又見那位大有榮耀的天使站在他面前。於是他便機械式地順從那向著他所說的話，而在挺身舉手之際，他模模糊糊地發現手上的鐵鏈已經脫落下來了。

　　他（天使）朝監門走去，後面跟著的就是那向來多話，現在卻因驚異而口啞的彼得。他們跨過守衛的兵，走近那上了重門的門，那門卻自動地敞開了，接著又立即關上了。

　　臨到第二道門。這門⋯⋯無鉸鏈的吱吱聲，也無門閂的嘎嘎聲就敞開了。⋯⋯他們照樣地經過第三道門，就發現自己到達大街上了。⋯⋯天使被一種眩目的光輝包圍，足不點地的走在前面。⋯⋯他們這樣地走過了一條街，於是天使的任務完成，他就忽然不見了。

　　現今正像使徒的時代一樣，自天而來的使者，也在全地上來來往往。⋯⋯我們雖然不能親眼看見他們；但他們還是與我們同在，引導、指示、保護我們。

天使助我作永恆的預備

看哪，我差遣使者在你前面，在路上保護你，
領你到我所預備的地方去。
出埃及記 23：20

　　整個的天庭都從事於一項工作，那便是去預備一班人，在祂預備爭戰的日子可以站立得住。天與地的連絡似乎是很密切的。

　　天上的使者以幾乎不能忍耐的心情急切等待要將祂報告給世人知道，使他們也可以和自天而來的使者合作去宣揚耶穌——世界的救贖主，充充滿滿地有恩典有真理。

　　人因悔改而落下的第一滴眼淚，使天庭裏的眾天使歡樂。天庭的使者常做準備，要飛往尋求耶穌的人那裏去，為祂服務。

　　上帝為愛祂的人已經預備偉大且榮耀的事。天使以熱切的期待盼望上帝子民的最後勝利，就是撒拉弗和基路伯，以及「千千萬萬」天使大聲歌唱蒙福之人的歌曲，慶賀人類因贖罪得了拯救的大勝利。

　　耶穌算好了亞當每一兒女救贖的代價，祂已作豐富的預備，只要人肯依從所規定的條件，就不至滅亡，反得永生。每一天上的使者都作上帝的代表，努力救人歸向祂。

　　榮耀的眾天使，也在……施予的工作中得到快樂，將仁愛和不倦的照顧，留給墮落污穢的人類。天上的眾生默化人心；他們將天庭的光，帶入這黑暗的世界，他們以溫柔忍耐的服務感動人心，引領失喪的人與基督相交，這種相交的情誼比他們自己所能想到的還要親密。

豐美盛人生

今日
操練

天使與我的生活

天使執掌四方的風

我又看見另有一位天使，從日出之地上來，拿著永生上帝的印。
他就向那得著權柄能傷害地和海的
四位天使大聲喊著說：「地與海並樹木，
你們不可傷害，等我們印了我們上帝眾僕人的額。」
啟示錄 7：2 － 3

OCT 10月
31日

四位大有能力的天使如今還在執掌著地上四方的風。最可怕的毀滅部分還沒有全然來臨。陸地和海上的意外，因狂風暴雨、交通意外和火災而喪命的事仍然持續地增多；可怕的水災、地震和狂風必刺激列國參與致命的戰爭。同時天使也要執掌四方的風，制止撒但可怕的忿怒發作，直等到上帝的眾僕人在額上受了印記。

天使執掌四方的風，這些風狂怒地要掙脫約束，如同恣意馳騁的烈馬，沿途散發毀滅與死亡。

我們正面臨可怖的鬥爭；我們已經接近全能上帝爭戰的大日。那原先被執掌的將被釋放，施恩的天使正放下他的翅膀，預備從寶座上走下來，讓撒但來控制這個世界。地上執政掌權的正在劇烈地背叛天上的上帝。他們對於上帝，對於事奉祂的人怒氣填胸，並且就在不久的將來，善惡之間最終的戰爭就要展開了。這世界要做為戰場——就是最後鬥爭和最後獲勝的場所。

正當他們的手要放鬆、四方的風將要開始吹在地上的時候，耶穌慈悲的眼目注視到那尚未受印記的餘民，於是祂就在天父面前舉起祂的手，向父哀求，說祂已經為他們流出祂的血。那時就另有一位天使受命要迅速地飛往四位天使那裏去，吩咐他們仍然執掌四方的風，直等到上帝的眾僕人在額上都受了永生上帝的印記的那一日。

今日操練

天使與我的生活

11月
NOVEMBER

得勝
的生命

My Life
Today

穿戴上帝所賜的全副軍裝

要穿戴上帝所賜的全副軍裝，就能抵擋魔鬼的詭計。
因我們並不是與屬血氣的爭戰，乃是與那些執政的、掌權的、
管轄這幽暗世界的，以及天空屬靈氣的惡魔爭戰。
以弗所書 6：11 － 12

NOV 11月
01日

豐盛人生

今日
操練

為勝利而裝備

　　當我們開赴前線作戰時，把我們的兵器扔下是十分危險的事。在爭戰時我們必須穿戴上帝所賜的全副軍裝。軍裝的每一部分都是必要的。

　　雖然撒但努力使人忽略以下的事實，但是基督徒卻永不可忘記：「我們並不是與屬血氣的爭戰，乃是與那些執政的、掌權的、管轄這幽暗世界的，以及天空屬靈氣的惡魔爭戰。」以下警告的聲音從古至今一直響著：「務要謹守、警醒，因為你們的仇敵魔鬼，如同吼叫的獅子，遍地遊行，尋找可吞吃的人。」（彼得前書5：8）

　　從亞當的日子直到如今，我們的大仇敵常施展他的能力來進行壓迫和毀滅。他現在正準備著與教會做最後的爭戰。凡想追隨基督腳蹤的人都必須與這無情的仇敵作戰。一個基督徒愈接近那神聖的模範，他就愈確切地使自己成為撒但攻擊的目標。

　　我們必須穿戴上帝所賜的全副軍裝，隨時準備與黑暗的權勢交戰。當試探與磨難臨到我們時，讓我們投靠上帝，懇切地向祂祈求。祂絕不會拒絕而令我們的祈求落空，祂必賜予得勝的能力和恩典，並那可毀滅仇敵的力量。啊！惟願大家能在真光中認識這一切實情，忍受苦難，作耶穌的精兵！這樣以色列就能靠著主，依賴祂的大能大力勇往前行。

用真理當作帶子束腰

所以，要拿起上帝所賜的全副軍裝，好在磨難的日子
抵擋仇敵，並且成就了一切，還能站立得住。
所以要站穩了，用真理當作帶子束腰。
以弗所書 6：13 — 14

當我們在光中行走時就有光照亮我們，當我們順從已明白的真理時就能接受更大的亮光。我們若只接受先祖們前一百年間所有真理的光亮，便無可推諉了。……我們要明白每一項真理，同時也要將真理在每日的生活中實踐出來。

全部的思想和心靈都當充滿真理，使你能作基督的活代表。上帝希望你能被祂的聖靈所充滿，領受從天而來的能力。不要一心只想做偉人，應該努力作一個善良的完全人，宣揚那召你出黑暗入奇妙光明者的美德。上帝呼召像約書亞和迦勒一樣有大無畏之精神與誠意的人，就是那些憑著信心和勇氣去作工的人。

上帝的真理若沒有在你心裏根深蒂固，你就經不起試探的考驗。只有一種力量能保守我們在最艱苦的磨煉中站立得穩——上帝在真理中的恩典。不敬虔的人正以銳利的目光察明一切不合理之事，同時也藐視那軟弱、躊躇不決的人。願青年人要堅立崇高的標準；願他們以謙卑、虔誠的心意尋求基督所應許的幫助，使他們可以發揮出最後賞善罰惡之大日來臨時，不致羞愧的感化力。那些凡在屬靈及屬世的事業上，已證明這高貴基督徒原則的人，必獲得這至上優越的權利，因為他們必以得勝者的身分進入上帝樂園。

豐盛人生

今日
操練

為勝利而裝備

用公義當作護心鏡

用公義當作護心鏡遮胸。
以弗所書 6：14

NOV 11 月
03 日

豐盛人生

今日操練

為勝利而裝備

穿戴好基督的公義盔甲，教會正要開始展開她最後的戰爭。「美麗如月亮，皎潔如日頭，威武如展開旌旗的軍隊。」（雅歌6：10）她要行軍出發到全世界，要勝了再勝。

只有基督所預備的遮身之物才能使我們配站在上帝的面前。這種遮身之物，就是祂自己公義的禮服，要給每一位悔改歸正具有信心的人佩戴在身上。祂說：「我勸你向我買……白衣穿上，叫你赤身的羞恥不露出來。」

「我們所有的義都像污穢的衣服。」（以賽亞書64：6）我們自己所能做的一切事都被罪孽所染。但上帝的兒子「顯現乃要除掉人的罪，在祂並沒有罪。」罪的定義乃是「違背律法」。可是基督卻遵守了律法的每一條要求。當祂在世的時候祂向門徒說：「我遵守了我父的命令。」藉著祂完全的順從，祂已使每一個人都可以完全遵守上帝的誡命。當我們將自己降服於基督後……祂的生命便成為我們的生命，所謂披上祂公義的禮服就是這個意思。這樣當主進來觀看我們的時候，祂所看見的不再是那無花果樹葉子所編織的裙子，或罪孽所造成、殘破赤裸的身體，乃是祂自己公義的禮服，就是完全遵守耶和華律法的義。

上帝應許給我們每一個人，要幫助我們加強我們的體力、勇氣與屬靈的力量，為應付那將要臨到我們眾人的試驗時期。祂受命將這信息傳開，你們要穿戴基督公義的全副軍裝。……並且盡了你們一切能盡的責任，這樣，你們就能夠獲得勝利的保證。每一個人也都得到了恩惠的良機，可以站穩在永固的磐石上。

用平安的福音當鞋穿在腳上

又用平安的福音當作預備走路的鞋穿在腳上。
以弗所書 6：15

「主快要再來」這件事，要時常與人談論、為此祈禱、相信它，使它成為你生命的一部分。你必會遇到疑惑與反對聲浪，但是在對上帝堅固不移的信念之前這些都必敗退。當你遭逢困惑、阻礙之時，要將感謝的心靈用歌聲呈獻與上帝。要穿戴基督徒的全副軍裝，又要用平安的福音當作預備走路的鞋穿在腳上。

我們今日是處在「罪病流行」的時代，一般思想慎密、敬畏上帝的人，看見這景況就十分驚恐。世上盛行的腐敗情形，實非筆墨所能形容。我們舉目四顧，看到政治方面，哪一天沒有爭戰、行賄和詐欺的事情發生？社會方面，哪一天沒有強暴、違法、殘忍、兇殺、自殘，以及種種家破人亡的痛心記錄？說是撒但的使者正竭力作祟，要擾人意志，毀滅身心，那還有什麼可疑的呢？世界上到處都有人渴望他們所沒有的事物。他們極度渴慕一種足以幫助他們制勝罪惡的能力，一種能救他們脫離罪惡捆綁，把健康安寧和生命賦與他們的能力。有許多人從前已經曉得上帝之道的能力，現在雖住在不認識上帝的地方，然而他們仍切切渴盼上帝的聖容。

一千九百多年以前，當時世界的需要，與今日世界的需要如出一轍——即對基督的需要。

對世上的罪孽和憂患，福音是惟一的救藥。

以信德當作盾牌

此外，又拿著信德當作盾牌，
可以滅盡那惡者一切的火箭。
以弗所書 6：16

那份以祈禱獲得對上帝聖言的信心，若認真地實踐出來，就會成為護庇我們脫離撒但權勢的盾牌，且使我們靠基督的寶血可以得勝而有餘。

當人開始悔改之時，得救的工人猶未完成。因而他們還有當跑的路要跑，他們面臨的困難，是需要他們去努力與奮鬥的，啊！「要為真道打那美好的仗。」（提摩太前書6：12）「要向著標竿直跑，要得著在基督耶穌裏從上面召我們來得的賞賜。」（腓立比書3：14）在這場戰爭中沒有中途退出的事，這乃是終身的長期戰爭，必須努力向前推進，與所追求的目的，永生之價值相稱，這事關係至深。在今生我們得與基督的犧牲有分，我們若將起初確實的信心，堅持到底，就必得到分享將來永生一切福惠之保證。人人都必須深思此事。

有應許說：「上帝是信實的，必不叫你們受試探過於所能受的，在受試探的時候，總要給你們開一條出路，叫你們能忍受得住。」（哥林多前書10：13）要將你基督徒的正直堅持到底，切勿向上帝發怨言。……當思念永恆的生命及所有與此的關係，你萬不可因沮喪而丟棄勇敢的心。救主愛你，你當信靠祂。救主耶穌是你惟一的盼望，要堅決地持定永生。你必須謹慎自守，切莫抱怨、訴苦、嚴嚴地責備自己。不可輕忽領受恩典的機會，要勉勵自己，相信並依靠上帝。

在主裏面我們有公義、有能力。要倚靠祂，藉著祂的大能你就得以滅盡那惡者的一切火箭，並得勝有餘了。

以救恩當作頭盔

祂以公義為鎧甲，以拯救為頭盔，
以報仇為衣服，以熱心為外袍。
以賽亞書 59：17

　　許多人對於悔改這件事有了錯誤的觀念。由於他們常常從證道中不斷地聽到這些話：「你們必須要重生」與「你們必須要有一顆新的心。」這樣的說法實在使他們困惑，使他們無法了解救贖計劃。

　　又有許多人是因為一些牧師將悔改之時所有的改變做了錯誤的講解，因而在猶豫不決中蹉跎以致滅亡了。更有一些人生活在漫長傷心憂悶的歲月中，正期待著一些顯著的憑據，證明上帝已悅納了他們。他們大部分的生活已經和世俗隔絕了，也樂於與上帝的子民交往，然而他們還是不敢冒然承認基督，原因是他們誤以為自稱是上帝的兒女，乃是僭越放縱的行為。他們仍然在等待要經歷他們所相信的悔改時應有的奇特改變。

　　過了一段時間後，在這些人中有一部分感覺到他已有為上帝所接納的憑據，然後才使自己與上帝的子民相契合。他們認為他們的悔改就是從這個時間開始，殊不知……他們早已蒙接納，做為上帝家裏的人了。當他們開始厭棄罪惡、不願再享受屬世的快樂，誠懇地尋求上帝時，上帝在那時就悅納他們了。但是因為他們不了解救贖計劃的單純，因而損失了很多的特權和福分。這些權利和福分是在他們最初歸向上帝，並相信祂已經悅納他們之時，就可以要求並享受得到的。

　　還有一部分人陷入更危險的錯誤之中。他們被不受拘束的熱情所左右，他們的感情既被挑動，就誤認這種情感的衝動乃是自己悔改蒙上帝悅納的憑據。其實他們生活的原則並未改變，恩典在人心中真實成就的憑據，並不是在情感方面的衝動，乃是在生活行為上的改變。

今日
操練

為勝利而裝備

要拿著聖靈的寶劍

並戴上救恩的頭盔，拿著聖靈的寶劍，就是上帝的道。
以弗所書 6：17

豐盛人生

今日
操練

為勝利而裝備

我們知道現代的青年人所面臨的危險和試探並不稀少。⋯⋯現代人若要抗拒罪惡就必須時時警醒，常常祈求。上帝寶貴的聖言要做為忠於天上大君之青年人的標準。惟願他們殷勤研究《聖經》，並願他們將《聖經》一節節地存記在心，同時能獲得關於主的聖言的知識。⋯⋯青年人在遭遇試煉之際，要翻開上帝的《聖經》，以信心和謙卑的心懇求上帝賜予智慧，才能尋見祂的道路並求得能力行在其間。

惟願我們的青年人要開始和一切危險的、足以引誘他們轉離本分和忠誠的習慣作戰。他們應有定期的禱告聚會，若可能的話，不要疏忽不赴這樣的禱告聚會。他們若出去應戰，還是有著沒有與基督交往前一樣放縱不良的習慣，其結果必然立即中了撒但的詭計。但他們若以上帝的道——聖靈的寶劍為武器，珍視它並將它存記在心，就可以抵禦上帝和人類之大敵的一切攻擊，而自己毫無損害。

要奉上帝的名高舉你的旗幟擁護真理和公義——上帝的誡命和耶穌的真道。你現在需要真理全備的武器，就是聖靈的寶劍。因它的鋒刃永不會變鈍，要斬斷一切罪惡和不公義的事。

但願他們以真理的言語為他們的顧問，靈巧地運用「聖靈的寶劍」。撒但雖是一個狡黠的大敵，然而耶穌基督謙卑忠誠的精兵足以制勝他。

在基督裏有能力

不然,讓它持住我的能力,
使它與我和好,願它與我和好。
以賽亞書 27:5

　　仇敵無法勝過那以謙卑之心向基督學習的人,就是那存祈禱之念行在主面前的人。基督自己置身於那人與他的仇敵之間,作為他的避難所、安息之地,以抵禦那惡者的攻擊。「因為仇敵好像急流的河水沖來,是耶和華之氣所驅逐的。」

　　撒但蒙准去試探過度自信的彼得,如同他蒙准試探約伯一樣,但是試探之後,他必須退後。撒但的詭計若因被准許而成全,那麼彼得便沒有希望了,他的信德必完全敗壞。然而仇敵絲毫不敢逾越被指定的範圍。在那惡魔的軍隊裏面,沒有任何勢力能毀滅或損傷那以單純信心依靠由上帝而來的智慧者。

　　基督是我們堅固有力的堡壘,那存謙卑的心意行在上帝面前的人,撒但無權轄制他,因為主應許說:「讓他持住我的能力,使他與我和好,願他與我和好。」(以賽亞書27:5)在基督裏每一個受試探的心靈,都可以尋得全備的幫助。人生的道路上有許多潛在的危險,但是上帝的全宇宙都在那裏守護著,免得有人受試探過於所能忍受的。有的人在品格方面有堅強的特質,必須時常予以扼制。這些品格的特質若在上帝聖靈的控制之下,便成為福惠,否則,就必成為咒詛。……若是我們毫無私心地將自己習於工作,絲毫不偏離原則,那麼主必以祂永久的膀臂懷抱我們,且為大而有力的幫助者,若是我們仰望耶穌,以祂為惟一可靠的,則於危難之際,祂總不會叫我們失望。

靠著基督必然得勝

感謝上帝，使我們藉著我們的主耶穌基督得勝。
哥林多前書 15：57

豐盛人生

今日
操練

戰爭中的勝利

　　基督從祂父那裏領受了權柄，將祂神聖的恩典和能力賜予人類，使人類靠著祂的名可以得勝。

　　眾人都必須遭受基督所勝過的試探，但靠著那偉大得勝者的名字，就有能力要臨到他們，而且人人都必須為自己爭取勝利。

　　祂洞悉兒童和青年的一切試煉和憂患，祂和你一樣，也曾經歷過你現在的年紀。你所遭遇的試探與試煉，祂也曾遭遇；你所有的憂患，祂也曾忍受。而祂從未被試探所勝，祂的生活裏沒有一點不聖潔、不高尚的事。祂是你的幫助者，是你的救主。

　　主的神聖之愛和悲憫的同情心，愈來愈伸向那毫無指望地被纏困於仇敵網羅中的人。主曾用祂自己的血，簽了人類的赦罪書。

　　用這樣的重價所贖回來的人，耶穌豈願坐視不管，任由他們成為仇敵引誘的獵物？祂絕不肯讓我們被死亡所勝。同樣的，在洞穴中封住獅子的口，又在烈火的窯中與祂的忠僕同行的那一位，又何嘗不願意為我們盡力，制伏我們品格上的一切錯失？今天祂還站在那賜恩的壇前，把凡需要祂幫助之人的祈禱轉呈上帝，祂不拒絕那流淚痛悔的人。……到耶穌面前去躲避的，耶穌會提拔他使之超於一切控訴和舌頭的攻訐。無論什麼人或什麼惡靈都不能指責這樣的人，因為基督已經把他們與自己道成肉身的神性品格合併了。

人的意志有決定權

不要效法這個世界，只要心意更新而變化，
叫你們察驗何為上帝的善良、純全、可喜悅的旨意。
羅馬書 12：2

沒有什麼能使你離開上帝，除非是一種悖逆的意志。

人的意志可控制他的性格。若具正確的意志，人的其他部分都要受它的支配。意志不是嗜好，也不是傾向，乃是選擇權、決定權、王權，運行在人類的心裏，以至於順服或違背上帝。

你若不瞭解意志真實的力量，就將常常陷於危險之中。或者你有信心可以做你所應許的一切，但你所應許的和你的信心全是無效的，除非等到你將意志歸向正確的那一面。你若心裏立志打信心的仗，毫無疑問地你就可以戰勝。

你的責任便是將你的意志立在基督的那一邊。當你的意志服從了祂的旨意，祂立刻就佔有了你，在你裏頭運行並成全祂的美意。你的性情就服從祂聖靈的支配，連你的思想也受了祂的約束。你若不能如願地控制情感的衝動，你可以控制自己的意志，藉此使你人生有顯著的變化。當你意志歸服了基督，你的生命就與基督的生命一同藏在上帝裏面，而與超越執政掌權者的能力有了聯繫。從上帝那裏有一種力量，保持你不離開祂的大能，使你可以度一種新的生活，就是信心的生活。

除非你的意志歸於基督的那一邊，與上帝的聖靈合作，否則你永遠無法將自己提升起來。不要覺得這事不可能，乃要說：「我可以，我已下定決心。」況且上帝已經應許要賜下聖靈，來幫助你每一次出於決心的努力。

豐盛人生

今日操練

戰爭中的勝利

先要在家裏得勝

我兒啊，你要在基督耶穌的恩典上剛強起來。
……你要和我同受苦難，好像基督耶穌的精兵。
提摩太後書2：1－3

豐盛人生

今日
操練

戰爭中的勝利

　　凡一切與上帝聖工成就有關之事，其初步的勝利必是在家庭生活中獲得的。

　　除了家庭和學校的教導以外，每個人均須受生活的嚴格訓練。如何聰明地提供這種教育，乃是向每一兒童及每一青年所當闡明的課題。上帝固然愛我們，且為我們的幸福而努力，祂的律法若常為人所遵守，我們就絕不知道何謂苦難。可是事實上這世界因為罪的結果，就有困苦、艱難和重擔臨到每一個人身上，我們若教導兒童及青年勇敢地應付這些艱難和重擔，就可以使他們終身獲益。我們雖然應當給他們予同情，但絕不可因此養成他們自憐的心。他們所需要的，乃是那足以激勵並使之堅強的事，而非使他們趨於軟弱。

　　當教導他們知道這世界並不是一個閱兵場，乃是戰場，人人都要像精兵一般忍受諸般艱苦，他們都當剛強，作大丈夫。當教導他們知道品格的真考驗，乃在乎願意背負重擔、不避艱險、且願從事當務之急，縱使這種工作不能得到今世的讚揚或報償亦在所不惜。

　　家庭中的禍患莫過於縱容青年們任意而行。

　　堅決地抗拒一次試探，必增添更堅決的力量來抗拒第二次試探。每一次克己的制勝，必為獲得更高貴、更光榮的勝利預備道路。每一次獲勝便種下一顆永生的種子。

務要堅固，不可搖動

所以，我親愛的弟兄們，你們務要堅固，不可搖動，
常常竭力多做主工；因為知道，你們的勞苦，在主裏面不是徒然的。
哥林多前書 15：58

凡挺身擁護上帝尊榮，不計得失，維持真理之純潔的人，難免遭遇百般的試煉，猶如我們的救主在受試探的曠野所遭遇的一樣。但那些凡事退讓，沒有勇氣譴責錯誤，當需要以他們的感化力來抗拒壓迫、擁護正義之際，竟然緘默無聲的人，或許可以避免許多痛心的困惑之事。但是同時也損失了那寶貴的賞賜，甚且要喪失了自己的靈命。

凡與上帝協調，因信賴祂而獲得力量抗拒錯誤、維護正義的人，必常常經歷激烈的爭鬥，且往往似乎要獨自應戰。但當他們以上帝為其依靠時，就必獲得許多寶貴的、勝利的機會。祂的恩典必做他們的力量，他們的道德感是敏銳、清楚、聰慧的；他們的道德力必能勝任抗拒錯誤影響的責任；他們正直的品格，像摩西一樣，是最純潔的。

要毫無畏縮地去作上帝的聖工，是需要道德能力的。不能為自憐、自私、專橫、貪愛安逸，及欲避免背負十字架的心念留一絲餘地。……我們要聽從祂的聲音呢？還是要聽從那惡者安撫的聲音？正在永恆事物要顯現的前夕，是否要像嬰兒一般，在搖擺之中甜睡而喪失靈命呢？

我們的救主渴望拯救青年人。……祂等著要將生命的冠冕加在他們的頭上，聽他們快樂的聲音，參與那得勝的凱歌──「將尊貴、榮耀與頌讚歸給坐寶座的和羔羊」（啟示錄4：9），這聲音要在全天庭迴旋不絕。

要行在光中

求你發出你的亮光和真實，好引導我，
帶我到你的聖山，到你的居所！
詩篇 43：3

豐盛人生

今日
操練

戰爭中的勝利

在這危險的時代，我們必須非常慎重，免得拒絕了上天本著慈悲所賜給我們的亮光，因為要藉著這些光辨明仇敵的詭計。我們時時刻刻需要由天而來的亮光，以便識別屬天與屬世、暫時與永恆的事物。若是隨從自我的意思，必導致我們步步絆跌，甚至傾向世界，逃避自我克制，看不出時時警醒、常常祈求的必要性，結果終為撒但任意擄去。他們既拒絕上帝所賜的亮光，就不知道為什麼而跌倒。

凡名字在最後仍保留在羔羊生命冊上的人，必奮勇地為主而戰。他們必須殷勤地努力識別並拒絕一切的試探和各樣的惡事。他們必感覺有上帝的眼目時常注視著，要保守嚴格的忠貞。他們必做忠心的守望者，防守關口，免得撒但假裝光明的天使潛入他們的領域，在他們中間進行其殺戮的工作。

那穿白衣圍繞在上帝寶座的群眾，並不是那班原來愛宴樂過於愛上帝，寧願隨波逐流，不肯逆流而上的人。凡保守自己的清潔，不為現代流行的風氣和影響所沾染的，必遭遇激烈的爭戰。他們要經過大患難，將他們品格的衣裳在羔羊的血裏洗白淨了。這班人要在那榮耀的天國裏高唱得勝的凱歌。

要持守你所有的

我必快來，你要持守你所有的，免得人奪去你的冠冕。
啟示錄 3：11

　　瞬間的決定也許就註定了永遠的命運。……務須記住，也許要耗盡一生的勞碌去挽回那霎時之間，因屈從試探和粗心大意所拋棄的。

　　因一時衝動意志的決定，也許你就會將自己置於撒但權柄的範圍內而不自知。但是要掙脫他的鎖鏈，致力尋求更高尚、更聖潔的人生，卻不是一時的立志所能成就的。志向也許立定了，工夫也開始了，可是要完全成功仍需要付上努力、時間、恆心、忍耐和犧牲。在光天化日之下故意遠離上帝的人，在他決心回頭的時候，必發現他道路上已長滿了荊棘和蒺藜。而且若必須用流血的腳，跋涉漫漫長路方能達到目的地的話，他就不要認為驚奇而灰心沮喪。人從佳美境地墮落下來，最可憎又可怕的證據乃是回轉時所必須付上的代價，惟一得以回頭的方法乃是步步爭戰、時時努力。

　　凡得進天國的人，必須竭盡精力，方可獲得勞苦的果效。有一隻手要敞開樂園的門，為著那些忍受試探、保守良心、為基督的愛而放棄世界，和世界所給予的榮譽和讚賞，並且在人的面前承認祂、耐心地等候祂，在天父與聖天使面前悔改的人。

　　要保守良心易受感化，以便能聽見那從來沒有像這樣的聲音所說的、最低微的耳語。

豐盛人生

今日
操練

戰爭中的勝利

基督的完全勝利能彌補亞當的完全失敗

因一人的悖逆，眾人成為罪人；
照樣，因一人的順從，眾人也成為義了。
羅馬書 5：19

豐盛人生

今日
操練

戰勝的例證

　　祂與亞當開始的地位是相同的。祂毅然決然地走過亞當墮落失敗之地，而彌補了亞當的欠缺。

　　但第一位亞當所享受的條件，各方面較比基督所擁有的都要優越得多。在伊甸樂園為人類所設一切奇妙的安排，是一位愛他的上帝所做的。大自然的一切都是聖潔無玷的。……在他們（亞當、夏娃）與創造主之間沒有隔離的影子。他們認上帝為他們慈悲的父親，在各方面他們的意志都與上帝的旨意相符。

　　可是，自撒但來到伊甸園的居民當中，向他們暗示懷疑上帝的智慧之後，他誣告祂——他們的天父、他們的君王，說祂有私心，因為祂要試驗他們的忠誠，禁止他們吃分別善惡樹的果子。

　　基督受撒但的試探比亞當所受的更嚴重百倍，而且受試探的條件較之更難忍受。那大騙子將自己偽裝為光明的天使來到基督面前，然而基督戰勝了那試探，祂挽回了亞當可恥的墮落，拯救了世界。

　　在祂的人性中，祂仍然保持了祂神聖品格的純潔。在祂的生活中實踐了上帝的律法，在一個犯罪的世界中使律法為大為尊，向全宇宙和撒但，及亞當墮落的兒女們證明，靠著祂的恩典，人類可以遵守上帝的律法。祂來，為要將自己神聖的性格及祂自己的形像賦予悔改有信心的人。

　　基督完全的勝利，是亞當完全失敗的對比。因此，我們可以忍受試探，強制撒但離開我們。

基督勝了世界

我將這些事告訴你們，是要叫你們在我裏面有平安。
在世上，你們有苦難；但你們可以放心，我已經勝了世界。
約翰福音 16：33

當祂在屈辱的路上走最後一步時，烏黑的愁雲籠罩著祂的心靈。祂對門徒說：「這世界的王將到，他在我裏面是毫無所有。」（約翰福音14：30）「這世界的王受了審判」，如今他「要被趕出去」。基督以先知的眼光，看到最後的大鬥爭中所要發生的事。祂知道當祂呼喊「成了」的時候，全天庭都必歡呼勝利，祂彷彿聽見遠處傳來天庭慶祝勝利的音樂和凱歌聲。祂知道那時撒但的國度就要響起喪鐘，而基督的尊名，必要傳遍全宇宙的諸世界了。

基督因自己優秀的門徒成就那遠超過他們所求所想的事，心中就很歡喜。祂知道上帝在創世以前所給的全能命令，所以祂很肯定。祂確知真理既有聖靈全能的武裝，就必在與邪惡鬥爭的過程中取得勝利，而且那血染的旌旗必要勝利地飄揚在他們的頭上，祂知道那些信靠祂的門徒，他們的人生必要像祂那百戰百勝的人生一樣。這勝利雖然在今生看來不算是勝利，但在永世的將來卻是被承認的。

「在世上你們有苦難，但你們可以放心，我已經勝了世界」，基督並不灰心，也不喪膽，祂的門徒也要顯示同樣恆久忍耐的信心。……雖然有許多看來不可思議的事攔阻他們，但他們要靠著基督的恩典前進。……他們必須得著能力抵抗邪惡，這能力不是世界、死亡或陰間所能勝過的，這能力必使他們得勝如同基督得勝一樣。

在那最軟弱、卻甚願奔向全能之名的人面前，就連撒但也會戰兢而逃。

歷代基督徒都得勝

因為凡從上帝生的，就勝過世界；
使我們勝了世界的，就是我們的信心。
約翰一書 5：4

豐盛人生

今日
操練

戰勝的例證

使徒們建造在穩固的基礎上，即是那萬古磐石。

他們將從世上取石頭，建在其上。建造者並不是沒有遇見阻攔，基督仇敵的反對，使他們工作極其困難。他們得應付建造在虛偽基礎上之人的頑固、偏見與仇恨。

君王與執政的、祭司與掌權的，竭力想毀壞上帝的聖殿。但忠心的人，不畏監禁、痛苦和死亡，繼續推進工作。於是這建築物漸漸蓋起來，美麗而勻稱。

基督教成立之後，隨之而來的是幾世紀殘忍的逼迫，但自始至終，都不缺乏那班視建造上帝聖殿的工作比自己生命還寶貴的人們。

公義的大敵盡其一切所能，攔阻破壞交託與上帝建造者的事工，然而主為自己「未嘗不顯出證據來」。祂興起了工人來護衛那曾經一次交付聖徒的真道，歷史證明這班人不屈不撓的英雄氣慨。在他們中間有不少的人像使徒們一樣倒在他們的崗位上，然而建造聖殿的工作仍持續地、堅穩地推進，工人被殺，但是工作照常進行。如：瓦典西派（Waldenses）、約翰‧威克里夫（John Wycliffe）、胡司和耶羅米（Huss and Jerome）、馬丁‧路德（Martin Luther）、貴格（Qwingle）、克朗麥（Granmer）、雷悌默（Latimer）、挪克司（Knox）、約翰和查理‧衛斯里（John & Charles Wesley），以及其他許多的人搬運來蓋在這基礎上的材料，要長存到永遠。……我們觀察往後的世紀，便發現這建築中的「活石」，在錯誤和異端邪說中閃閃發亮。這些珍貴的寶石，光亮愈久愈亮直到永遠，見證上帝真理的大能。

保羅的凱旋之聲

> 誰能使我們與基督的愛隔絕呢？難道是患難嗎？
> 是困苦嗎？是逼迫嗎？是飢餓嗎？……
> 然而，靠著愛我們的主，在這一切的事上已經得勝有餘了。
> **羅馬書 8：35 － 37**

保羅為真理受過苦，然而從他的口中，我們聽不到一句怨言。當他回憶畢生的勞碌、焦慮和犧牲時，他卻說：「我想，現在的苦楚若比起將來要顯於我們的榮耀，就不足介意了。」（羅馬書8：18）上帝忠僕的凱旋之聲，自彼得起一直響徹至今。「誰能使我們與基督的愛隔絕昵？難道是患難嗎？是困苦嗎？是逼迫嗎？是饑餓嗎？是赤身露體嗎？是危險嗎？是刀劍嗎？……然而，靠著愛我們的主，在這一切的事上已經得勝有餘了。因為我深信無論是死，是生，是天使，是掌權的，是有能的，是現在的事，是將來的事，是高處的，是低處的，是別的受造之物，都不能叫我們與上帝的愛隔絕；這愛是在我們的主基督耶穌裏的。」（羅馬書8：35－39）

雖然保羅最後被囚在羅馬的監牢中，與晴空下的日光和空氣隔絕了，也放下了他為福音工作積極的勞碌，隨時準備接受死刑的判決，但他並沒屈從疑惑與沮喪。從那幽暗的地牢中，他臨終以前發出充滿著卓絕勇氣和信心的見證，鼓舞後世聖徒和殉道者。他的言詞準確地形容人成聖的光景。……「我現在被澆，我離世的時候到了。那美好的仗我已經打過了，當跑的路我已經跑盡了，所信的道我已經守住了。從此以後，有公義的冠冕為我存留，就是按著公義審判的主到了那日要賜給我的，不但賜給我，也賜給凡愛慕祂顯現的人。」（提摩太後書4：6－8）

我們要像保羅一樣，視戰爭中所受的創傷為功績。

非凡盛人生

今日操練

戰勝的例證

耶利米感恩的宣言

我們不致消滅，是出於耶和華諸般的慈愛；
是因祂的憐憫不致斷絕。
每早晨，這都是新的；你的誠實極其廣大！

耶利米哀歌 3：22 － 23

今日
操練

戰
勝
的
例
證

忠貞而信實的先知每天領受力量以便能忍受得住試探。他靠著信心做見證說：「然而耶和華與我同在，好像甚可怕的勇士。因此，逼迫我的必都絆跌，不能得勝，他們必大大蒙羞，就是受永不忘記的羞辱。」（耶利米書20：11）「你們要向耶和華唱歌，讚美耶和華，因祂救了窮人的性命脫離惡人的手。」（耶利米書20：13）耶利米年輕的經驗，以及他後來經歷的事教訓他知道：「人的道路不由自己；行路的人也不能定自己的腳步。」（耶利米書10：23）他學習祈禱：「耶和華啊，求你從寬懲治我，不要在你的怒中懲治我，恐怕使我歸於無有。」（耶利米書10：24）

及至他將喝盡那憂患之杯，在他的困苦之中受試探時說道：「我的力量衰敗，我在耶和華那裏毫無指望。」（耶利米哀歌3：18）回想上帝為他所行的拯救，便慨然揚聲說道：「我們不至消滅，是出於耶和華諸般的慈愛，是因祂的憐憫不至斷絕。每早晨這都是新的。你的誠實極其廣大！」

許多自稱為基督徒的人，過於注意他們人生中幽暗的一面，他們盡可以在日光之中歡喜。他們該快樂時反倒憂悶，他們訴說試煉，其實他們應該為曾享受豐盛的福惠而獻上讚美。他們專注於那些不愉快的事，懷藏並珍惜一切灰心的事，為他們的憂患而歎息不已，結果，心中愈加沉悶沮喪。其實他們應該數算自己的福氣，就必發現他們的福氣是那麼多，煩惱的事也就忘懷而不再提起了。若他們每日注意所受的恩典與眷顧，將人對於他們仁慈的行為銘記在心，那麼他們將有多少機會，向那位萬福的賞賜者獻上感謝和讚美呢？

約伯知道他的救贖主活著

我知道我的救贖主活著，末了必站立在地上。
我這皮肉滅絕之後，我必在肉體之外得見上帝。
約伯記 19：25 − 26

在每個人的生命經驗裏，有時不免要遇見痛苦的失望，全然的灰心——我們處於憂患之中，使我們很難相信上帝是恩待地上兒女的。當困擾纏心的日子來臨，許多人寧願求死勝於存活。這時，許多人都放棄了對上帝的信念，成了疑惑和不信的奴僕。然而，若在此時我們能以屬靈的眼光看透上帝的美意，就必能看見天使正在竭力地救我們脫離自己的愚行，盡力將我們的腳放在比永遠的山嶺更穩固的基礎上，於是必由此迸發新的信心、新的生命。

忠貞的約伯在他遭受患難的黑暗中宣告說：

「甚至我……寧肯死亡，勝似留我這一身的骨頭。我厭棄性命，不願永活。你任憑我吧！因我的日子都是虛空。」（約伯記7：15−16）

約伯雖然厭棄性命，卻沒有蒙准許而死。他蒙啟示了解關於將來的一切可能性，也得了一個含有盼望的信息：

「你也必堅固，無所懼怕；你必忘記你的苦楚，就是想起也如流過去的水一樣。」（約伯記11：15−16）

從極深的灰心沮喪之中，約伯便以絕對信賴上帝的恩典和拯救能力的意志，超然提升至崇高境地。他慨然地宣稱：「祂必殺我，我雖無指望，然而我在祂面前還要辯明我所行的。」（約伯記13：15）（英文《聖經》作：祂雖殺我，我仍要信靠祂。）

沒有一個大過施洗約翰的

我實在告訴你們，凡婦人所生的，
沒有一個興起來大過施洗約翰的。
馬太福音 11：11

豐盛人生

今日
操練

戰勝的例證

在約但河邊，那高高的蘆葦隨風擺動，正足以代表那些批評並論斷約翰使命的拉比們。他們隨著輿論搖擺或向左向右，既不願領受約翰扎心的警告，又因懼怕百姓而不敢公然反對他的工作。但是上帝的使者，卻不是這樣畏首畏尾的。那聚集在基督周圍的群眾，曾見過約翰的工作，也聽過他大膽地指責罪惡。無論是自以為義的法利賽人、像祭司般的撒都該人、或是希律王和他的朝臣、王侯和兵士、稅吏和鄉民，約翰都一視同仁地對他們率直地說話。他不是風前擺動的蘆葦，隨人的毀譽搖擺不定。雖在牢獄之中，他對上帝的忠心和擁護公義的熱誠，與當年在曠野中傳上帝的警告時仍是一樣的。他忠於原則，堅如磐石。

天使在約翰出世之前，向撒迦利亞宣告說：「他在主面前將要為大。」（路加福音1：15）什麼是偉人呢？根據天上的見解——那並不是世人所定義的偉大。

上帝所重視的乃是道德上的價值。愛心與純潔，是祂最珍視的美德。約翰在主眼中為大，因他在猶太公會所差來的代表，並眾百姓和他自己的門徒之前，不求自己的榮耀，卻向眾人指明耶穌為上帝所應許的那一位。他對於基督的工作所表示的無私喜樂，乃是人類所發現最高尚的品格。

行為誠實

不要以惡報惡；眾人以為美的事要留心去做。
羅馬書 12：17

在每次交易買賣的事上，一個基督徒的表現，必須與他弟兄所認定他當有的特質相稱。他的舉止全然根據原則而行。他既沒有什麼陰謀，所以也沒有需要隱瞞掩匿之事。他也許會受到批評和考驗，但他不屈的正直必發出光輝像精金一樣。他造福於一切與他接觸的人，因他的言語是可靠的。他也絕不在鄰居身上做損人利己的事，他是眾人的朋友和恩人，同伴也信任他的勸告。……一個完全正直的人絕不會乘人之危或在旁人無能為力之時充裕自己的錢包。他銷售的貨品價格公道，貨品若有不完全之處，他也開誠佈公地告訴弟兄和鄰舍。雖然於自己的收入不利，他仍要這樣做。

在生活的一切事上，也當嚴格維護正直的原則。控制管理這個世界的並非是這些原則，因為那欺壓人的、說謊話的、迫害人的撒但在這世界作主人，他的爪牙跟隨他，成全他的陰謀。但基督徒所事奉的是另一個主人，他們的行為必須在上帝裏面，沒有自私自利的企圖。在生意買賣上稍微偏離那絕對的誠實，也許有人視為無關緊要，但我們救主的看法並不是這樣。

人的外貌也許不使人喜悅，他可能缺少尊嚴，但他若有正直誠實的名譽，就必為人所尊敬。……一貫維持真理的人，必獲得眾人的信任。不但同信仰的人要相信他，就是信仰不同的人也不得不承認他是一位有好名聲的人。

今日操練 我也能得勝

言語真摯

以色列所剩下的人必不作罪孽，不說謊言，
口中也沒有詭詐的舌頭；而且吃喝躺臥，無人驚嚇。
西番雅書 3：13

豐盛人生

今日
操練

我也能得勝

誠實正直都是上帝品格的特質，而且凡是具備這樣特質的人，就有一種無敵的能力。

不要搪塞、說謊，在原則和榜樣上都要維持誠實。要正直，不要偏離正道，就是稍微搪塞也是不應容許的。

救主非常蔑視一切虛偽和欺騙的事。亞拿尼亞和撒非喇所受的嚴厲報應，足可證明這一點。

說謊的嘴唇是祂所憎惡的。祂也宣告說：「凡不潔淨的，並那行可憎與虛謊之事的，總不得進那城。」（啟示錄21：27）說實話要絕對真實。要以說實話為你人生的特點。玩弄真理，為私利做假，虛與委蛇，最是敗壞信德。……說謊的人無異將自己的靈魂廉價出售。他所說的謊言似乎能應付危急，或者幫助他在買賣方面，於表面上獲得了在誠實交易的情形下不能獲得的進展。但終必有一天沒有人會再信任他，他自己既是說謊的，也就無法相信別人所說的話。

沒有人能自誇他的誠實，因為除非他已得勝，他就不曉得何為誠實。人若未經受那火煉的試探，使他以可疑的方法獲得財利，他便不知道他的真誠是否可靠。

心中充滿了來日上帝之愛的人，在他生活中絕不容許妄自尊大或不誠實的意念有存在的餘地。那因聖靈「重生」了的人在他的日常生活上要彰顯出基督。他一切所做所為都是正直的。他不做任何奸詐、狡獪、卑劣之事，他的人生所結的善果見證出他內心的情形。

存心謙卑

人的高傲必使他卑下；心裏謙遜的，必得尊榮。
箴言 29：23

人也許會在驕傲中高抬自己、誇詡他的能力，但上帝可以在霎時之間使他全然歸於虛無。唆使人，並拿受託才幹榮耀自己的，原是撒但的工作。每一個蒙上帝所用，為成就祂旨意的人，必須發現永遠存活、永遠工作的上帝是至上的，是將才幹借給他使用的——一種明智的創始，一顆做為其王位的心湧出慈愛來，賜福惠給一切與之接觸的人。良心備受聖靈的感動，叫世人為罪、為義、為審判，自己責備自己。

驕傲、無知常與愚昧作伴。在自稱為上帝子民之中所顯出來的驕傲，使上帝甚為不悅。

為父母的，……教你們的兒女驕傲，難道比教他們謙卑更為容易嗎？

「尊榮以前，必有謙卑。」（箴言15：33）天上要揀選那在上帝面前將自己降為卑微的工人，在世人面前擔任重要的位分。像小孩子一樣的門徒，為上帝做工是最有成效的。那不求高抬自己，只知救人的人，必能得到天上能力的合作。……他與基督相交之後，就出去為那些將要在罪中淪亡的人工作。他是為了主的使命受了聖靈恩膏的，所以能成就許多有學問和屬世智慧的人所不能成就的事。

小孩子的天真、忘我和信賴的愛，是天上所認為最有價值的美德。這些就是真正偉大的特徵。

所羅門從未有過如此富足、聰慧、而真正的偉大，就如他自認說：「我是幼童，不知道應該怎樣出入」（列王紀上3：7）之時。

豐豐盛盛人生

今日操練

我也能得勝

慷慨施捨

有施散的，卻更增添；有吝惜過度的，反致窮乏。
好施捨的，必得豐裕；滋潤人的，必得滋潤。
箴言 11：24 － 25

豐盛人生

今日
操練

我也能得勝

　　藉財富賜福予人的乃是上帝，為使他們有力量捐助金錢來推展祂的聖工。祂賜日光和雨水，使植物繁茂，賜健康與致富之能，我們一切的福惠都是從祂仁慈的手中而來。照樣，祂希望人人都要藉著奉獻十分之一和樂意捐，以表示他們感恩之念——就是獻上感恩捐、樂意捐。假若金錢能按照神聖的計劃流入庫中——就是十分之一和豐富的樂意捐，那麼推進上帝聖工的資金就豐富而有餘了。

　　但人的心腸因自私之心變得剛硬，就像亞拿尼亞和撒非喇想留下售價的一部分，而佯稱自己已經履行了上帝的要求。許多人浪費錢財以滿足一己之私欲。世人為了滿足自己的嗜欲，同時似乎很勉強地向上帝獻上極少數的一點點金錢。他們卻忘了將來有一天，上帝會要他們嚴格地交代運用祂財物的方式。

　　不斷地犧牲與捐獻，是上帝醫治如癌症般的自私和貪婪之罪的良藥。上帝安排了一種有系統的捐獻制度賴以維持祂的聖工，解救病痛困苦之人的需要。祂令捐獻成為生活的習慣，使之消除危險而欺人的貪婪罪行。不斷地捐獻將使貪婪之念枯萎至死。……祂命定人繼續不斷地慷慨捐獻，使習慣行善的能力能打破惡習的轄制。

愛心

愛是恆久忍耐，又有恩慈；
愛是不嫉妒；愛是不自誇，不張狂。
哥林多前書 13：4

凡敞開家庭和心門邀請耶穌進來永遠居住的人，應當維持周圍的道德氣氛，不受競爭、苦毒、惱恨、惡念，或一句不仁慈之話語的影響。耶穌不會住在一個有吵鬧、嫉妒、苦毒的家庭裏。

保羅的信仰經驗是健全的。基督的愛是他人生的偉大課題和約束支配他的力量。

當他遇見那些令似是而非的基督徒灰心沮喪的狀況時，他卻意志堅決，心中充滿勇氣、希望和喜樂，喊著說：「你們要靠主常常喜樂；我再說，你們要喜樂。」（腓立比書4：4）當他在船上，狂風大作，船遭破損時，他顯出了同樣的希望和喜樂。他發命令給船主，保全了一船人的性命。原來身為囚犯的倒變成船主的身分，在全船的人中是最自由、最快樂的人。船擱淺在荒涼的海島時，他仍是極其鎮定自若的，盡最大的努力來拯救他的旅伴們免於葬身水中。他用兩手取得柴薪，點燃以後，幫助落難的、不住打顫的乘客。他們看見那致命的毒蛇咬傷他的手而驚異不已，但保羅鎮定地把它抖在火裏，自知毒蛇不能害他，因他全然地依靠上帝。

當保羅站在掌管他生死命運之君王，和地上權威者的面前時，他毫不畏怯，因為他已經將他的性命交託給上帝。……天賜的恩寵，像仁慈的天使一般，使他的聲音美妙而宏亮，娓娓道來述說耶穌無比之愛和十字架的故事。

愛的種種媒介具有奇妙的能力，因為它們也是神聖的。

言行像基督

**因為要憑你的話定你為義，
也要憑你的話定你有罪。
馬太福音 12：37**

豐盛人生

今日
操練

我也能得勝

當你從事所指派的工作，不競爭，也不為難他人之時，便有一種自由、亮光和能力介入其中，賦予你所參與的工作及其機構特質和影響力。

當你高高在上、肩負那要糾正每一個與你接近之人的重擔時，須記得你絕對不是身處於優越的地位。你若屈從試探批評別人，指責他們的錯失，破壞他們的工作，你就該確知那完美而高尚、分內所應作之事，將歸於失敗。

當今正是每一個負責人和每一個信徒，都應該使自己一切所行完全與《聖經》的教訓相符之時。藉著不倦的警醒、熱切的禱告和像基督一樣的言行，使我們向世界表明上帝對祂教會所有的期望和應許。

基督曾經親自紆尊降貴，站在人類領導者的地位，遭遇試探、忍受試煉，正如一切人類所遭遇、忍受的一樣。祂必須親自體會到人類應付那墮落仇敵時所要遭受的事，以便瞭解如何去拯救被試探的人。

基督曾被立為我們的審判者。天父不是審判者，天使也不是審判者，乃是那位自己取了人身，在世上度過一個完全人生的祂，要審判我們；也只有祂能做我們的審判者。……在你們當中，並沒有哪一位被指定為他人的審判者。你們所能做的，就是要鍛煉你們自己。

我們有一種應當保守的品格，就是基督的品格。……願主幫助我們向自己死，而後得以重生，讓基督住在我們裏面，成為一種活潑的、積極的原則，一種保守我們成聖的力量。

因平安得勝

你要認識上帝，就得平安；福氣也必臨到你。
約伯記 22：21

我們登上了一艘船，要渡海到丹麥去。他們為我預備一個頭等的艙房，有兩個沙發，四圍也有很厚的布簾掛著——如此的舒適與便利，是為了一天或六個小時的行程，雖然看起來似乎是不必要的，但我們在到達對岸之前，我就改變這樣的想法了。開船後的頭一個小時，我們坐在船面上設備完善的客廳裏，因天氣尚佳，海面平靜，我想我應能享受一個安樂的行程。但過了不久，船主就進來勸告我們趕快下去艙內躺臥，因為快要遇見海浪了。不過我們不太樂意聽從他的勸告。過了一會兒，船就開始猛烈地搖動，甚至我們躺在沙發上也頗不容易。我就病了，渾身大汗，似乎身體的各個器官都在抵抗這可惡的暈船症狀，隨後我的身體就被這似乎致命的暈船症制服了。

當時好像死亡甚為迫近，但我還覺得可以用信心的手緊緊地握住耶穌的手臂。用手心度量世界諸水的那位，能在狂風暴雨之中保守我們。深淵的狂濤服從祂的聲音：「你只可到這裏，不可越過，你狂傲的浪要到此止住；」我便想起耶穌在平靜的加利利海遭遇風浪時，怎樣安撫了門徒的懼怕。這樣看來，祂既託付我所該作的工，我還疑惑祂的庇護嗎？於是我的心蒙保守而十分平安，因為我堅定依靠了祂。我在那幾小時中所學習的，關於信靠的教訓實在是非常寶貴。我已經發現每次所遇見的試煉，其用意皆是要我重新學習倚靠、信賴我天上的父。我們可以確信上帝是處處與我們同在的。每當遭遇試煉時，我們可以緊緊地握住那只全能的手。

祂所應許的話沒有一句落空

耶和華是應當稱頌的！因為祂照著一切所應許的
賜平安給祂的民以色列人，
凡藉祂僕人摩西應許賜福的話，一句都沒有落空。
列王紀上 8：56

豐盛人生

今日
操練

得勝的應許

　　我們蒙恩能看見在這一生中所見過最美麗的日落佳景，是言語也無法形容其美妙的。那夕陽的餘暉，金色、銀色、紫色、琥珀色、及朱紅色交織的燦爛光芒，橫越天際，漸漸光明，越升越高，彷彿上帝的聖城之門敞開了，有榮耀從其間照射出來。這奇妙榮美的佳景，在寒冷的北方天空繼續發著光輝，將近兩小時之久——那偉大的藝術家在遼闊活動的天空畫布上所描繪的，彷彿是上帝的笑容展現，照耀著地上的每一個家庭，及地上多石的高原，和我們路程所必經的崎嶇的山嶺及沉鬱的森林。

　　似乎有仁慈的天使低聲對我說：「向上看吧！這樣的榮美不過是從上帝寶座所閃現的榮光中一道光線而已。不要單單為此世而活。向上看，靠著信心的眼光遙望天鄉的住處。」這副景致對我而言，猶如應許之虹於挪亞一般，使我握住上帝所保護的、永不改變的眷顧，瞻望那將來等待忠信之僕的避難所。自從那天起，我常感覺上帝將祂慈愛的象徵賜給我們，是為了要勉勵且奮興我們。在我的記憶尚存之日，我絕不會忘記那次佳美的異象，以及它所帶來的安慰與平安。

　　人的理解力還不足以明瞭上帝的應許中所包含的豐盛與偉大。一個人從某一個觀點看見了榮耀，而另一個人從另一個觀點看出它的優美和恩典來，心靈充滿天庭的光輝。

　　《聖經》……也是這樣直接對我們個人說話的。……基督把祂的恩典和能力澆灌我們，就是借重這些應許的話。

上帝的應許是為我而發

耶和華的聖民哪，你們要歌頌祂，稱讚祂可記念的聖名。
因為，祂的怒氣不過是轉眼之間；祂的恩典乃是一生之久。
一宿雖然有哭泣，早晨便必歡呼。
詩篇 30：4－5

　　要從《聖經》中將上帝的應許抹去，便好似把太陽從天空中挪除一樣。若真如此，我們的經驗中就再沒有什麼能使我們有愉快的感覺了。上帝將祂的應許放在《聖經》中，要引導我們信靠祂。在這些應許裏，祂掀開了永恆的幔子，使我們瞥見那等待得勝者永遠無與倫比的榮耀。既是如此，願我們在上帝裏安歇。願我們讚美祂，因祂賜給我們關於祂旨意的、光耀的啟示。

　　上帝已將應許之花栽植在我們人生的道路旁，要使我們在行進的過程中快樂。可惜，許多人拒摘這些花朵，寧可選荊棘和蒺藜。於是他們逐步悲傷哭泣，其實他們在主裏能得到喜樂的，因為祂使通往天國的路途如此安樂而幸福。

　　當我們注視上帝的應許時，就尋得安慰、希望與喜樂，因為它們向我們提說無窮者的言語。要確切賞識這些寶貴的應許，必須加以細心研究，察看其中每一細節。要是能將這些應許據為己有的話，那麼我們的生活將是何等愉快，品格方面將有多大的改善啊！當我們奔走那向上的路程時，惟願多談論沿途所散布著的福氣。當我們想念基督為我們所預備的天上住所時，就將日常生活中所遇見的，那些無足輕重的煩惱忘卻了。猶如我們呼吸著天上家鄉的空氣，感受到安撫與慰藉一般。……願我們更加將耶穌和天家交織在我們的生活中，藉以榮耀上帝。

　　上帝永遠可靠的應許，必保守你的一切心懷意念、全然平安。

豐盛人生

今日操練

得勝的應許

人若賺得全世界，賠上自己的生命，有什麼益處呢？
人還能拿什麼換生命呢？
我來了，是要叫人得生命，並且得的更豐盛。
　　——馬太福音16：26；約翰福音10：10

永遠
的生命

My Life
Today

使蒙召和揀選堅定不移

所以弟兄們，應當更加殷勤，使你們所蒙的恩召和揀選堅定不移。
你們若行這幾樣，就永不失腳；這樣，必叫你們豐豐富富地
得以進入我們主——救主耶穌基督永遠的國。
彼得後書 1：10－11

DEC 12月
01日

上述所提供的人壽保險單，能夠保證我們在上帝的國度中有永遠的生命。請你用心研究使徒彼得的這幾句話。每一句裏面都有領悟和智慧。靠著握住那為我們而死的生命賜予者之手，我們就能承受永生。

我們各人正在決定自己永遠的命運，未來能否承受永生，這責任全在乎我們自己。我們是否要學習實踐基督偉大的課本，上帝的聖言所給我們的教訓呢？這是非常全備、最偉大、結構最單純、且簡明易懂的書籍，教導人培養正當的行為、言語、態度和表情。惟有這本書能預備人類享受與上帝同在的生命。而且惟有每日研經的人才配接受證書，有權利教導兒女進入那更高的學府，加冕為得勝者。

惟有耶穌基督能斷定誰配承受永生。聖城之門要為祂那般溫柔、虛心、謙卑的信徒而敞開，就是那些向祂學習，從祂手中領取保險單，按照神聖的楷模塑造自己品格的人。

當蒙救贖的群眾從世界上得救之際，上帝的聖城就要為你而開。……那時有金琴放在你的手上，你也要揚聲讚美上帝和羔羊，因為靠著祂偉大的犧牲，你才得與祂的性情有分，賜你在上帝的國中承受永遠的基業。

豐盛人生

今日
操練

預備承受永遠的生命

遵守誡命

那些洗淨自己衣服的（英文《聖經》作：遵守誡命的）有福了！
可得權柄能到生命樹那裏，也能從門進城。
啟示錄 22：14

DEC 12月 **02** 日

豐盛人生

今日操練

預備承受永遠的生命

我們此刻正面臨著一場戰鬥。而今惟一的安全之策，就是要在上帝與基督裏合而為一。我們必須努力進窄門，但是這門並不是容易推開的，它不准許品格有問題的人進入。我們現在努力獲得永生的人，要專心與那擺在我們面前的獎賞的價值相稱。能為我們敞開樂園之門的，並不是錢財、產業、地位，乃是與基督相似的品格。尊貴、有學問的人不能為我們爭取永生的冠冕。只有那些以上帝為他們的能力而胸懷謙遜的人，才得承受這樣的賞賜。

使人的心靈得以重新改造，使黑暗之中有光，在仇敵當中生發愛心、污穢當中得見清潔，這一切都要倚賴無窮者的大能方可成就。那位無窮者的能力得著人的順服而運行，使人的生活能在基督裏獲得滿足，品格得以完全，其工乃是永恆的科學。

基督教所得的尊榮是什麼呢？祂不施展強權，不用暴力壓制，卻使人的意志與上帝的旨意相融和了。這乃是科學中的真實科學，因為那改變乃是藉著它在人的心思和品格上起了非常的變化——就是每一個進入上帝聖城之人的生活上所必須有的變化。

那時，那些遵守上帝誡命的人，必從生命樹上摘取果子。在永恆的年日中，那些無罪的居民，必在（伊甸）樂園中看到上帝完備的創造之工的樣式，其中毫無罪惡和咒詛的影響。這樣也就說明，起初人類若履行了創造主的榮耀計劃，那麼全地所呈現的光景將會是何等的佳美。

繼續與上帝同行

以諾與上帝同行，上帝將他取去，他就不在世了。
創世記 5：24

豐盛人生

今日
操練

預備承受永遠的生命

上帝將祂在地上教會的信徒接到天上，是因為他們在地上曾與祂同行，從上頭領受力量和智慧使他們能好好地事奉祂。那些被接到上帝那裏去的男女，必是一群存謙卑悔改之心，懇切祈禱而不偏向虛妄的人，他們無論與信徒或非信徒交往都能代表基督。

在此世不喜歡思念或談論上帝的人，絕不會去重視來生，因為在那裏上帝將永遠與祂的子民生活。但那些喜愛思念上帝的人，卻極自在地呼吸著天國的空氣。在地上喜歡思想天國的人，在天國聖潔的交往和幸福之中必是快樂的。

在世的時候他們並沒有自稱是屬自己的人，因此上帝就證明他們是屬於祂的。天國是為那般切心渴慕之人而預備的，就是他們的努力與所尋求之物有同樣價值的人。要獲得天國之人，其思想必集中於屬天的事物。

「清心的人有福了，因為他們必得見上帝。」（馬太福音5：8）以諾追求心靈的聖潔達三百年之久，期與上天和諧。他與上帝同行的時候，天天追求更密切的聯絡，終於他與上帝交往越來越親密，直到上帝將他取去。他早已站在那永恆的世界門口了，只差一步便可進入福地。如今天門大開，那在地上與上帝同行這麼多年經驗的他，在天國還要持續下去，於是他便穿過那門——成了第一個進入聖城的人。

行事為人憑著信心

因我們行事為人是憑著信心，不是憑著眼見。
哥林多後書 5：7

我們生存並不是為了高抬自己，而是要像上帝的兒女，盡我們一切所能的，成全祂所託付我們的工作。我們有義務使別人感受良好的影響。我們是為永恆、天上的院所而預備。在那裏，那偉大的醫師要擦去一切的眼淚；在那裏，生命樹的葉子要醫治萬國的疾病。

惟願我們以活潑的信心握住基督耶穌，以謙卑的心行事為人。這樣，上帝的恩典就要在我們身上彰顯出來，我們也必看見祂的救恩。如此我們便得見蒙救贖的聖潔家庭。

在這裏也許有些事情我們不瞭解。《聖經》中某些部分在我們看來或許感到深奧，超越了我們有限的理解力。但當我們的救主領導我們走在活水泉源的旁邊時，祂必使我們心裏明白原先所不瞭解的事。

我想到將來在天國的榮耀，就迫切地盼望每一個人都可以知道這一切。我渴望擁戴祂作大能的醫治者。

我們是選擇追求天上的事，抑或追求地上的事，對我們的關係甚大。這世界快要過去。現在屬世的財寶大受破壞，現在各處有地震，到處出現困惑和艱難，但我們有權可預備自己，做為天國家庭的成員、天上大君的兒女。

豐盛人生

今日
操練

預備承受永遠的生命

要預備等候

到那日，人必說：「看哪，這是我們的上帝；我們素來等候祂，
祂必拯救我們。這是耶和華，我們素來等候祂，
我們必因祂的救恩歡喜快樂。」

以賽亞書 25：9

DEC 12月
05日

豐盛人生

今日
操練

預備承受永遠的生命

當我聽到每週所發生的恐怖災難，我便自問：「這些事有什麼意義呢？」這些可怕的慘事接二連三地迅速出現。我們聽見地震、風災、水災和生命財產遭受巨大毀滅的事是何等的多啊！表面看來，這些災難似乎是無組織系統的一種能力偶然發動的，但在其間上帝的旨意已經顯明，它們是祂所使用的方法之一，要喚醒人們覺悟自己的危險。

上帝所降的刑罰到處都有。它們發出嚴肅的警告，說：「所以你們也要預備，因為你們想不到的時候，人子就來了。」（馬太福音24：44）

我們已面臨這世界歷史的最後幾幕了。……再沒有可浪費的時間——連一點也沒有。我們不要在看守的時辰打盹睡著了。讓我們到各處去勸告人悔改，以避免將要來臨的憤怒吧！要喚醒他們立刻作準備，因為我們一點不曉得將要發生的事。

祂（主）不久就來了，我們也必須預備，等待祂的顯現。啊，將要見祂，這是多麼榮耀啊！並且祂歡迎蒙祂救贖的人。……我們若能看見大君的榮美，這便是永遠的福樂。我要高喊：「要回家了！」我們已經臨近了那基督以大權柄大榮耀顯現，要將祂救贖的群眾接到他們永遠家鄉的時刻了。

在這偉大的工作即將終結之時，我們必遇到自己無法解決的困惑，但不要忘記天上的三種大能不斷在那裏運行著，並有神奇的手在掌管著它，上帝必定成全祂的應許。祂必從地上揀選一些子民，他們必在公義裏事奉祂。

上帝的子女蒙拯救

並且耶和華救贖的民必歸回，歌唱來到錫安；永樂必歸到他們的頭；
他們必得著歡喜快樂，憂愁歎息盡都逃避。

以賽亞書 35：10

　　上帝顯出權能拯救自己的子民，乃是在半夜的時候。那時太陽出現，極輝煌地照耀著。許多兆頭和奇事接二連三地迅速顯現出來。惡人驚惶失措而好奇地望著這幕景象，同時義人卻懷著嚴肅的喜樂，目睹自己得救的徵兆。自然界中的一切事物似乎都顛倒了秩序，……濃密的烏雲彼此相撞，在那狂怒的諸天之中卻留出一片明亮的空隙，顯出光華燦爛的榮耀，從那裏發出上帝的聲音，如同眾水的聲音說：「成了！」

　　那聲音震動了諸天和全地。於是有一陣大地震，「自從地上有人以來，沒有這樣大、這樣厲害的地震。」（啟示錄16：18）穹蒼似乎一開一閉，從那裏似乎有上帝寶座所發出的榮光閃射下來。大山搖動，像風吹的蘆葦，破碎的岩石散布各處。

　　墳墓裂開，「睡在塵埃中的，必有多人復醒，其中有得永生的，有受羞辱永遠被憎惡的。」（但以理12：2）那時，一切曾經堅守第三位天使信息而死了的人，要從墳墓裏出來得著榮耀，並聽見上帝與一切遵守祂律法的人立和平之約。

　　這時人要聽見上帝的聲音從天庭發出，宣告耶穌降臨的日子與時辰，並將永遠的約交給祂的子民。祂說話的聲音傳遍地極，像震動天地的雷轟一樣。上帝的以色列人站在那裏側耳傾聽，定睛望天。他們的臉上煥發著祂的榮耀，光輝四射，像古時摩西從西奈山下來時一樣，惡人不敢觀看他們。當上帝向那些因守安息日為聖而尊榮祂的人宣佈降福的時候，便有一陣勝利的呼喊發出。

基督親自來接我們

因為主必親自從天降臨,有呼叫的聲音和天使長的聲音,又有上帝的號吹響;那在基督裏死了的人必先復活。以後我們這活著還存留的人必和他們一同被提到雲裏,在空中與主相遇。這樣,我們就要和主永遠同在。所以,你們當用這些話彼此勸慰。

帖撒羅尼迦前書 4:16 — 18

DEC 12月
07日

豐盛人生

今日
操練

基督救我賜我永生

耶穌要來,駕著雲在至大的榮耀中降臨,有千千萬萬的光明天使隨侍著祂。祂來要使那些愛祂、守祂誡命的人得著榮寵,並帶他們到祂自己跟前,祂並未忘記他們,也不忘記祂的應許。

不久之後,在東方出現一小塊黑雲,……上帝的子民知道這就是人子的兆頭,他們肅靜地舉目注視。那雲彩漸漸臨近地面,……直到它變成一片大白雲,它底下的榮耀好像烈火,其上則有立約之虹。耶穌駕雲前來,作為一位大能的勝利者。

當那流動的雲接近地面的時候,眾目都要看見生命之君。這時,祂聖潔的頭上不再為那荊棘冠冕所污損,卻有榮耀的冠冕戴在祂神聖的額上。祂的榮耀照射出比正午太陽更眩目、更明亮的光彩。「在祂衣服和大腿上有名寫著說:『萬王之王,萬主之主。』」(啟示錄19:16)……天就被卷起來像書卷一樣,地在祂面前顫動,各山嶺海島都挪移離開本位。

當地球東倒西歪、電光四射、雷聲大作的時候,上帝兒子的聲音要將睡了的聖徒喚醒。……從天涯直到地極,死人要聽見那聲音,聽見的人都必復活。……所有復活的人都賦有永遠青春的精力。

活著的義人要在「一霎時,眨眼之間」改變,上帝的聲音已使他們得榮耀。現在他們要變為不朽的,且要與復活的聖徒被提到空中與他們的主相遇。

啊,那是何等榮耀的聚會啊!

基督加冕的大日

唱上帝僕人摩西的歌和羔羊的歌，
說：「主上帝——全能者啊，你的作為大哉！
奇哉！萬世之王啊，你的道途義哉！誠哉！」
啟示錄 15：3

在那一天，得贖的人要在天父和祂愛子的榮耀裏發光。天上的使者要彈著他們的金琴歡迎大君和祂凱旋的戰利品——就是凡在羔羊的血中已經洗淨潔白的人。凱歌之聲四起，充滿了整個天庭。基督已經得勝了。祂進入天庭時，蒙祂救贖的群眾隨著祂，證明祂忍受痛苦與犧牲的使命，並非是枉然的。

這時，基督又要在祂的敵人眼前出現。遠在聖城上方有一個高大的寶座，其根基是發亮的精金。上帝的聖子要坐在這個寶座上，祂國度的子民要侍立在祂周圍。基督的權力和威嚴是言語所不能形容、筆墨所不能描繪的。有永生之父的榮耀環繞祂的聖子，祂臨格的榮光要充滿天上的城，並射出城外，使全地都充滿光輝。

最靠近寶座的是那些曾一度熱心為撒但效勞，後來像「從火中抽出來的一根柴」（撒迦利亞書3：2）一樣，以深切的熱誠獻身服從救主的人，其次就是那些曾在虛偽和不信的環境中養成基督化品格的人，也就是那些在基督教世界宣告廢棄上帝律法之時，仍然尊重祂誡命的人，還有歷代以來為信仰殉道的千萬群眾。此外還有「許多的人，沒有人能數得過來，是從各國、各族、各民、各方來的，站在寶座和羔羊面前，身穿白衣，手拿棕樹枝。」（啟示錄7：9）他們的戰爭已經結束，榮獲勝利。他們已經跑盡當跑的路，並已得到獎賞。

在天上和地下眾生的大會之前，上帝聖子的最後加冕典禮開始了。

基督賜給我冠冕與琴

從此以後，有公義的冠冕為我存留，
就是按著公義審判的主到了那日要賜給我的；
不但賜給我，也賜給凡愛慕祂顯現的人。
提摩太後書 4：8

今日
操練

基督救我賜我永生

在進入上帝的聖城之前，救主要把勝利的徽章賜給跟從祂的人，並將王家的標記授予他們。光明燦爛的行列要在他們的王四圍集成中空的方陣。祂的形體尊嚴高大，超乎眾天使和聖徒之上；祂的臉向他們表示慈祥的愛。那無法勝數的、蒙救贖的群眾目不轉睛地注視著祂，眾目要仰望那從前「面貌比別人憔悴，形容比世人枯槁」者的榮耀。耶穌要親自用右手把冠冕戴在每一個得救之人的頭上。每個人都有一頂冠冕，上面刻著自己的「新名」和「耶和華為聖」的字樣。有勝利者的棕樹枝和光亮的金琴交在每一個人手中。當指揮的天使帶頭奏樂時，人人的手便要巧妙地撥動琴弦，發出和諧嘹亮的甜美音樂。各人心中洋溢著莫可名狀的歡樂熱情。一齊揚起感恩的頌讚：「祂愛我們，用自己的血使我們脫離罪惡，又使我們成為國民，作祂父上帝的祭司。但願榮耀權能歸給祂，直到永永遠遠。」

啊，當我們看見祂，看見我們所愛的那一位，那喜樂真是無法言喻啊！——在祂的榮耀中，看見那位愛我們，甚至為我們捨棄自己生命的——看見那曾經為我們的得救被釘子釘穿的雙手，伸出來歡迎我們，賜福予我們！

那些……自置於上帝手中的人，要在祂的榮美中看見大君王。他們看見祂無比的優美，而奏起他們的金琴，於是全天庭都充滿了佳美的樂聲，稱讚羔羊。

蒙賜予潔白公義的禮袍

我對他說：「我主，你知道。」
他向我說：「這些人是從大患難中出來的，
曾用羔羊的血，把衣裳洗白淨了。」
啟示錄 7：14

有榮耀的賞賜要賜予環繞上帝和羔羊寶座的，那忠誠信實工作的眾人。……他們站在寶座前，在愛子裏得蒙悅納。他們一切罪孽已經塗抹了，一切過犯都除掉了。現在他們可以眼見上帝寶座的全部榮耀。當那日，得贖的群眾要在天父和祂兒子的榮耀裏發出輝煌的光亮。天使彈著他們的金琴，歡迎耶穌大君和祂的戰利品——就是那些藉著羔羊的血，曾經將他們的衣服洗淨變為潔白的人。

這是一個快樂團圓的大家庭，披上讚美和感謝的禮服——就是基督公義的禮服。大自然在她無比的優美中要獻上不間斷的讚美和崇拜，全世界都反射天上的光輝。快樂的歲月於是無窮無盡地循環著。月亮的光要像太陽的光，而太陽的光要比現在強烈七倍。早上的晨星看見這景象就一同歌唱，而上帝的眾子要快樂地歡呼。於是，上帝和基督聯名宣告：「不再有罪孽，也不再有死亡。」

戰爭已經完結了。一切的苦難和鬥爭都停息了。當得贖的群眾圍著上帝的寶座時，凱歌之聲響遍天庭。眾生都參與歡樂的聲音，歌唱說：「被殺而復生的羔羊、凱旋的得勝者，是應當稱頌的。」

「此後，我觀看，見有許多的人，沒有人能數過來，是從各國、各族、各方、各民來的，站在寶座和羔羊而前，身穿白衣，手拿棕樹枝；大聲喊著說，願救恩歸與坐在寶座上我們的上帝，也歸與羔羊。」（啟示錄7：9-10）

戰勝死亡

上帝要擦去他們一切的眼淚；不再有死亡，
也不再有悲哀、哭號、疼痛，因為以前的事都過去了。

啟示錄 21：4

豐盛人生

今日
操練

基督救我賜我永生

　　我們有一位從死裏復活的救主。祂睡在墳墓三天，就將墳墓的捆綁掙脫了，在約瑟裂開的墳墓上凱歌宣稱：「復活在我，生命也在我。」（約翰福音11：25）並且祂就快要來臨了。我們是不是在那裏預備要見祂呢？我們現在是否已預備好了？假若我們要睡的話，能在耶穌基督裏有指望嗎？

　　那位賜生命者就快來了……要衝破墳墓的拘束。祂要將被囚的領出來。……他們最後的思想雖關注於墳墓與陰間，但現在他們卻喊著說：「死啊，你得勝的權勢在哪裏？死啊，你的毒鉤在哪裏？」死亡的痛苦原是他們最後的感覺。……及至他們睡醒時，痛苦全已消散了。「死啊，你得勝的權勢在哪裏？」現在他們卻站在這裏，預備接受永遠的生命，上升至空中與他們的主相遇。上帝聖城之門的鉸鏈上開啟了，於是上帝救贖的群眾在基路伯與撒拉弗之間走進來。基督歡迎他們來，並祝福他們說：「好，你這又良善又忠心的僕人……可以進來享受你主人的快樂。」（馬太福音25：21）這快樂是什麼呢？他看見他勞苦的功效，便心滿意足了。……這裏有一個人是我們曾在夜間為他向上帝祈求的。那裏有一位在床上垂死掙扎的時候我們曾與他談話，他就將他無救的心靈交託給耶穌，在這裏有一位原來是可憐的酒徒，我們曾勸他將眼目注視於他那大有能力的救主，告訴他基督可以使他得勝。在他們的頭上有永遠榮耀的冠冕。

　　在那裏沒有失望、沒有憂愁、沒有罪惡、也沒有人說「我有病了」。在那裏沒有送殯、沒有悲傷、沒有死亡、沒有分離，亦沒有心碎的事。……在祂面前有滿足的喜樂，在祂的右手中有永遠的福樂。

再沒有罪孽

以後再沒有咒詛；在城裏有上帝和羔羊的寶座；
祂的僕人都要事奉祂，也要見祂的面。
祂的名字必寫在他們額上。
啟示錄 22：3 － 4

咒詛的一切痕跡都消除淨盡。……但要留作記念的只有一件事：我們救贖主被釘十字架的傷痕要永遠存在。罪惡殘忍工作的惟一痕跡乃是救主受傷的頭，刺破的肋旁，被釘的手腳。先知看見基督在祂的榮耀中，說：「從祂手裏射出光線，在其中藏著祂的能力。」（哈巴谷書3：4）那被刺的肋旁曾流出寶貴的泉源，使世人與上帝和好——那正是救主的榮耀，那裏「藏著祂的能力」。祂既因救贖的犧牲，「以大能施行拯救」，祂也就以大能向一切輕視上帝恩典的人執行公義的報應。基督受辱的記號正是祂最大的光榮，在永恆的歲月中，祂在髑髏地所受的創傷要彰顯祂的榮耀，宣揚祂的權能。

時候到了，自從那發火焰的劍把始祖拒於伊甸園的門外以來，聖潔的義人長久渴望的，那「上帝之民被贖」的時刻已經到了。這最初賜給人類作為國度、後來被人出賣到撒但手中、而被他長久佔領的地球，現在已被偉大的救贖計劃贖回來了。那因罪惡而喪失的一切就此都被恢復了。……上帝當初創造地球的目的現在已經實現，這地要做為贖民永遠的家鄉。「義人必承受地土，永居其上。」（詩篇37：29）

於是我們要與祂一同享受來世的榮耀，直到生生世世，無窮無盡。……在上帝的國裏沒有什麼困擾煩惱的事。這就是所應許給得勝者的生命——平安快樂的生命，可愛的、美妙的生命。……沒有罪孽，沒有困惑憂慮，沒有什麼能破壞那裏居民的平安。

DEC 12月
12日

豐盛人生

今日操練

基督救我賜我永生

我們既是後嗣就得承受所預備的國

於是王要向那右邊的說：「你們這蒙我父賜福的，
可來承受那創世以來為你們所預備的國。」
馬太福音 25：34

豐盛人生

今日
操練

天國是一個真實美妙之地

在得贖的群眾面前有聖城出現。耶穌便打開了珍珠門，讓謹守真理的國民進去。他們在那裏要見到上帝的樂園，就是亞當未犯罪時的家鄉。隨即有聲音發出，比人類耳朵曾經聽聞的任何音樂更為甜美，說：「你們的鬥爭終止了。」「你們這蒙我父賜福的，可來承受那創世以來為你們所預備的國。」

救主曾為門徒禱告說：「願你所賜給我的人，也同我在那裏。」這禱告此時便應驗了，基督要把自己用寶血贖回的，那「無瑕無疵，歡歡喜喜站在祂榮耀之前」的人獻給天父說：「我和你所賜給我的兒女都在這裏。」（希伯來書2：13）「你所賜給我的人，我已保全了」。奇哉，救贖之愛！當無窮之父垂看這些蒙救贖的子民，並在他們的身上看見自己的形像時——罪的雜音已經消滅了，它的咒詛已經除掉了，人類再與上帝和好了，那將是何等快樂的時刻啊！

於是蒙救贖的群眾都受邀來享受耶穌為他們所預備的住處。……在那裏他們要與那些勝過撒但，靠神聖恩典品格得以完全的人交往。在此，一切攪擾他們犯罪的傾向，一切品格上不完全之處，都靠基督的血得以除盡了，並且祂將那遠超過太陽，優美與輝煌的榮耀都賜予他們。而從他們身上所返照的，祂品格的完全和道德的佳美價值，遠超過這外形的榮耀。他們無瑕無疵站在那光耀的寶座前，分享天使的尊榮和權利。

全家得以團圓

耶和華如此說：你禁止聲音不要哀哭，禁止眼目不要流淚，
固你所作之工，必有賞賜，他們必從敵國歸回。這是耶和華說的。
耶和華說：你末後必有指望；你的兒女必回到自己的境界。
耶利米書 31：16 — 17

DEC 12月
14日

基督將要帶著大榮耀駕雲降臨。……祂來，要使死人復活，使活著的聖徒改變，榮上加榮。……那時，地上的許多家庭必要重新團聚。

啊，這奇妙的救贖！此事是我們甚願談論，亦是我們希望之寄託，更對此以熱切的期望深思默想。……活著的義人要在「一霎時，眨眼之間」改變。上帝的聲音已使他們得榮耀，現在他們要變為不朽的，且要與復活的信徒一同被提到空中與他們的主相遇。天使要將主的選民「從四方，從天這邊到天那邊，都招聚了來。」（馬太福音24：31）天使要將小孩子送到他們慈母的懷抱裏。因死亡而久別的親友要團聚，永不再離散。隨後他們要唱著歡樂的詩歌一同升到上帝的城裏。

父母們以言語無法形容的心情看見了有冠冕、禮服和金琴賜予他們的兒女們。盼望和憂慮交雜的日子到此終止了。……他們的兒女已經得救了。

在那裏我們處處可見樂園的美麗樹林，有生命樹在其間。在那裏我們要以明銳的視力目睹伊甸樂園恢復了的佳美情景。在那裏我們要將救贖主加在我們頭上的冠冕放在祂腳前，而彈著手上的金琴，獻上讚美和感謝給那位坐在寶座上的。……惟願你們每一位要在那從珍珠門進入我們上帝聖城之人群中間；惟願你們一家，在那平安的避難所永遠居住。所以，求上帝現在幫助你們努力爭取生命的冠冕。

豐美盛人生

今日操練

天國是一個真實美妙之地

我們彼此相認

我們如今彷彿對著鏡子觀看，模糊不清，到那時就要面對面了。
我如今所知道的有限，到那時就全知道，如同主知道我一樣。

哥林多前書 13：12

DEC 12月
15日

在天家的住處，我們要彼此相會而永遠不再分離。在天家那裏我們要彼此相認。

得贖的人要相遇，並見到生前他們所認識那位被高舉的救主。他們與這些人的交談是多麼有福氣啊！有人要說：「我原來是一個罪人，在世上沒有上帝，也沒有指望，但你來到我那裏引我認識親愛的救主為我惟一的希望。」還有人說：「我原是在異邦的一個異教徒。你遠離自己安舒的家鄉來教導我如何尋得耶穌，信靠祂為惟一的真神。我毀棄了我的偶像，來敬拜上帝，而如今能面對面見祂。我得救了，永遠地得救，時時刻刻能看見我所愛的主。」

還有人要向那給饑民以飽足，給赤身露體者衣穿的人表示他們的感謝。「當我的心在灰頹之時，幾乎因疑惑而絕望了，上帝卻差你到我那裏來。」他們說：「你向我說有希望和安慰我的話。你給我飲食供應我肉身的需要，你也向我開啟上帝的聖言，使我覺悟我靈性的需要。你以弟兄的恩情看待我。在憂患當中你予我同情，使我受傷被欺壓的心靈甦醒，以致我能握住那伸出來援救我的基督的聖臂。在我蒙昧無知的時候，你耐心地教導我，使我知道有一位眷顧我的天父。你為我讀上帝聖言中寶貴的應許，你鼓舞我的信心，使我相信祂要救我。當我默念基督為我所作的犧牲，我的心就軟化、順服，並粉碎了。……我如今在這裏得救了，永遠得救了，世世無窮住在祂面前，讚美那為我捨棄祂生命的主。」

遇見這般蒙救贖的人，並慶祝生前曾為他們背負重擔的人是何等欣喜的事啊！那些活著不求自己喜悅，而賜福於困苦，未享福樂之人的善心人——此時他們是何等地心滿意足啊！

豐盛人生

今日
操練

天國是一個真實美妙之地

美麗的家鄉

他們若想念所離開的家鄉，還有可以回去的機會。
他們卻羨慕一個更美的家鄉，就是在天上的。
所以上帝被稱為他們的上帝，並不以為恥，
因為祂已經給他們預備了一座城。
希伯來書 11：15 － 16

DEC 12月
16日

　　許多人因為要避免把來生的基業看得太目標化，便用「屬靈」的解釋否定了那應當使我們仰望這基業為我們家鄉的真理。但耶穌曾向祂的門徒確切保證說，祂去乃是要在父的家裏為他們預備住處。凡接受《聖經》教訓的人絕不至於對天上的住處一無所知。然而「上帝為愛祂的人所預備的，是眼睛未曾看見，耳朵來曾聽見，人心也未曾想到的。」義人的獎賞不是人的言語所能形容的，只有那些親身經歷且目睹的人才能知道。上帝樂園的榮美決非人類有限的腦力所能理解。

　　《聖經》上稱得救之人的基業為「家鄉」，那裏有天上的好牧人領祂的群羊到活水的泉源。生命樹要每月結果子，其上的果子要供給萬民使用。湧流不竭的清泉，名淨如同水晶，河邊綠樹成蔭，使那為上帝救贖之民所預備的道路更為清幽。

　　那裏的草碧綠茂盛，永不凋敝。那裏有玫瑰、百合和各式各樣的花卉，它們永不凋枯萎謝，或失去它們的美麗與芬芳。

　　在今世我們所恐懼害怕的獅子，到那時要與羔羊一同躺臥，在新世界裏一切都是平安而和諧的。在新世界裏的樹木都是挺直而高聳的，人也毫無殘缺。

　　在新世界裏沒有刺骨的寒風。沒有突變的氣候，那兒的自然環境總是合宜的，並且是有益於健康的。

豐盛人生

今日操練

天國是一個真實美妙之地

吃生命樹上的果子

在河這邊與那邊有生命樹，結十二樣果子，
每月都結果子；樹上的葉子乃為醫治萬民。
啟示錄 22：2

　　有一道潔淨的河水從寶座中流出，在河的兩岸有生命樹……它的果子華麗非凡，看起來好像是金銀混合的。

　　伊甸樂園中生命樹上的果子，含有超自然的效能。人若吃了那果子就必得著永遠的生命。它的果子便是預防死亡的特效藥。它的葉子能維持生命永遠不朽。……自從罪惡侵入之後，那天庭的園丁就將生命樹移植到天上的樂園去了。

　　在地上愛上帝並遵守祂誡命，蒙祂救贖的聖徒，要從聖城的門進入，並享有生命樹的權利。他們可以自由地享用，像我們始祖在沒有墮落之前一樣。那茂盛壯大，生存到永恆的生命樹葉子有醫治萬民的功能。一切禍患都已除盡了。他們不必再忍受疾病、憂患、死亡，因為生命樹的葉子已醫治了他們。那時耶穌要看見祂勞苦的功效就必心滿意足了。就是那備受患難、勞碌、憂傷、屈身哀歎於咒詛之下，現在得蒙救贖的群眾，要來圍繞於生命樹旁，吃我們始祖曾因違背上帝命令，而無權再吃的永生之果。而且吃生命樹果子的權利再也不會喪失，因為那最初試探我們始祖犯罪的，已被第二次的死除滅了。

　　生命樹上有最佳美的果子，聖徒可以隨意取用。……即使是最高雅優美的言詞，亦不能形容天國的榮美和救主對我們無比深切的慈愛。

今日
操練

天國是一個真實美妙之地

赴婚姻的筵席

凡被請赴羔羊之婚筵的有福了！
啟示錄 19：9

DEC 12月
18日

無論是《新約聖經》，抑或是《舊約聖經》，兩者都用婚姻的關係，來代表基督和祂子民之間那份親愛而神聖的結合，在耶穌的心意中，婚姻的喜樂，是遙指將來祂要帶著祂的新婦（指教會），到祂父的家裏，關於救贖主和贖回的民眾，同坐羔羊婚筵之日的歡樂景象。祂說：「新郎怎樣喜悅新婦，你的上帝也要怎樣喜悅你。」（以賽亞書62：5）「祂……必因你歡欣喜樂；默然愛你，且因你喜樂而歡呼。」（西番雅書3：17）當使徒約翰得見上天事物的異象時，他寫道：「我聽見好像群眾的聲音，眾水的聲音，大雷的聲音，說：哈利路亞，因為主我們的上帝，全能者，作王了！我們要歡喜快樂，將榮耀歸給祂，因為羔羊婚娶的時候到了，新婦也自己預備好了。」「凡被請赴羔羊婚筵的有福了。」（啟示錄19：6－9）

在耶穌心目中，每一個人都是祂親自邀請到祂國度裏去的。

在祂承受了國度之後，祂便要在榮耀中降臨，作萬王之王，萬主之主，來救贖祂的子民，使他們「在天國裏與亞伯拉罕、以撒、雅各，一同作席」（馬太福音8：11；路加福音22：30），共同享用羔羊的婚筵。

豐盛人生

今日
操練

天國是一個真實美妙之地

我們天上家鄉的榮耀

牆是碧玉造的；城是精金的，如同明淨的玻璃。
城牆的根基是用各樣寶石修飾的。
啟示錄 21：18 — 19

DEC 12月
19日

上帝榮耀的城有十二道門。上面鑲嵌著華美的珍珠，並且在其下有十二個顏色不同的根基。城中的街道是精金的，上帝的寶座設在城的中間，有一條清澈而美麗的河，純淨如水晶，從寶座中流出來，這河水的明潔優美使上帝的聖城喜樂，聖徒可自由地飲用這生命的水。

各人的臉上都返照他們救贖主的形像。在那裏沒有憂愁煩惱的臉色，眾人都帶著愉快、明朗、優美的笑容。天使在那裏，還有復活的聖徒及為主殉道的人。另外，那對我們最好，使我們快樂，為我們受難受死，並使我們得享幸福與自由的可愛救主，祂也在那裏——祂榮光閃耀的臉上所發的光芒要比太陽的更輝煌，光照著這美麗的城，榮光返照在四圍。

在那裏的小孩子們永遠不會參與爭競與不和睦的事。他們的愛是熱切而聖潔的。他們頭上有金冠冕，手中拿著琴。他們小小的面孔，在此世常顯出困惑和愁煩，在那裏就因神聖的喜樂容光煥發，顯明出他們完全的自由和喜樂來。

聖徒要頭戴榮耀的冠冕，手拿金琴。他們彈著金琴，歌頌救贖的愛，在上帝的面前獻奏美音。他們生前在世所忍受的試煉和苦難，在新世界的榮華中全都淡忘了。耶穌常嘉許他們的笑容，使他們的喜樂滿足。……聖徒將來必住在全然的榮耀中。

豐盛人生 今日操練 天國是一個真實美妙之地

為喜樂和享受而勞碌

他們要建造房屋，自己居住；栽種葡萄園，吃其中的果子。
他們建造的，別人不得住；他們栽種的，別人不得吃；
因為我民的日子必像樹木的日子；
我選民親手勞碌得來的必長久享用。
以賽亞書 65：21 － 22

DEC 12月
20日

廣大無垠的平原，一直伸展到榮美的山麓之下，那裏有上帝的聖山，高峰聳立。上帝的子民，就是那些長久飄流的客旅，要在那寧靜的平原和生命水的河岸邊，找到他們的家鄉。「我的百姓，必住在平安的居所，安穩的住處，平靜的安歇所。」（以賽亞書32：18）

在全新的世界裏，蒙救贖的人要享受當初令亞當夏娃感到幸福的工作和快樂。要恢復伊甸園的生活，就是園丁在園中的生活。「他們要建造房屋自己居住，栽種葡萄園，吃其中的果子。」

在那裏每種能力必得發展，每種才幹必得增進。在那裏最龐大的事業可以推進，最高貴的希望可以實現，最宏大的志願也要得成功，而且常有新的高峰可攀登，新的事物可供欣賞，新的真理要領悟，以及無數新的研究可以用來發展體力、智力和靈力。

在天國絕對有，並且也將持續有其所應從事的工作。得贖的大家庭不會在渺茫如夢幻的閒懶中生活。必另有一安息日的安息，為上帝的子民存留。天國的活動不會使人覺得疲勞不堪。蒙救贖的大家庭各個分子要欣然事奉祂，因為他們是屬祂，是祂所創造，也是祂所救贖的。

對於勞苦擔重擔的人，打過信心美好之仗的人，這乃是一個光榮的安息，因為永生青春的活力是屬於他們的；他們也無須再與罪孽和撒但爭戰了。

豐盛人生

今日操練

在天國的活動

375

和悅的社交

用繩量給我的地界,坐落在佳美之處;我的產業實在美好。
詩篇 16:6

豐盛人生

今日
操練

在天國的活動

　　上帝親自培植在人心中的友愛和同情,將要以最確實、最甜蜜的方式發揮出來。與眾聖者純潔的交通、與快樂的天使和歷代用羔羊之血洗淨衣服的忠心聖徒的社交生活,以及那使「天上地上的全家」團結一致的神聖關係——這一切都要匯聚而成就得救之民的幸福。

　　在得贖的群眾之中,有基督的眾使徒,有英勇的保羅、熱心的彼得、蒙愛而愛人的約翰,以及他們許多忠誠的弟兄。還有許許多多的殉道者和他們站在一起。

　　天國充滿了喜樂,天庭到處有讚美那位為救贖人類做了奇妙犧牲者的聲音。地上的教會豈不也應該充滿了讚美的聲音嗎?基督徒豈不應該向世人宣揚服事基督的喜樂嗎?要在天國參與天使的聖詩班同唱讚美的聖歌,必須先在地上學習天國的詩歌,其主要的旋律乃是感謝。

　　在天國的萬事都是文雅而高貴的。眾人都關懷別人的利益和幸福,再沒有人專顧自己維護小我。一切聖潔的人最大的喜樂乃是眼見四周的人所享受的幸福。

　　你若在今世受試煉,感覺孤獨,就當轉移目光從這黑暗的世界仰望天國的榮美。要將你的期望集中於天上的喜樂,這樣你就不會那麼敏銳地感受此生的試煉和失望,因你將時常定睛於榮耀的天鄉,有冠冕、金琴、有可愛的救主等待著你。你當努力得著上帝所應許,那要賜給愛祂、守祂誡命之人有福的家業。

在永恆的歲月中研習上帝的智慧

求我們主耶穌基督的上帝，榮耀的父，
將那賜人智慧和啟示的靈賞給你們，使你們真知道祂，
並且照明你們心中的眼睛，使你們知道祂的恩召有何等指望。
以弗所書 1：17 — 18

DEC 12月
22日

一切其他的科學都包含在救恩的科學內，這科學乃是天使和未墮落之諸世界的生靈所研究的，也是我們的救主所注重的，這科學也潛存於無窮者的心意中——「亙古隱藏不言的奧祕」。這科學將來要供上帝所救贖之群眾世世無窮地研究。這乃是人類所能參與的最高尚研究，是其他研究所不能及的，它能甦醒人心，提升人的心靈。

天使願意看救贖的課題，它也必做為蒙救贖之人世世無窮的科學與詩歌。這樣，它豈不是一門值得現在便細心研究和學習的課題嗎？

這個題目是研究不完的。基督的化身為人，所獻上的贖祭，和祂作中保的工作，要供給勤學者一生直到世界末了的研究資料；而瞻望到天國及其無窮的歲月，他必喊著說：「大哉，敬虔的奧祕。」

在永恆的歲月中，我們必須學習那原來在此世，若肯領受便可得到的光照所能使我們瞭解的事。救贖的課題要提供給蒙救贖之人的心靈、心思和談話以永遠的信息。他們要明白基督希望為祂門徒解說的真理，是他們信心不足所以無法瞭解的。對於基督的完全和榮耀必有新啟示出現，直到永永遠遠。在無窮的歲月中，那忠心的管家必從祂的寶庫裏取出新的、舊的寶物來。

上帝既是那位無窮者，而且因在祂裏面有一切豐盛的智慧，我們就可以永遠的研究、搜尋和學習，不斷地明白祂的智慧、祂的良善和祂的全能。

豐盛人生

今日操練

在天國的活動

基督教導蒙贖的人

他們都要蒙上帝的教訓。
約翰福音 6：45

豐盛人生

今日
操練

在天國的活動

在基督學校中的學生永遠沒有畢業的一天。學生中有年長的，也有年幼的。凡留意神聖教師之教訓的人，在知識、修養和心靈的高貴上都必有長進，預備升到那更高的學府，在那裏繼續成長前進，直到永遠。

他們要永遠居住在蒙福者的家鄉。他們在心靈、身體和性格所返照的，並非是過去罪惡和咒詛幽暗的痕跡，而是我們創造者完全的形像，世世無窮的在知識、智慧和聖潔上不住的長進，常常探尋新的思想園地，時時發現新奇的事物與新的榮耀，不斷的擴張知識，享受所有愛人愛物的可能性，並曉得在這一切之外還有無窮無盡的喜樂、慈愛和智慧——這一切乃是基督徒的盼望所指的目標。

在那將要來的世界裏，基督要引導得救的群眾，行走在生命河的河邊，教訓他們奇妙的真理。祂要向他們啟示大自然的奧祕。他們必曉得有一隻全能的手托著世界，使之不離其原位。他們要觀看那位偉大的藝術家，在田間花朵的色彩上所顯示的藝術天分，學習那位支配每道光線的仁慈天父的旨意，此後聖天使和蒙救贖的人要藉著感謝報恩的詩歌，讚美上帝對這忘恩負義的世界所顯出的無上慈愛。到那時人才明白「上帝愛世人，甚至將祂的獨生子賜給他們，叫一切信祂的，不至滅亡，反得永生。」（約翰福音3：16）

祂（基督）要分賜豐盛的智慧。祂要闡明我們生前未曾瞭解的，許多上帝奧祕的旨意。

我們在此世必須獲得一種教育，預備我們永生永世與上帝同居。在這裏所開始的教育，在天國就要完成。我們只不過是升了一級。

遊歷天外的諸世界

這些人未曾沾染婦女，他們原是童身。羔羊無論往哪裏去，他們都跟隨牠。他們是從人間買來的，作初熟的果子歸與上帝和羔羊。
啟示錄 14：4

宇宙的全部寶藏都要開啟，以供上帝所救贖的子民研究。他們不再受必死身體的捆綁，反而要展開不知疲倦的翅膀，一直飛翔到天外的諸世界——那些世界的居民曾看見這個世界人類的禍患並為之憂傷驚懼，也曾因聽到世人得救的喜訊而歡唱。那時地上居民的心中要充滿說不出的快樂，與那些從來沒有犯罪的生靈共用喜樂和智慧。他們要分享知識與聰明的寶藏，就是那世世代代因思念上帝的大能而得的收穫。他們要以清晰的目光觀察創造物的榮美——就是千千萬萬的太陽、星辰和天體，都環繞著上帝的寶座，在指定的軌道上運行。在萬物之上，從最小到最大的，都寫有創造主的尊名，無不顯示祂豐盛的權能。

永恆的歲月要帶來有關上帝和基督那更豐盛、更光榮的啟示。知識是怎樣發展，照樣，愛心、敬虔和幸福也要增進不已。人越認識上帝，就越要欽佩祂的品德。當耶穌向人闡明救恩的豐盛，以及祂與撒但的大鬥爭中所有的驚人成就時，得贖之民便要以更熱切的忠誠事奉祂，並以更熱烈的喜樂彈奏手中的金琴，億萬的聲音要一同歌頌讚美。

善惡的大鬥爭結束了，罪與罪人也不再有了，全宇宙都是潔淨的。在廣大宇宙之間，一個和諧的脈搏跳動著。從創造萬物的主那裏湧流著生命、光明和喜樂，充滿這浩大無垠的宇宙。從最小的原子直至最大的世界，一切都在他們純潔的榮美和完全的喜樂上，宣揚上帝就是愛。

今日
操練

在天國的活動

傾聽天使的聖歌隊

忽然，有一大隊天兵同那天使讚美上帝說：
「在至高之處榮耀歸於上帝！在地上平安歸與祂所喜悅的人！」
路加福音 2：13 － 14

DEC 12月
25 日

豐盛人生

今日
操練

在天國的活動

所有生在世上的人，連在上帝最有才幹的兒女當中，也從來沒有一位像伯利恆的嬰孩那樣能引起如此歡樂的情景。

天使……向那班謙卑的，在伯利恆平原夜間看守羊群的牧人顯現。……上帝的使者向他們顯現，說：「不要怕，我報給你們大喜的信息，是關乎萬民的。因今天在大衛的城裏，為你們生了救主，就是主基督。你們要看見一個嬰孩，包著布，臥在馬槽裏，那就是記號了。」（路加福音2：10－12）他們的眼目剛剛習於觀看那一位天使臨格的榮耀時，不料，所有平原都被降臨在伯利恆平原的天軍，那奇妙的榮光所照耀。……他們眾口同聲的讚美上帝說：「在至高之處榮耀歸於上帝，在地上平安歸與祂所喜悅的人。」

那時人類的耳朵才聽到天國的音樂，於是天國的聖歌隊唱完了那可記念的歌曲就飛回天上去了。空中的亮光又漸漸暗了下去。……但在那些牧人的心中仍保留著世人的眼目從未見過，榮耀最佳美的一幅圖畫，以及那有福的應許，保證人類的救主已經臨到世間，使他們的心充滿了歡喜快樂，融入信心和對於上帝不可思議的愛。

惟願今日人類，都能領會這首詩歌！當日所發的宣告，所奏的音調，將要鼓舞直到末時，音響直到地極。當「公義的日頭」——「其光線有醫治之能」——興起之時，這首詩歌將由群眾的聲音，如同眾水的聲音，交相應和地唱：「哈利路亞！因為主——我們的上帝、全能者作王了。」（啟示錄19：6）

一同敬拜

耶和華說：我所要造的新天新地，……每逢月朔、安息日，
凡有血氣的必來在我面前下拜。這是耶和華說的。
以賽亞書 66：22 － 23

起初，聖父與聖子在創造之工完成，「天地萬物都造齊了」
以後，便在安息日安息了。創造主和天上的一切眾生看著這光榮
的良辰美景時，無不歡欣快樂。「那時晨星一同歌唱，神的眾子
也都歡呼。」

直到「萬物復興的時候；就是上帝從創世以來，藉著聖先知
的口所說的。」這在創世時所設立的安息日，就是耶穌躺在約瑟
墳墓裏安息的一天，必仍是一個安息和喜樂的日子。「每逢……
安息日」，當蒙救贖的列國在上帝和羔羊面前歡呼跪拜時，天地
都要同聲讚美。

蒙拯救的列國不知道別的律法，只認識天國的律法。諸國都
變為一個彼此團結快樂的家庭，以讚美和感謝為禮服。晨星看見
這樣的景象就一同歌唱，上帝的眾子也因喜樂而歡呼。

「每逢月朔、安息日，凡有血氣的必來在我面前下拜，這是
耶和華說的。」「耶和華的榮耀必然顯現，凡有血氣的都一同看
見。」「主耶和華必……使公義和讚美在萬民中發出。」「到那
日，萬軍之耶和華必作祂餘剩之民的榮冠華冕。」（以賽亞書66：
23；40：5；61：11；28：5）

只要天地存在一日，安息日仍將繼續地成為創造主權能的標
記，將來伊甸園重臨人間，上帝的聖安息日必為天下萬民所尊
敬。

自由的與上帝交往

我未見城內有殿，因主上帝——全能者和羔羊為城的殿。
啟示錄 21：22

DEC 12月
27日

豐盛人生

今日操練

一生經歷盡顯明

上帝的子民享有特權，得與聖父和聖子直接交通。「我們如今彷彿對著鏡子觀看，模糊不清。」（哥林多前書13：12）自然界和主對待世人的作為好像一面鏡子，我們在其中模糊地看到上帝的形像。但將來我們都要面對面與祂相見，當中再沒有隔閡。我們要侍立在上帝面前，瞻仰祂聖顏的光榮。

我們能以那可愛的名稱呼祂——「我們的父親」。表明我們愛祂，保證祂因父子之間的關係就以慈愛看待我們。而且上帝的獨生子看著這些承受恩典的後嗣，就「稱他們為弟兄，也不以為恥」（希伯來書2：11）。他們與上帝之間所有神聖的關係，要比沒有墮落的天使還深切呢！

歷代以來人類所遺留下來的父親之愛，人心中所開啟的慈惠泉源，若與上帝無窮之愛相比較，便猶如小溪與無邊的海洋相比一般。

人藉著基督而不斷的親近上帝，這就是天國的福樂。我們在這種福樂中愈久，上帝向我們顯現的榮耀就愈多，我們愈清楚的認識上帝，我們就愈有幸福。

天國的快樂是什麼呢？不就是能得見上帝嗎？對於蒙基督的恩典得救贖的人而言，還有什麼比看見上帝的聖顏，認識祂為父親更大的喜樂呢？

在今世藉信心的眼光我們仰望祂，這是何等大的安慰啊！由於仰望祂，我們乃得以變成祂的形像，但是等我們得見祂的真體，再沒有阻隔的幔子在兩者之間，那又該是多麼大的幸福呢？

中間阻隔的幔子要掀開

我們如今彷彿對著鏡子觀看，模糊不清，到那時就要面對面了。
哥林多前書 13：12

DEC 12月
28日

當那遮蔽我們視線的黑幕被揭開，在那裏我們的眼目得見那現今只能從顯微鏡中窺探的美麗世界時；當我們看到那現今只可從望遠鏡中窺見的諸天榮耀時；當罪的傷痕被除去，全地都顯出「我們上帝的榮美」時，將會有何等廣大的範圍供給我們研究啊！研究科學的人可以在那裏研讀創造的記錄，卻看不出什麼使人回憶罪惡之律的事。他也可聆聽自然之聲的音樂，卻聽不見什麼悲鳴與憂傷的調子。在一切受造之物中，他可以看出只有一樣的筆跡——在全宇宙間看出上帝的名號，在地上、海裏或空中，必不再有任何罪惡的記號存留。

在那裏，學者必有廣大無窮、非常豐富的歷史足資研究。學者在此世雖可藉著上帝聖言的優勢，得以略知歷史範圍的廣大，並可理解少許有關支配人與事過程的原理。但他的眼光仍是模糊的，他的知識仍是不完全的。直到他能站在永生的光明中，方可清楚地看透一切的事。

那道令能見和不能見的世界隔絕的簾幕被揭開之後，許多奇妙的事就必顯明出來。

凡存著無私精神而工作的人，必目睹自己工作的效果，也必得見每一真正原理與高尚行為所有的成果。……但世上最高尚的行為，其所收效果能在今世向行這事之人顯明出來的，該是何其渺小！……有許多父母和教師到了彌留之際，覺得畢生的事業全是徒然的，殊不知他們自己的忠心，已開啟了永流不竭的福惠之源……其所留的影響必一再擴大至千倍之多。……到了來生，這一切的行為及其反應都必彰顯出來。

我要與保護我的天使相會

「你們要小心,不可輕看這小子裏的一個;
我告訴你們,他們的使者在天上,常見我天父的面。」
馬太福音 18:10

豐盛人生

今日
操練

一生經歷盡顯明

　　直等到我們能憑永生的眼光看出上帝的旨意,我們才能明白自己是怎樣蒙天使的照顧和調停。天上的眾生曾在人事的處理上占了有一部分的活動。他們曾穿著光耀與閃電的衣袍顯現,他們也曾身穿旅人的衣服,裝成人的樣式,他們曾接受人間的招待,也曾引領迷路的行人。他們曾阻遏侵略者的意圖,轉移行毀滅者的打擊。

　　雖然世上的執政者並未察覺,但天使往往在他們的會議中作發言人。人類的眼睛曾經看到過他們,人類的耳朵也曾傾聽過他們的懇求。在會議廳和法庭中,天上的使者曾為那遭受迫害和被壓迫主人的控訴。他們曾經對抗過有害上帝兒女的計謀,也阻止過那使他們遭苦的禍患。

　　每一蒙贖之人都將明瞭天使在他一生中所做的服務。那從他年幼時就保護他的天使;那保守他腳步,在患難之日掩護他的天使;那在死亡的幽谷中與他同在,標明他的墳墓,並在復活之晨首先遇見他的天使──得與這位天使談話,並從他得知上帝會介入人類的生活,並在一切為人類所做的事上與人合作的歷史,那該是何等快樂的事啊!

　　那時,一生經歷的種種疑難之事都必顯明。那在我們最初看來全是紛亂和絕望的,是被破壞的心願與受阻撓的計劃,到那時就必看出實在是偉大、卓越與勝利的旨意,是神聖的協調。

為何有善惡之爭

又使眾人都明白，這歷代以來隱藏在創造萬物之上帝裏的奧祕
是如何安排的，為要藉著教會使天上執政的、掌權的，
現在得知上帝百般的智慧。
以弗所書 3：9－10

　　善惡大爭戰得以准許在歷代持續發生，其用意究竟是什麼呢？為什麼當叛亂初興之時沒有立刻除滅撒但呢？——其乃是要讓全宇宙確知上帝處理罪惡是公義的，使罪惡永遠被定為罪惡。救贖計劃寬宏深遠的意義，無窮永恆之歲月猶不能完全瞭解，就是天使也願意查看這個奧祕。在受創造之生靈中惟有蒙救贖的人曾親自經歷與罪惡鬥爭，他們曾經與基督一同勞苦，所以他們在祂受苦的事上有分，是天使所沒有的。

　　「祂又叫我們與基督一同復活、一同坐在天上，要將祂極豐富的恩典，就是祂在基督耶穌裏向我們所施的恩慈，顯明給後來的世代看。」（以弗所書2：6-7）

　　當蒙救贖的眾民看到自己的救贖主，並見到祂臉上煥發著天父永遠的榮耀，又目睹祂永遠長存的寶座，並且知道祂的國度永無窮盡的時候，他們就要唱出歡樂的詩歌。

　　在上帝的聖潔、公義和權柄之中，都帶有憐憫、溫柔和父母般的慈愛。我們既能見到祂寶座的威嚴高大，也可看到祂品格的慈悲，如此一來便能比過去更清楚地體會到「我們的父」。

　　救主與黑暗權勢爭戰的結果，就是迎來蒙救子民的歡喜快樂，使上帝因而得榮耀，直到永永遠遠。

豐盛人生

今日操練

一生經歷盡顯明

我向著標竿直跑

我只有一件事，就是忘記背後，努力面前的，
向著標竿直跑，要得上帝在基督耶穌裏從上面召我來得的獎賞。
腓立比書 3：13 — 14

豐盛人生

今日
操練

一生經歷盡顯明

過了今天你的生命又減少了一年。回顧往昔，你有何感想呢？在神聖的生活中你可曾有所進步？你的靈性有沒有增長？你有沒有將自己和自我的喜好與情欲釘在十字架上？你對於研究《聖經》是否比從前更加有興趣？你有沒有完全克服自己的情感和偏執任性的傾向？你在過去這如逝水永不復返的一年歲月中，有何記錄？

在這新年的開始，惟願你堅決的立定志向，使你人生的途徑一直向前向上。要使你的生活比從前更為高尚、優雅。要以推進救主的事工，不求一己私利和幸福為目的。不要停留在自己常常需求幫助的地步，或是必須要讓別人來保護你行走窄路。你自己應當堅強起來，發揮一種使別人成聖的感化力。你自己的靈性應該奮起，去為別人行善，安慰憂傷的人，幫助軟弱的人，並且一有機會就要為基督做見證。你務要在各處盡可能有所作為，常常榮耀上帝。要使你的信仰融入你生活的一切事務中。

你當顯出比以前更大的熱誠去為永恆而預備。要訓練自己喜愛《聖經》，樂於赴禱告聚會，喜愛默想的時刻，也要喜愛自己的心靈進入與上帝交往的時間。你若願意在天上的住處參與天國的歌詠行列，就當從現在起思念上面的事。

天使的記錄冊又將要翻開嶄新的一頁了。……惟願其上的記錄在世人和天使觀察之時你不致羞愧。

國家圖書館出版品預行編目資料

豐盛人生：366篇喜樂與能力的信息 / 懷愛倫(Ellen
G. White)作；時兆文化編輯部編繹. -- 初版. -- 臺北
市：時兆, 2015.10
　　　　面；　　公分--
譯自：My life today

ISBN 978-986-6314-57-5（精裝）
1. 基督教　2. 靈修

244.93　　　　　　　　　　104014756

| 作　者 | 懷愛倫 |
| 編 譯 者 | 時兆文化編輯部 |

董 事 長	李在龍
發 行 人	周英弼
出 版 者	時兆出版社
客服專線	0800-777-798
電　話	886-2-27726420
傳　真	886-2-27401448
地　址	台灣台北市10556松山區八德路2段410巷5弄1號2樓
網　址	http://www.stpa.org
電　郵	service@stpa.org

主　編	周麗娟
文字校對	蔡素英、林思慧、曾以琳
封面設計	時兆設計中心、李宛青
美術編輯	時兆設計中心、李宛青
法律顧問	元輔律師事務所　TEL：886-2-27066566

商業書店	總經銷　聯合發行股份有限公司 TEL：886-2-29178022
基督教書房	基石音樂有限公司 TEL：886-2-29625951
網路商店	http://www.pcstore.com.tw/stpa
電子書店	http://www.pubu.com.tw/store/12072

I S B N	978-986-6314-57-5
定　價	新台幣400元　美金16元
出版日期	2015年10月　初版1刷

若有缺頁、破損、裝訂錯誤，請寄回本社更換。

健康飲食 康食好安心

跨時代的健康節制「啟示錄」！

論飲食：樂活長壽好主張

作者／懷愛倫
定價／NT$350　US$13（軟精裝）

從健康節制的啟示到醫學驗證的跨時代著作！《國家地理頻道》報導美國羅馬林達是世界三大長壽村之一，該地區多為遵循本書飲食教導的復臨信徒。台灣臺安醫院推行數十年的NEWSTART」，亦以此為基礎，臨床證實確實能有效預防及改善慢性病。

榮獲國民健康局
十大健康好書推薦

舒食101（國際中文版）
COMFORT COOKING 101（國際英文版）

作者／臺安醫院營養課
中文版定價／NT$280　US$10
英文版定價／NT$350　US$13

臺安醫院專業營養師團隊親手打造，真正醫療級健康素食譜。101道包含各種家常菜、烘焙麵包、輕食、湯品、飲品、自製醬料等，讓您全家吃得安心又健康。

專業推薦／審訂

★台灣知名預防醫學醫院 臺安醫院院長　黃暉庭醫師
★香港知名心臟癌症專科醫院 港安醫院院長　楊銘灃醫師
★台東基督教醫院院長　呂信雄醫師
★台灣前外籍記者聯誼會會長　馬騰博士

觀念對了，
獲得健康好輕鬆！

編著／臺安醫院
定價／NT$240　US$9（精裝）

臺安醫院院長

黃暉庭

"NEWSTART"
八大原則創造健康長壽新人生

完整闡述醫療級「新起點NEWSTART」八大健康原則，
讓飽受三高疾病之苦及慢性病的現代人，反轉已生病的
生活型態，創造不生病、健康長壽的美好人生。

Q1 長期吃素會影響孩子的生長發育嗎？

Q2 長期攝取植物性蛋白質真的足夠嗎？

Q3 癌症治療後適合喝生菜汁嗎？

Q4 腎臟病患可以吃糙米飯或生菜嗎？

Q5 吃素會貧血嗎？

Q6 水果與蔬菜能不能同一餐食用嗎？

Q7 晚餐只吃水果、麵包或義大利麵而不吃蔬菜，營養足夠嗎？

Q8 不喝牛奶，鈣質攝取足夠嗎？

Q9 喝牛奶反而會引起骨鬆嗎？

潛移默化良善品格
引導孩子探索世界

好兒童喜樂故事集

作者／馬思威
定價／NT$290　US$11／RMB¥38
開本／17.8×23.6公分（繁）　17×23公分（簡）

一家六口的家庭生活，透過說故事高手的爹地，將品格教導融入30則精彩故事中。培養孩子自信樂觀、獨立思考、解決問題的能力。附上注音適合兒童學習。

★彩色手繪插圖，適合親子共讀。
★香港政府指定全港121間政府公共圖書館收藏。
★成功大學心理系副教授　周麗芳　　共同推薦
★前北一女中英文教師　胡淑娟

注音
標示

基督教論壇報「讀書樂」
全版報導推薦

聖經教導父母的19個學分

作者／懷愛倫
定價／NT$260　US$10

生命教育就是品格教育，遵從《聖經》教導，讓你不是專家，也能教出好孩子！全球譯本發行超過百萬冊，亞馬遜網路書店5顆星評價，學者專家一致推薦！

真誠推薦

周麗芳　　成功大學心理系副教授
施以諾　　輔仁大學醫學院助理教授／作家
陳廣惠　　三育基督學院院長
陳忠照　　台北師範學院前數理教育系系主任
黃暉庭　　臺安醫院院長
黃銀成　　竹南聖教會牧師／作家
鍾信仁(江兒)　中華迦拿婚姻家庭成長協會副理事長／作家
依姓氏筆畫排序